人類進化の傷跡とジェンダーバイアス

家族の歴史的変容と未来への視座

横田幸子 *YOKOTA Yukiko*

社会評論社

◆ 少女Ｓ（60年前の筆者）が抱え込んだ疑問の数々

幼い頃、「女の子らしく」「女のくせに」という言葉が溢れていた。若き頃、「女が勉強して何になる」、「女の務めは、嫁に行って子を産み育てること」との風潮が周囲に充満していた。それに反発し、悩み苦しみながら、結局挫折する。

本書は、そんな少女Ｓ（60年前の筆者）に向かって、「あなたの疑問はこういうことだったのね」、「あなたはこんなことで苦しんでいたのね」、と語りかける。78年の人生と思いを込めて。

少女Ｓの疑問は多岐にわたり、その一つひとつに応えるために、筆者は手当たり次第に本を読んだ。その過程で、一つひとつ印象に残ったことをつなぎ合わせれば、何かが見えるのではないかと思うようになった。

そんな中で、筆者は次第に男女格差の問題を、人類の進化の過程から捉えてみる必要を感じ始める。やがて、人類のふるさとアフリカに行ってみたい、と思うようになった。

◆ アフリカ旅行から見えてきた世界と着想
― 新たな「仮説」創造への誘い

20年前頃は比較的アフリカは行きやすかった。社会的立場を持たない筆者は、ツアー会社の企画する観光旅行にのせてもらうしかなかった。しかしそのことが、返って化石発掘地に限定されずに、とりわけ移動時の上空や車窓から、広範な地域を眺めることを可能にした。2001年から2006年まで、前後6回にわたるアフリカ旅行で脳裏と写真に焼き付けた光景と、テレビ・ネット・地図などから得た知識を合わせることで、アフリカ大陸の全貌を直感的に把握することが出来たことは大きい。

そこで役立ったのは、二つの「目」である。その一つは、今は亡き夫の専門であった土砂災害地巡りに随伴して得た「目」。即ち、地質や地形・気象状況を把握するセミプロ級と自負し得る「目」である。もう一つは、形だけでも「理学部化学科」に籍を置いたことのある筆者自身の培ってきた「目」。

それらの蓄積の中から、人類の直立二足歩行開始の場が浸水林地帯にある

こと、短毛化のステージがアルカリ湖畔にあること、などの発想が生まれ、イメージを膨らませることが可能になり、仮説を提示することが出来たのである。

◆人類史の視点から、男女格差の由来と解消への道を提示

筆者は、幼い頃の疑問に答え、雑学のつまみ食いをしながら、女性の視点から直感的な仮説を立て、可能な限り雑学を寄せ集めてその仮説の証明を心がけてきた。不思議なことに、男性目線の通説に対する女性目線での仮説の対峙は、結果として男性目線・女性目線の枠を外して、男女格差の問題を総体的に把握し、それを両性共通の課題として提起することを可能にした。

本書の最大の魅力は、男女格差を人類史の視点から科学的に提示したことである。それによって、女性だけでなく、男性をも引きつけ、両性共通の課題として捉え直し提示したことである。両性の協働により、男女格差を解消し、より楽しく豊かな社会を創造していく。本書を、そのような触媒として生かして頂ければ、それに勝る喜びはない。

◆女性特有の悩み・悔しさ（アンコンシャス・バイアス）の
根源への眼差し

60年前と比べて、女性を取り巻く状況はずいぶん変化した。「勉強なんかしていたら、お嫁の貰い手がなくなる」という言葉は、今は通用しない。

しかし、現象的には、多くの女性はアンコンシャス・バイアスに取り囲まれて、正当な評価を受けることができずに、頭打ちになり、悔しい思いをし続けている。そんな中で、経済的自立を求めて子を産み育てることをあきらめるか、子を産み育てるために経済的自立をあきらめるか、二者択一を迫られて、女性の人格は分断されている。その分断された人格同士が互いにいがみ合うという悲しい現象を伴いながら、少子化が進行しているのである。

筆者は、悩み苦しみ、悔しい思いをしている女性に、幼きＳに対してと同じように、同じ言葉で語りかけたい。「貴女を苦しめている根源は、ここにあるのよ」、「目先のアンコンシャス・バイアスに惑わされてはだめよ」、との思いを込めて、本書を手渡したいと思う。

横田幸子

1. サハラ砂漠の西端に位置するモーリタニアの沙漠 （注：すべて筆者撮影）

テーブルマウンテン群

↑谷筋の砂沙漠

砂沙漠の中のオアシス

流砂

授乳中のラクダの母子　ヌアクショット郊外（モーリタニア）

沙漠とは巨大な土砂災害の爪痕がそのまま乾ききったもの。

2. ジブチの粘土沙漠に押し寄せた泥流

左側は乾いてひび割れた粘土

右側は押し寄せた泥流の海
（周辺山地の集中豪雨による）

粘土沙漠を横切る道路
グランドバラ（ジブチ）

ワジ（涸れ川）ジブチ
集中豪雨が流れ下った跡

集中豪雨による斜面崩壊の痕が延々と連なってワジが形成される。泥流によって最後まで
運ばれた粘土は、堆積して限りなく平坦な粘土沙漠を形成する。

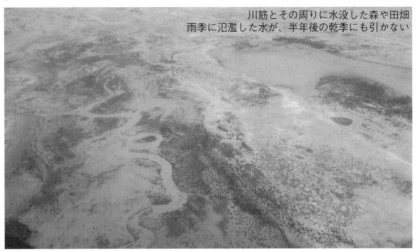

川筋とその周りに水没した森や田畑
雨季に氾濫した水が、半年後の乾季にも引かない

夕陽にかすむ氾濫原

粘土で出来た家
↓突き出た棒は補修時の足場

日干しれんが成形した粘土を天日に干す

前年雨季に西アフリカ一帯が大雨に見舞われたとか。人類の祖先はこのような浸水地帯で
直立二足歩行を余儀なくされたのではないかと、筆者は考える。

4. アフリカ大地溝帯の断層崖と断裂帯

断層崖 エチオピア

断層崖 ケニア

断裂帯内に満ちた海水タジュラ湾（ジブチ）

3000m上空から見た大地の裂け目 ジブチ

地溝帯は、上部マントル物質の上昇により大地が押し上げられつつ引き裂かれて形成された地形。両側の二重山稜の狭間に深い断裂帯が形成される。その断裂帯の幅は、たとえ毎年1cmの亀裂の成長でも、一千万年で百kmに達する。

5. 高濃度の成分により、様々な状況を呈する地溝帯湖

白く見えるのは析出した塩

種々の形の塩の結晶が見られる湖岸

アサル湖（ジブチ）　死海より塩分濃度が濃いとも言われる塩湖

アビタヤ・アシャラ国立公園（エチオピア南部）
アシャラ湖は湖底からサルファ・スプリング（硫黄化物泉）が噴出

アバヤ湖（エチオピア南部）　湖底の堆積物によりピンクを帯びた白泥色に濁る

ナクル湖（ケニア）　ピンクフラミンゴの群れる PH10.5 程度のアルカリ湖

この様な地溝帯湖周辺にしか生存を保障されない状況下で、人類の直近の祖先は、短毛化せざるを得なかった。そして、その危機を乗り越えながら、進化の最終段階を乗り切って、現生人類に到達したと、筆者は考える。

1万m上空から見たナイルの緑のベルト

夕闇迫るナイル カイロ (エジプト)

→ナイル川

砂漠

畑

集落

乾季で水量の少ないブルーナイルに押し寄せたホワイトナイルの水
ハルツーム (スーダン)

ブルーナイルの水源

ブルーナイルの水 ←

← ホワイトナイルの水

1 27 '06

ナイル川は、湿潤期には緑のベルトが潤っても、乾燥期には本流のホワイトナイルは涸れ
て、定常流を失い、緑のベルトは消滅する。サハラ以南と以北を結ぶ、人類の通り道とし
ての緑のベルトは、乾・湿に応じて消長を繰り返してきた。

7. 現生人類のふるさとのひとつオモ川河畔（エチオピア南部）

雨後の濁流を湛えるオモ川 広大な河川敷の緑はアカシア？

オモ川河畔のカロ族の集落

カロ族の住居人々の家は土間

倉庫は高床式

しっかり手をかけた高床式倉庫は、地上が浸水常態になっても、収穫した穀物をぬらさないための工夫であり、生き延びるための知恵であろう。人間は浸水した土間でずぶぬれになっても、お天気になれば乾かせる。

8. 復元された世界各地の住居（模倣）とカロ族の住居

三内丸山遺跡
縄文初期の復元住居

木の皮を用いた家

笠懸岩宿遺跡資料館復元住居

馬の皮をはぎ合わせ
た家　ケナスドルフ
遺跡（ドイツの模倣
約1万3千年前

エチオピア南部
カロ族の住居

↑マンモスの骨と牙の骨組み
メジリチ遺跡（ウクライナ）の模倣
約2万年前

カロ族の親子
男性は長身 女性は小柄

植物繊維を利用したカロ族の住居と、日本の縄文初期の復元住居は、発想が似ている。氷期の高緯度地方では、動物の皮や骨格を利用した頑丈な住まいがなければ、生き延びることが出来なかったであろう。

ひょうたんの栽培（エチオピア南部）

着飾った少年（エチオピア南部）
ひょうたんの帽子と貝殻の飾り

粉をひく少年と粉を入れる容器（エチオピア南部）

タマネギ畑の水汲み用容器（マリ）

保存容器（エチオピア南部）

完熟して乾燥させたヒョウタンは、容器など様々に利用されている。中に水分があれば火にかけることも可能で、黒光りする容器もみられる。土器を作るより手軽に、大量に手にしうる。ヒョウタンは最初に日本に渡来した外来植物の一つ。

路地でのはたおり　ドゴン族（マリ）

綿の花

縄をなう老人ドゴン族（マリ）

パピルスの舟
タナ湖（エチオピア）

エチオピアのガーゼ、モーリタニアの絞り染め、エジプトのサラサ、マリの毛織など、アフリカでは各地独特の気候に対応して、様々な織物が見られる。とりわけ乾燥地帯では、体中を覆う大量の綿織物が必需品。機織りには男性の姿が目立つ。

11. 強靭で防水性に優れた皮の利用

貝殻で縁どりした
皮製の前掛け

負ぶい紐

皮袋で井戸水を冷やす

山羊の皮を干す

赤ん坊を背負うことで、母親の両手が解放され、行動の自由も保障される。
井戸水は温泉水で、それを木枠に縛り付けて冷やす。高温の温泉水の場合にはもっと大き
な冷却装置が必要とのこと。

12. 牛糞を利用するマサイ族の集落（ケニア）

牛糞で造られた家

孫とともにくつろぐ老夫婦

乾燥牛糞に燃え移らせる

↑錐もみ式で火をおこす

刺のある潅木で囲まれた家々
夜には人々と共に山羊も牛もこの中で眠る

マサイ族は、高原台地上のサバンナで、主として牛飼いを生業としてきた。遊牧から連れ帰った家畜の群れは、夜にはこの囲いの中に引き入れて、共に眠る。入り口は囲い同様の潅木で造られた大きな扉を閉めて、肉食獣の襲来を防ぐ。

序 章

人類進化の傷跡と
ジェンダーバイアス

1 本書の趣旨

1-1 世界的なコロナ渦 ─ ジェンダー平等の後退と富裕層の資産倍増

世界をかけ巡った報道 ─ コロナ渦で広がる DV と男女格差

2019 年に武漢に発生したとみられる新型コロナは、2020 年初頭にはパンデミックとなって猛威を振るい、数え切れぬ死者とロックダウンなどの悲惨な報道が世界を駆け巡った。

そんな中で、2020 年 4 月、アントニオ・グテーレス国連事務総長は、「ここ数週間にわたって経済的、社会的な圧力や恐怖が高まる中で、ドメスティック・バイオレンス（DV）が世界規模で恐ろしく急増している」と指摘した[1]。

2020 年 7 月には、IMF が、コロナによるジェンダー格差に関して「この 30 年間の努力を消してしまうほどに女性の経済的な機会が損なわれる恐れがある」と警鐘を鳴らした[2]。

2021 年 3 月に発表された世界経済フォーラムの 21 年度ジェンダーギャップ指数報告も、今年の世界的な特徴として、「新型コロナウイルス感染症が流行したことで、男女格差は世界的にさらに広がる結果となった」と指摘している[3]。

2022 年 1 月 17 日、国際 NGO オックスファムは、「新型コロナウイルスのパンデミック」で、「世界の最貧困層の収入が減ったことで、毎日 2 万 1000 人以上の死者が出るようになった。一方、世界トップ 10 の富豪の総資産は、2020 年 3 月時点と比べて 2 倍以上に膨らんだという」旨の報告書を発表した[4]。

コロナ渦による世界的な貧困層の拡大・男女格差の拡大の下で、大富豪の資産が倍増するという現象が現実に進行するのは何故か。筆者はそこに、災害資本主義と言う言葉を思い起こす。

アンコンシャス・バイアスを解きほぐす男女格差への歴史的視座

令和 3 年度男女共同参画白書は、「ステイホーム、在宅ワーク、学校休校等の影響は、サービス業、とりわけ飲食・宿泊業等を直撃し、非正規雇用労働者を中心に雇用情勢が急速に悪化した。同時にこれまで見過ごされてきたことや、潜在的にあったものの表面化してこなかった諸問題、例えば、経済的・精神的 DV（配偶者暴力）、ひとり親世帯、女性・女児の窮状、女性の貧困等がコロナ下で可視化され、改めて、男女共同参画の進展状況について疑

問の声が上がるようになった。」と指摘している。

　一方、2021年3月公表の世界経済フォーラムのジェンダーギャップ指数の日本の順位は156カ国中120位であると公表された。それを受けて内閣府発行の「男女共同企画5」[5] は、「我が国における男女共同参画の取組の進展が未だ十分でない要因の一つとし て、社会全体において固定的な性別役割分担意識や無意識の思い込み（アンコンシャス・バイアス）が存在していることが挙げられます。」と指摘する。

　その影響からか、最近のテレビでは、アンコンシャス・バイアスと言う耳慣れない響きを耳にする。

性別役割分担意識に関わるアンコンシャス・バイアスの役割

　コロナ渦は図らずも男女格差を浮き彫りにし、新たな形の男女格差は解消されるどころか拡大され続けている。そんな中で、日本では相も変わらず「固定的な性別役割分担意識や性差に関する偏見」の解消・打破が強調されるのは何を意味するのか。

　現在の資本制システムの成長にとって、低賃金を保障し、しかも雇用調整の安全弁の役割を果たす男女格差の存在は極めて有効である。そんな資本主義の実態を人々の目から覆い隠すには、性別役割分担意識は実に好都合で、日本では明治維新以降強力に刷り込まれ続けてきた。そして、ほとんどの女性が働かざるを得ず、性別分業自体は消滅しかかっているにもかかわらず、性別役割分担意識は浮遊し続け、現在もアンコンシャス・バイアスのレベルまで達してなお、刷り込まれ続けているのである。

　現象的には、多くの女性は陰に陽に、様々なジェンダーバイアスに取り囲まれて、正当な評価を受けることができずに、頭打ちになり、悔しい思いをし続けている。だから、アンコンシャス・バイアスそのものが、すべての根源の様に錯覚されがちなのである。しかし、その錯覚こそが資本の狙いであることを見抜く力を持たなければ、現在における男女格差を解消することは不可能であろう。

　そもそも男女格差とは何か。それは人類進化の過程と人間の歴史の過程で、どのように形成されてきたのか。そして、その歴史的男女格差を、何よりも現在の資本制システムが必要としていることを明らかにすることが、本書の趣旨である。

1-2 本書で明らかにする論点と課題

男女格差を問い直す ―「ジェンダーか、セクシュアリティか」を超えて

　男女格差は、社会学的・文化的格差なのか。それとも生物学的根拠があるのか。これは、多くの論争を引き起こしながら、現在も引きずられているテーマである。筆者は、論争に決着がつかないのは、どちらにも一理がありながら関わりあっていて、どちらとも決めかねるからではないかと考える。即ち、「生物学的か」、「社会学的か」という二者択一の捉え方そのものに問題があると。

　ボールデイングは、生物学的進化に加えて、社会学的進化と言う概念を導入している[6]。筆者は、男女格差の問題を、生物学的進化と社会学的進化の共進過程の中で捉えなおす必要があると考える。

命を産みだす女性の視点から、「人類進化の傷跡」を捉える

　人類の最大の特徴たる「直立二足歩行」は、手の自由を保障し「手作業」の進化を促したが、産道の方向が鉛直となり、流早産を惹起しやすい。誇り高き人類の叡知の象徴とみなされてきた「脳容量の増大」は、難産を惹起しやすい。「生理的未熟児出産」は、「未熟な脳」が胎内とは比べ物にならない外界の刺激を受けながら脳機能を発達させて、社会的進化を急速に促してきた。しかし、それと引き換えに、最終的には女性の自立出産を不可能にし、出産後の育児負担を増大させた。何故人類の女性はこのような「進化の傷跡」を抱え込んでしまったのか、その為には人類進化のステージを明らかにする必要がある。

両性間分業の成立過程と男女格差の発生を捉え直す

　我々はいつ頃からか、人類の祖先を、勇壮に槍を掲げて獲物を追う男性の絵姿にだぶらせ、「男は狩猟に、女は採集に」、という性的分業が太古の昔に自然発生したものと刷り込まれてきた。しかしその痕跡は明確ではない。本書では、「男は狩猟に、女は採集に」、という両性間の分業は、人類進化の過程で発生したものではないことを明らかにする。そして、両性間の分業と男女格差の発生は、人間社会の発展過程とかかわって捉えるべき、優れて人為的・社会的な問題であるが、それは、進化の過程で抱え込んだ両性間の離齬の上に成り立っていることを明らかにする。

人類の進化を保障した社会関係として、家族の変遷を捉える

　生命の生産と再生産は、生物学的進化の限界を、社会的進化が補うことにより継続されてきたものである。それを保障した場が「家族」であると筆者は考えて、人類進化の三段階に応じて必要とされた家族として、次の三形態を捉える。即ち、第一に、浸水状況下で子育てするための「核家族」的行動を。第二に、肉食獣の生息するサヴァンナで生き延びるための、父と息子たちを核とした「父系性家族小集団」を。第三に、短毛化の危機を乗り切り、現生人類の誕生を保障した、母と娘たちを核とする「母系性家族小集団」を。

日本の性別役割分担意識は何故根強いのか

　前述した様に、GGI 指数の低さの要因として、日本では、性別役割分担意識や女性の能力に関しての偏見が非常に根強いことが挙げられ続けている。しかし、歴史を振り返ってみれば、つい最近まで農村に残存していた日本の前近代家族の中では、女性は夫とともに生業を担う重要な働き手であったはずである。「男が禄を食み、女が奥を守る」は武家社会で、「男が稼ぎ、女が家事労働する」は資本主義の初期に、それぞれ社会的に要求された性別分業形態にすぎない。それでいながら、高度に資本主義が発展し、「一億総働き」が要求される現在にあっても、「性別役割分担意識」は消滅せずに、アンコンシャス・バイアスのレベルに達しながら、確実に生き続けているのは何故かを明らかにする。

人類に独特な両性間の齟齬と性暴力の根源を明らかにする

　男女格差の根底には、浸水状況下で子どもの命を守り育てるために、女性が発情期を喪失した結果、男性が性的強制能力を獲得し、結果として、レイプを含む性暴力の発生の可能性を内包し、その後の両性間に微妙な齟齬を生じさせたことがある。

　そして、この齟齬を埋めながら、人類は親愛関係を基にした豊かでな文化的な両性関係を創出し、それを保障する魅力的な第二次性徴を進化させて来た。その結果として、両性の親愛関係と、男性による性的強制を両極にしながら、その間に様々な両性関係を現出しつつ、子どもを産み育てながら進化してきたことを明らかにする。

2 本書の構成と課題

　本書では、1-2で提起したそれぞれの課題を、第1章で何が問題かを概観した上で、2章から8章に分けて個別に明らかにし、その上で、終章で総体としての把握を試み、男女格差解消の展望を示す。

　第1章は、筆者の生きてきた過程と、蓄積してきた雑学と、すべての知識を総動員して、家族と女性の在り方を読み解き、何が問題かを明らかにする。

　第2章では、人類進化を「生命を産み出す女性の視点」から捉え直し、3つの仮説を提起する。

　「人類の直立二足歩行開始のステージは、乾燥状況にある浸水林地帯にある」。

　「脳容量の増大は、直立二足歩行による流早産防止のための生物学的な適応」。

　「人類の短毛化のステージは、アフリカ大地溝帯内のアルカリ湖周辺にある」。

　合わせて、**補論**では、アフリカの地理地形や降水状況などを分析し、仮説のバックグラウンド（地理・気象状況など）を明らかにする。

　第3章では、石器の制作と手作業の変遷を手掛かりに、「男は狩猟に、女は採集に」、という通説の分業史観にメスを入れる。

　堅果・骨の叩き割りや、死肉あさりをするために創出されたオルドワン・アシューリアン石器。衣食住の確保のために、植物繊維の刈り取り・加工や小動物の狩りにも応用されたナイフ形石器。専門家の手によって製作された槍先形尖頭器や、社会的分業を示唆する細石刃。これらの変遷過程は、社会的分業が先行したことを示唆し、男女間分業が自然発生したとの通説は、根底から覆されることになる。従って両性間分業通説は、現生人類が生来持つ習性ではなく、人為的・社会的な問題として捉え直す必要があることを明らかにする。

　第4章では、まず人類進化の過程での家族行動の変遷を次の様に辿る。浸水状況下で要求された核家族的行動。サヴァンナで未熟児出産を受け止めながら必要とされた父系性家族小集団。短毛化の危機克服過程で要求された母系制家族小集団。

　次に、歴史時代に入って、集団追い込み猟発生地域で父系性家父長制家族が形成され、それが、西欧文明の世界制覇により、世界各地に波及してきたことを明らかにする。次いで、資本主義が、前近代家族を解体しつつ要求した、「男は賃労働し、女は家事労働する」という、性別分業を前提とする近代的

核家族の成立を明らかにする。そして、その過程で破壊されてきた、子育てに不可欠な母系性小集団の、現代的再構築が必要であることを提起する。

第5章は、現生人類が日本列島へ渡来し、サケ・マス漁を営んだことが持つ意義を、両性間の関係視点から捉えたものである。

アジア大陸の東端に位置する日本列島においては、集団追い込み猟→牧畜への発展を見なかった。サケ・マス漁を軸にして、家族全員の協働による狩漁採集生活を営み、交換経済を発展させた。そこでは、明確な性別分業は発生する必然性がなかった。そのことを、明治以前のアイヌの生活も参考にしながら検証する。

第6章では、日本における性別役割分担意識の形成過程に注目し、それが資本主義の発展とともに生き延びて、現在果たしている役割を明らかにする。

日本における明確な性別分業は、「男は禄を食み、女は奥を守る」、という形で武家社会に始まる。そして明治維新以降、資本主義の発展に伴って「男は賃労働し、女は家事労働する」、という形で徐々に庶民の間に浸透し、戦後の高度成長期に一般的に成立する。

今や明確な性別分業自体は消滅しつつあるにもかかわらず、何故未だに「性別役割分担意識」や「女性の能力に関しての偏見」が根強く問題視されるのか。そのメカニズムにメスを入れる。

第7章は、女性が進化の過程で「発情期の自覚を喪失」し、産む性でありながら性関係における能動性と主体性を喪失したことに光を当て、その人類史的意味を明らかにする。そして、それは、女性と男性の人間的成長を支える社会的システムの進化を促すとともに、人類独自の微妙な両性関係の問題を引き起こしており、両性間の離齬の克服と、性暴力の根絶のために、何が必要かを明らかにする。

第8章では、ハラリの「サピエンス全史」をとりあげ、その中に見え隠れする「多くの学者の言う通説」にメスを入れ、筆者の視点から捉え直す。

まず、前近代的男女格差は、人類が進化の過程で抱え込んだ社会的・生物的両性関係という土台の上に、一部地域での財産相続に関わる歴史的社会的関係の中で形成されたことを明らかにする。そして、言語が創り出した虚構としての神話の力を借りながら、それが全世界に意図的に広められてきたことを明らかにする。

次いで、17世紀以降、資本制システムが要求する近代的性的分業に基づく男女格差の正当化のために、「性差」の強調による「性の補完性」、という

イデオロギーが果たした役割を考える。そしてそれが、現在のアンコンシャス・バイアスに繋がっていることを明らかにする。

終章では、未来の家族像を夢想しながら、男女格差の問題は、深刻だけれども、科学的にその根源を知ることができれば、必ず格差を消滅させる道を切り開くことができる、との展望を示す。

3 本書の特徴と魅力はなにか

3-1「人類進化の傷跡」と「文化の創造」の物語
― 両性関係の形成過程を捉え直す

　男女格差は、その捉え方を巡って、生物学的か社会学的かとの論争が繰り返されてきた。しかし、両性関係そのものを、人類進化の過程で、生物的進化と社会的進化の共進過程で形成されてきたと捉えて提示することにより、人類独特の両性関係を明らかにしたことが、本書の大きな特徴のひとつである。

　筆者は両性間に生じた微妙な齟齬の根源として、700万年前に、浸水状況下で子どもの生存を守るために、女性が発情期の機能を喪失し、男性が性的強制能力を獲得したことを明らかにし、それを「人類進化の傷跡」と受け止めた。そして、一方にレイプにより生命の生産が継続されてきたことを明らかにしつつ、その傷跡を癒し両性間の齟齬を埋めるために、人類の両性は素晴らしい文化を創り出しながら、現生人類に到達したことをも明らかにした。

ナイフ形石器の評価

　現生人類への進化にあたって創出したナイフ形石器。親指大にも満たない、目立たない小さな石器に焦点を当て、そこに、植物繊維の利用を直感したのも、子どもを産み育てる女性ならではの目線である。短毛化の危機を克服する過程で、裸の皮膚を露出した超未熟児の生存を守るために、「衣・食・住」を創出し、母系制小集団を形成して、現生人類への到達を保障したナイフ形石器。

　7万年前に出アフリカを果たした現生人類は、このナイフ形石器を手に、地球上のあらゆる地域に拡散して、そこに生存の道を切り開いたのである。小さなナイフ形石器が主張するのは、石器を殺傷力に優れた狩の道具として捉える男性目線に対する、ひそやかな挑戦でもある。

「男は狩猟に、女は採集に」、と言う分業は自然発生したものではない

　両性間分業と男女格差は、集団追い込み猟から家畜化へと進展した地域で発生した。男性が飼育する家畜をだれに相続するか。男性の「我が子」への相続願望から、家父長的家族が形成され、女性の隷従が要求され、その正当化のために、虚構としての「神」が創り出されたのである。即ち、人類進化の過程で抱え込んだ「進化の傷跡」を、癒すどころかえぐり出し、神＝人＝男の目を通じて利用しながら、男女格差が確立した過程を明らかにすることができたことは大きい。

　このことは、男女格差自体は社会的要求なのだが、その根底に子の出産を巡る「進化の傷跡」が生々しく疼いていることと関わっている以上、男女格差を社会的な問題と割り切ることが不可能な問題であることを、端的に示しているのである。

エンゲルスの家族論と「原始共産制」を女性目線から捉え直す

　その作業の過程で、モルガン⇒エンゲルスの家族進化論[7]について、女性の目線で是々非々の立場からメスを入れることができたことも、本書の特徴の一つである。

　彼らが類推した「血族婚家族」、即ち「集団婚」・「近親婚」の捉え方は、時代的制約を受けた誤りであると、筆者は指摘する。これは、今でも根強く残る「原始乱婚説」を明確に否定する意味を持つ。

　一方で、集団追い込み漁の発生した地域に限定すれば、プナルア婚家族⇒対偶婚家族⇒家父長制単婚家族への進化は現実に生じたことであり、その過程で男女格差が確立したとのエンゲルスの指摘は、地域限定で基本的には正しいと筆者は捉えたい。

　しかしサケ・マス漁に依存した日本の様に、集団追い込み猟の発達を見なかった地域では、性別分業⇒男女格差発生の必然性がなかったことを対置できたことも大きい。

　男女格差は、ヨーロッパ文明の世界制覇により、母系性を破壊し、父系性を確立しながら、全世界的に拡大していったのである。

　その過程で思いがけない気づきがあった。一部地域での集団追い込み猟⇒家畜化⇒牧畜の発生過程で、集落単位での強力な男性集団による協働作業が必要とされ、集落単位での財産管理が必要とされたことである。筆者はここに、エンゲルスの言う「原始共同体」における「原始共産制」とは、この状

況を指すのではないかと直感した。これは本書をまとめる最終段階で気づいたことなので、今の筆者はなんの証明も未だ持ち合わせていない。ただ、このことを問題提起できることが、本書の最後の魅力である。

3-2 両性の協働による男女格差の解消
― 命を産み育てる女性の視点から提起する

　本書の最大の特徴は、生涯をかけて培った、命を産み出す女性としての筆者の直感と、多くの先学者たちから学んだ知識を自由自在に組み立てて形成した論理のコラボにより、人類進化の過程を女性の視点で捉え、男女格差解消の道を提示していることである。

　筆者は、幼い頃の疑問に答えるために、雑学のつまみ食いをしながら、女性の視点から直感的な仮説を立て、可能な限りその仮説の証明を心がけてきた。不思議なことに、男性目線の通説に対する女性目線での仮説の対峙は、結果として男性目線・女性目線の枠を外して、男女格差の問題を総体的に把握し、それを両性共通の課題として提起することを可能にした。

　本書の最大の魅力は、男女格差を科学的に提示したことによって、女性だけでなく、男性をも引きつけ、両性共通の問題として把握すべき課題であることを、明確に提示していることにある。筆者は、両性の協働により男女格差を解消していくために、本書を生かして頂けるものと確信している。

アマチュア研究者として「人類進化の過程」に挑む

　この分野は、我々人類に、とりわけ命を産み育てる主体者としての女性に関わることであるから、「もし、その状況に置かれていたら、どう行動しただろうか？」と直感的に想像しやすい分野でもある。

　「浸水状況下での直立二足歩行」、「サヴァンナでの未熟児出産」、「アルカリ湖での短毛化」など、すべてのきっかけは、アフリカ力旅行で得られた、ふっと浮かんだ直感である。筆者は、それを、人類進化に関わる三つの仮設として提示した。そして、地図や報道番組を通じてアフリカの地形や降水状況の特徴を把握し、雑学で補強しながら、アマチュアとして可能な限りの証明を試みた。

　幸か不幸か、筆者が関心を持つこの分野は、限られた化石や考古学資料を基に、様々な仮説が飛び交う分野である。従って、定説化に至っていない部分がほとんどであり、その意味では未知の分野である。そして、研究の場が

厳しい野外環境にあるが故に、ともすれば男性科学者に偏りがちな分野で、男性目線での仮説が多いことも、残念ながら否定はできない。

　筆者が乱読したどの本も、多くの研究者たちによる血の滲む様な研究生活を基に書かれたものであって、それをつまみ食いするのは申し訳ないとは思う。しかし、ともすればアカデミックな研究者は、研究の深さを求められるが故に、専門分野以外には口をつぐみがちである。

　一方、先覚者から学んだものを自由な発想により、誰に遠慮をすることもなく、思いのままに組み立てられるのは、アマチュアとしての強みである。

　手当たり次第に読んだ何百冊の本。その過程で獲得・蓄積された文化資本は、必要な時に、「そういえばあの本に書いてあった」とか、「そういえばあの人がこんなことを言っていた」、と言う形で蘇る。そして、複数の情報をかみ合わせることにより新たな論理展開が可能になる。

　この繰り返しにより、種々の仮説を提示し、種々の通説に、メスを入れることができたのである。

　多くの先覚者たちに敬意を表し、ご批判を頂きたい。

【註釈】

1　2020【4月6日 AFP】　国連のアントニオ・グテーレス事務総長は、5日夜、新型コロナウイルスのパンデミック（世界的な大流行）への対策の一環に「女性の保護」を盛り込むよう世界各国の政府に強く求めた。

2　2020.7.23【ワシントン共同】　新型コロナウイルス感染症により、世界的な男女格差の拡大が懸念されている。先進国では女性の失業率が男性に比べても高止まりし、経済再開後も家庭内の育児や介護で復職できないケースが目立つ。途上国では保障のない産業分野で働いていた女性が多く、景気後退で教育を受ける機会を断念せざるを得ない状況も生まれている。
国際通貨基金（IMF）は21日、コロナによるジェンダー格差に関して「この30年間の努力を消してしまうほどに女性の経済的な機会が損なわれる恐れがある」と警鐘を鳴らした。

3　ELEMINIST Editor　2021.9.10　「2021年　最新のジェンダーギャップ指数ランキング　日本と世界の現状、コロナの影響は」

4　BBC NEWS JAPAN　（2022.1.18 配信）

5　内閣府男女共同参画局総務課　「共同参画5」　2021.5

6　ボールデイング著　1981　『社会進化の経済学』　猪木武徳、望月明彦、上山隆太訳　1987　HBJ出版局

7　エンゲルス著　1884　『家族私有財産国家の起源』　土屋保男訳　1999　新日本出版社

第1章

家族と女性の在り方を
読み解く

何が問題か

1 はじめに ― ジェンダーギャップ指数にみる女性の立ち位置

　2021 年 3 月、世界経済フォーラムのジェンダーギャップ指数が公表され、日本の総合スコアは 0.656。調査対象である 156 カ国中 120 位である。

　上位国の特徴としては、「世界共通の課題である政治・経済分野のジェンダー平等に向けて動き出し、成果が出ている国が上位国に名を連ねている。」と説明する一方で、「日本のように、政治・経済分野のスコアが著しく低いがゆえに下位に位置しているケースも多い。」と指摘している。

1-1 ジェンダーギャップ指数上位 10 カ国[1] の状況から見えるもの

前近代家族の持つ両性平等の力

　アイスランド[2]：福祉が充実し、ジェンダー平等が進んでいると知られる北欧諸国のうちでも、13 年連続トップに立つアイスランドは、930 年に世界最古の民主議会「アルシング」を発足させた。そして、13 世紀以降、ノールウェーやデンマークの支配下に置かれるなど、様々な変遷の後、1944 年に完全な独立を果たす。1980 年直接選挙によって世界で初の女性大統領が選出され、2008-2011 年の金融危機に際しては、国有化された主要二銀行に、2 人の女性が新 CEO に就任するなど、政治・経済のトップにおいて女性の活躍が見られる。

　ルワンダ[3]：ルワンダ虐殺で男性の数が減り、2003 年制定された憲法の下、女性議員数が全体の 30% を超えるように決められ、2008 年には女性議員が世界で初めて全体の過半数を占めた。

　アイスランド、ルワンダの様な、国境紛争・内戦などを経た国々では、民族の自立と国の独立を勝ち取る過程で、「近代家族[4]」以前の家族、即ち「前近代家族」と、その社会が持っていた両性平等の力を最大限に活かしてきた。そして、それをその後の国の発展に活かしてきた結果が、現在の GGI の高順位に反映されたものと、筆者は捉える。

いわゆる先進国の順位[5] について

　スペイン：第二共和制時の 1931 年に女性選挙権が獲得されたが、1936 年からの内戦・フランコ独裁政権により奪われ、1977 年フランコの死亡後に回復された。最近では 2018 年の国際女性デーで 530 万人の女性たちがゼネ

ストに参加し、数百本の列車が 24 時間ストライキで運休する事があったと
知られる[6]。

　ドイツ：第二次大戦時後東西二分のもとで戦後復興が行われ、1992 年再
統一を果たした。数年前以来国家元首としてメルケル首相が在任し続けてき
たことが、順位の引き上げに作用したと捉えうる。

　いわゆる先進国では、歴史的には資本主義が要求した「近代家族」出現に
よるジェンダー不平等を経た上で、国難を乗り越える過程で、改めてジェン
ダー平等が必要とされた結果が、GGI 順位に反映されたと捉え得る。

女性参政権[7] について

　ニュージーランドは、1893 年、英領であった当時に女性参政権が世界で
最初に認められた国で、1919 年には女性に被選挙権も与えられている。

　アイスランドに代表される北欧の国々で女性参政権獲得が早かったのは、
西欧列強の侵略から国の独立を勝ち取る過程では、根強く続いてきた前近代
家族の持つ両性平等が必要とされ、活かされ、女性参政権を必要としたと捉
え得る。

　フィリピン・ルワンダ・ナミビアでは、女性参政権についての明確な記述が
ないのは、もともと参政権においては最初から男女平等であったと捉え得る。

　従って、かつて男女平等を求めるシンボルであった「女性参政権要求」と
は、近代において、男性のみの普通選挙権という不平等な選挙制度が出現し
た国においてのみ、その後にジェンダー平等を求めて発生した要求であった
ことが見えてくる。

　現在ではバチカン市国を除き、世界中のほとんどの国で法の下での男女平
等選挙権が確立されている。そこで、まさにその選挙の結果としての、議員
や国家元首などにかかわるジェンダー不平等が、GGI として問題視されるに
至ったと捉え得る。

「ジェンダー不平等」と「性的抑圧」の捉え方

　女性参政権要求は、目に見えるジェンダー平等要求として分かり易い。し
かし、女性の国家元首の存在が大きな影響を与える様な GGI の指標による
ランク付けが、ジェンダー不平等の実態をどこまで反映しているのかは、非
常に分かり難く、見え難い。と言うより、現在においては「ジェンダー不平
等」という捉え方そのものが、明確な指標を持っては量りにくく、雲をつか

むようである。

　筆者は、両性の平等を考えるには、「セクシュアリテイ」と切り離して「ジェンダー」を問題にしていても、見えてこないものがあると考える。すなわち、「ジェンダー不平等」と「性的抑圧」を相互に関わりあうものとして位置づけ、総体的に考える必要があると。そのことを視野に入れながら、改めて GGI ランクを、別の視点で考えてみたい。

1-2 ボーボワールの「第二の性」と西欧のフェミニズム

　ここで 2018・19・20 年度 12・15・16 位のフランスについて若干触れておく。1970 年のパリコミューン時に認められた女性の参政権は、それ以降剥奪されて、フランスの女性が確実に手にしたのは第二次大戦の末期、ナチスドイツの侵略を跳ね返した 1944 年である。女性のフランス大統領は今の所出現していない。

　1949 年出版の『第二の性』で、ボーボワールは、「人は女にうまれるのではない、女になるのだ[8]」、「女の世界のただなかで女たちによって育てられた女の通常の運命は、結婚であり、事実上、結婚はいまだに女たちを男たちに従属させている[9]」、と書いた。

教会での結婚式の光景の意味するもの

　高尾利数は、アームストロングの『キリスト教とセックス戦争』の訳者あとがきの中で、「西欧のキリスト教は、公式には結婚を聖なるものとして肯定しながら、同時にセックスそのものを恐怖し嫌悪するという二重思考を宿して」いることに触れる。そして、「西欧やアメリカの女性解放運動とフェミニズムは、こうした歪んだ歴史と現実を現代でも深く引きずっている[10]」と続ける。

　その上で、「日本と言う風土は、宗教としてのキリスト教はなかなか受け入れないが、キリスト教的な風俗は安直と言えるほど受け入れている。その顕著な現われの一つが、流行の「キリスト教的」結婚式である[11]」と言う。

> 「澄み切った聖歌の響く厳粛な聖堂に入り、純白のドレスの裾を引き、父親に腕をとられてバージンロードを歩いた娘は、牧師の前でエスコートしてきた父から新郎に引き渡される。そして顔を覆っていたヴェールを挙げてお互いを見つめ合いながら、牧師の言葉に導かれて神に対して

終生の誓いを述べ、指輪を交換する」という教会での結婚式は、今では
日本でも見慣れた光景である。

　バージンとは処女（＝性的未経験者）、ヴェールは父と夫の前以外では女
性は顔や肌を見せないことの象徴、終生の誓いは離婚の禁止、指輪は既婚（＝
未婚との区別）の象徴である。
　即ち、神が、アダムを誘惑したエバに与えた「君は生むとき苦しまねばな
らない」との罰を踏まえて、女性の役割を生殖にとじこめる象徴的儀式とし
て行われる教会での結婚式。それは、その後に続く、性的快楽の禁忌・避妊
や中絶の禁止、離婚の禁止により、「確実な夫の子」を産み育てることを、
神に誓う場の象徴でもある。
　従って、西欧のフェミニズムは「神」からの解放を求めて、「ジェンダー平等」
と「性的自由」という、二つの課題を掲げざるを得なかった。その上に「近
代家族」のもつ、ジェンダー不平等とも戦わざるを得なかったのである。
　フランスにおけるGGI順位は、その戦いの結果であったと捉え得る。

1-3　日本のジェンダーギャップ指数の低さの意味するもの

　内閣府発行の「男女共同企画5」[12] は、GGI順位についての概要を、「行政
施策トピックス」として次の点を指摘している。
　政治分野（147位 0.061）では、国会議員（9.9%）や閣僚の女性割合が低く、
女性国家元首の在位期間（0）を指摘。
　経済分野（117位 0.604）では、女性管理職の割合の低さ（14.7%）のほか、
女性の72%が労働力になっている一方、パートタイムの職についている女
性が男性のほぼ2倍であること、女性の平均所得の低さ（43.7%低い）を指摘。
　教育分野（92位 0.983）・健康分野（65位 0.973）では、識字率や初等教育、
出生児の男女割合の点で日本は世界トップの水準であるのに対し、中等教育
（中学校・高校）、高等教育（大学・大学院）の項目で足を引っ張っていると
指摘。

偏見からアンコンシャス・バイアスへ

　また、同報告書は、その冒頭で「アンコンシャス・バイアスの気づきは、
ひとりひとりがイキイキと活躍する社会への第一歩」との特集を組んでいる。
　「我が国における男女共同参画の取組の進展が未だ十分でない要因の一つ

として、社会全体において固定的な性別役割分担意識や無意識の思い込み（アンコンシャス・バイアス）が存在していることが挙げられます。『第5次男女共同参画 基本計画〜すべての女性が輝く令和の社会へ〜』においては、固定的な性別役割分担意識や性差に関する偏見の解消、固定観念を打破するとともに、無意識 の思い込み（アンコンシャス・バイアス）による悪影響が生じないよう、男女双方 の意識改革と理解の促進を図ることとしています」と。

　少し古いが、2012 年度男女共同参画白書は、日本の GGI 順位の低さの要因を次の様に説明していた。「我が国は固定的役割分担意識や女性の能力に関しての偏見が根強いことや、過去からの経緯等によって、現状では男女の置かれた社会的状況において個人の能力・努力によらない格差があることが考えられる[13]」と。

　10 年前の「偏見」と言う言葉が、「アンコンシャス・バイアス」に置き換わったとしても、指摘されていることは同じである。とすれば、まずは、「過去からの経緯とは何か」「何故偏見が根強いのか」を明らかにすることが必要であろう。

西欧文明と日本の性別役割分担意識

　日本では性別役割分担意識を、儒教的倫理観に絡めて「非常に古くからの根強い偏見」と錯覚されている。しかし明治より以前には、武士階級を除けば、女性は家内労働の重要な担い手であり、明確な形での性別分業は存在しなかった。

　明治維新において、既に強力なジェンダー不平等下にあった西欧文明が、「進歩的なもの」として導入された。しかも民法には家父長制家族制度が導入され、1922 年には男性のみに普通選挙権が与えられるなど、法の下での明確な女性差別が強力に推進され、併せて、いわゆる「良妻賢母教育」が推進された。

　そんな中で、家父長制家族制度からの解放や婦人参政権を求める運動が展開され、また戦争中は銃後を守る労働力として総動員されて働いた。その結果として、戦後まもなくの 1946 年に婦人参政権が獲得され、数十人の女性代議士を生み出した経緯はあった。

戦後の女性と資本主義が要求する近代家族

そして戦後、法の下には家父長制が廃止され、両性の平等が規定されはした。しかし、戦後復興・高度経済成長へと向かう過程では、初期の資本主義が必要とした専業主婦の存在を前提とする核家族、即ち「近代家族」が社会的に強力に要求されたのである。

そのためには、ジェンダー不平等を内包する「西欧風近代家族」が、改めて「進歩的家族」として推奨された。そして、両性平等を内包しながら農村に残存していた「前近代家族」が、「古いもの」として急速に崩壊を開始する。

更に資本主義が高度に発達し、家事労働の負担が一定軽減された現在では、主婦のパート労働が一般化し、その安価な労働力の安定確保のために、「性別役割分担意識」が弱まるどころか、強力に醸成・利用されている。その渦中にあって、女性は、経済的自立を求めて子を産み育てることをあきらめるか、子を産み育てるために経済的自立をあきらめるか、二者択一の選択を迫られながら、男女格差拡大化の下に置かれている。

その結果が、現在の日本のGGI順位の低さに反映されているのである。

前近代家族と近代家族 ── 西欧と日本の違い

資本主義が要求した「近代家族」は、資本が国籍を持たないことを前提にした家族形態であって、その意味で万国共通の要素を内包している。しかし、「前近代家族」は、それぞれの地域の風土と歴史の中で形成されてきたもので、画一的に捉えることは不可能である。

とりわけ、「創世記」に描かれた両性観を底流に持つ、キリスト教の影響を色濃く受けた西欧文明における「前近代家族」は、神の名の下にジェンダー不平等と性的抑圧を定められた家族である。それを引きずりながら、その上に資本主義が要求する「近代家族」が形成された。とすれば、そもそも「創世記」に描かれるような両性観が、何時ごろ、何処で、何故、どの様に形成されたかを明らかにする必要がある。

一方、「西欧の前近代家族」とは異なり、日本における「前近代家族」は、武士階級を除けば、基本的には両性平等家族であったはずである。にもかかわらず、日本の「近代家族」は、「日本の前近代家族」を古いものとして否定し「西欧の近代家族」を進歩的なものとして取り入れながら成立した。その意味では根の浅い「ジェンダー不平等家族」である。

2 戦後日本における家族モデルと女性像の変遷
― 我が体験をふまえて

2-1 包容力のある日本の前近代家族

　ここで、日本における「前近代家族」と「近代家族」を直感的に把握しておきたく、私事で恐縮であるが、筆者の生い立ちを簡単に紹介させて頂く。筆者が生まれたのは、1944年1月、太平洋戦争末期「産めよ、増やせよ」の言葉が生きていた時代である。

　八人兄弟の末っ子で満州国の末端官吏であった父が間もなく現地応召となり、母は筆者を背に、3歳の姉の手を引き、6歳の兄を頼りに、故郷の新潟へと引き揚げてきた。しかし父の実父は既に亡くなり、代替わりした父の実家では、子連れ家族の受け入れは拒絶された。

　実家の片隅に身を寄せた母は、農作業を手伝い、仕入れた物資をリヤカーに乗せて近隣の村を売り歩くなど、必死だったと語る。「男は身軽だから兵隊に行っても食べさせてもらえる。女は子どもを食べさせなければならなかった」と。

前近代家族の中の女性

　父の復員・復職・長野移住後も、母は田植えや稲刈りなど農繁期になると、実家に手伝いに出かけた。当時農繁期には近所中の働き手が総出で、今日はこの家の田、明日はあの家の田と、集中共同作業する。その働き手たち何十人分かの食事を、母は近所の老母や子どもたちと共に共同炊事するのである。

　米どころ新潟の農家の長男の嫁は、通常は夫と共に朝露を踏んで馬の餌にする草刈に出かけ、朝食を食べながら赤子に授乳し、その赤子を姑に預けて野良仕事に出かける。こびり（おやつ）の時間になると、嫁は畦に腰を下ろして、年長の子どもの背に負ぶわれて来た赤子を抱き取って、授乳しながら届けられたこびりを食べる。家事育児は、姑の采配の下、子どもたちが手伝うのが当たり前であった。

　家族内の自然な役割分担に支えられて、子を産み育てながら、すべての女性は生業を担う主要な労働力として働く。これが日本の「前近代家族」の下での女性の当たり前の姿であったと、筆者は捉えたい。

　そして、日本の前近代家族は、離婚・離別など様々な形の「出戻り娘とそ

の子どもたち」を受け入れるだけの包容力をも持っていたのである。

2-2 専業主婦の歴史的位置 — 取り残された雑多な家事労働

　1946 年、復員した父の復職と共に移った長野では、急造成の 12 軒の宿舎には屋内に水道はなかった。凍てつく信州の厳寒にも、屋根のない共同水道が、何十人もの住人の洗面の場であり、米研ぎ・食材洗い・洗濯の場であった。竈に薪をくべてご飯を炊き、七輪に炭を熾し、水がめに水を運ぶのは子どもの仕事であった。

　ほころびや穴のあいた衣服の繕いは日常事だが、古くなった着物は縫い目を解いて洗い張りをして仕立て直し、着古して薄く柔らかくなった浴衣はオムツに重宝される。ぼろ布は何枚も何枚も厚く重ね合わせ、刺され縫い合わせられて、大きなものはコタツの下掛けや上掛けに、小さなものは足拭きに変身する。冬が近づくと、傷んだセーターなどは解いて、枷にした毛糸に蒸気をあててふっくら蘇らせた上で、新たな毛糸を足してセーターに編み替える。その傍で帽子・手袋・靴下など小物を編むのは子どもの仕事である。

　父親が外で稼ぎ、母親が子育てしながら際限のない家事をこなし、それを子どもたちが手伝うことで、家族みんなの生活が成り立つのは、どこでも当たり前であった。

家庭内暴力

　狭い宿舎に親子 6 人の生活は穏やかであったが、時に父の形相が豹変し、「誰に食わしてもらってるか！」と、夕食のちゃぶ台がひっくり返される。飛び散った残菜の上を引きずりまわされ、割れた茶碗のかけらで血を流しながら、「私が働けたら！」と歯軋りしながら耐える母。幼い筆者たちは声を呑んで見守るしかなく、「何でこんなことが？」と言う疑問だけが小さな脳裏に刻み付けられ、離れなくなった。核家族と言う閉鎖的な空間内では、ドメステイックバイオレンスが発生し易いことなど、当時は問題視すらされていなかった。

　これが、資本主義が生み出した、「男が稼ぎ、女が家事をする」という「近代家族」の、比較的初期における一般的な姿であったと、今の筆者は捉えたい。

2-3 日本の高度成長期の「近代家族」の形成と「女子教育」

　筆者の受けた戦後の学校教育の中では、「男女平等」が教えられながら、「男

女共学」は名ばかりで、質実剛健の「男子高」(旧制中学前身) と良妻賢母の「女子高」(旧制女学校前身) が生きていた。「女のくせに！」、「女の子らしく！」、「男尊女卑！」の言葉が溢れていた。筆者は、「女の子が勉強して何になる」、「嫁の貰い手がなくなる」と騒がれながら、「男子高校進学」・「大学理学部入学」と、必死に意地を通したけれども、結局心身ともに疲れ果て、挫折した。そして、病気療養しながら結婚、退学届けを出して専業主婦となったのは1970年である。

　ちょうど、戦後復興期を経て、高度経済成長期に入る頃で、資本主義が要求する賃労働者の生産と再生産を保障するために、「男が一人前に外で働くために、女が専業主婦として家事・育児をする」形態が求められていた。そして、それは、農村における「前近代的な家族」を破壊しながら、都会での「近代家族」が大量に形成されていく過程にあった。専業主婦のピークは1975年頃である。筆者が、もがき、苦しみ、挫折したのは、その真っ只中であったと知ったのは、随分後のことである。

2-4　子どもの発達に必要な前近代家族の包容力

　その後、3人の子どもを産み育てながら、1980年、筆者は兼業主婦への足を踏み出した。塾の講師の誘いを捨てて、劣悪な労働条件の学童保育を選んだのは、「私が何か社会的な関係の中で仕事をしていたら、きっと欲しかったに違いない」との思いからである。当時の地方都市松山では、働き続けたい父母の願いから創出された学童保育の認知度は低く、全市に学童保育を設置させるために父母と協力して運動した20年の経験は大きい。

　しかし、制度化実現により「あって当たり前」となった学童保育は、「預かってもらえればそれでいい」と父母の意識を変え、労働条件の悪さから大量のパート指導員を生み出した。加えて、学校教育の長時間化、塾やお稽古で子どもの生活時間が細切れになる中で、学童保育は、「放課後のまるごとの生活の場」から、「時間預かりの場」に変身し始めた。

　もちろん現状では学童保育は必要には違いない。しかし、すべての女性が子育てしつつ働き続ける」ためには、学校教育と父母の労働時間の狭間に子どもを落ち込ませないだけの、社会的に安定したシステムの構築が必要ではないか。併せて、子どもの発達を、つかず離れず、身近な位置で、長期間にわたって継続的に見守り、かかわり、育て上げていく、「複数の大人」の存在が必要ではないか。それを保障するのは「前近代家族」の持っていた包容

力ではないかと、筆者は考え始めた。

2-5 何故女性は差別され続けるのか —— 女性差別の根源を求めて

子どもたちが巣立ち、学童保育も制度化されて一段落した頃、「そろそろ自分の本当にやりたいことをやったら！」との夫の薦めもあって、筆者は学童保育を辞めた。そして、幼い頃から頭の隅から離れなかった「母が苦しんだのは何故？」「女の子だけが何故？」と言う疑問の根源を探り始めたのは、2001 年のことである。

社会的な場を持たない筆者にできることは、まずは多くの本から学ぶことであった。しかし、書店に溢れる女性史やフェミニズム関係の本は、ジェンダーかセクシュアリテイか？　マルクス主義か反マルクス主義か？　との論争が盛んであり、そんなに論争が必要なのかとの疑問を持った。と同時に、論争では対立しているかに見えても、それぞれの著作の中には、部分的には納得しうる部分もあった。筆者は次第に、その納得しうる部分を寄せ集め、それを組み立てることで、何かが見えてこないかと思うようになった。

▌3 人類進化にみる女性の立ち位置

3-1「男は狩猟に、女は採集に」は自然発生したものではない

自然発生的な性別分業として刷り込まれてきた、「男は狩猟に、女は採集に」という通説に疑問を持たせてくれたのは、エーレンバーグの『先史時代の女性』である。

エーレンバーグは、ヒト以外のメスとオスとの収集活動に違いのあることを示す証拠が見られないこと[14]を踏まえて、「ヒトの進化の最古の段階ではほとんど分業がなかったとすれば、それでは分業はいつ何故生まれたのだろうか」と問題提起する。そして、「10 万年前頃に、大型動物の狩猟に適した石器と狩猟技術を発展させた[15]」ことを挙げ、「この段階で、女性が狩猟に参加することが少なくなり始め、その後に生業労働を分担するという普通のやり方ができあがったのだ。」と言う。

藤井純夫は『ムギとヒツジの考古学[16]』の中で、死海地溝帯周辺での小型群生動物の集団追い込み猟が、強力な男性集団を必要とし、性別分業が発生したことを指摘している。

「ヒト進化の最古の段階ではほとんど性別分業はなかった」、「大型獣の狩

猟や、集団追い込み猟が、両性間の分業を発生させた」との主張に、筆者は目からうろこが落ちる思いであった。とすれば、それを必要としない地域では、性別分業は発生しなかっただろうか。

島国日本では性別分業が発生しなかった可能性

　気が付いてみれば、日本では、何処の博物館や資料館でも、先史時代のコーナーでは槍を手にした狩人の姿が描かれているが、大型獣の狩猟も、小型群生動物の集団追い込み猟も、その痕跡はほとんど残っていない。一方、後期旧石器時代の石器の分析から、むしろサケ・マスの漁撈活動の痕跡について、遠慮がちに語られ始めている[17]。サケの産卵場付近の浅瀬で漁撈が行われたとすれば、女性が漁撈活動に関わった可能性は十分にある。とすれば、日本では、明確な性別分業は発生しなかったと言えるのかもしれない。

　「性別分業は、自然発生したものではない」。これを明確に証明できる場が、島国として隔絶されていた日本に痕跡として残っているのではないか。とすれば、現生人類の本来の家族は、基本的には両性平等の基に成り立っていたことが証明されるのではないか。これが、筆者が明らかにしたい具体的な一つのテーマとなった。

3-2「進化の傷跡」と言う捉え方
― 未熟児出産と難産＆発情期の喪失と性的支配

　アドルフ・ポルトマンは、『人間はどこまで動物か』の中で、「人間の誕生時の状態が、一種の『生理的』、つまり、通常化してしまった早産だ」[18]と言う。そして、「人間がほかのほんとうの哺乳類なみに発達するには、われわれ人間の妊娠期間が現在よりもおよそ一カ年のばされて、約21カ月になるはずだろう[19]」と続ける。

　山極寿一は『家族進化論』の中で、「類人猿の骨盤は細長い形をしていて産道が大きく、赤ん坊はやすやすと産道を通って生まれてくる。赤ちゃんの顔が出たと思ったら、お母さんゴリラはそれを手につかんで引きずり出し、お産はあっという間に終る」と言う。そして、「現代人のお産は時間がかかり、難産で死ぬことさえある。これは赤ちゃんの頭の大きさに比べて産道が狭く、なかなか赤ちゃんの頭を通すことができないからだ[20]」と続ける。

　エレイン・モーガンは、『進化の傷跡』の中で、「チンパンジーやゴリラの赤ん坊は、生れ落ちたその瞬間から、母親の毛にしがみつくことができる。

母親が胸のあたりにあてがってやれば、乳を飲むあいだ、自力でそこにしがみついていることも可能だ」と言う。そして、「だが、人間の赤ん坊の場合には、しがみつくべき母親の体毛もなく、また、自分の頭をまっすぐ支えておくだけの筋力さえない。そこで母親は、赤ん坊を腕に（そして、子供がもっと重くなってからは膝に）かかえ、授乳しなければならない」と続ける。

三人の子を産み育てながら、「産みの苦しみ」も、「乳児を抱えて身動きの取れない生活」も、これが当たり前でやむを得ないもの、としか捉えられなかった筆者。その筆者が、人類の進化過程を視野に入れる必要を感じたのは、この、「進化の傷跡」と言う言葉を知った時からである。

現在のジェンダー不平等の根底にあるのは、女性が社会的に自立して働き続けることと、子を産み育てることの両立が困難であることにある。出産と子育てに関わるこの困難さが、類人猿には見られない、人類独自のものだとすれば、何故そうなったのかを知る鍵は、当然人類進化の過程にあるはずである。

発情期の喪失と性的支配

長谷川真理子は、「私は、人間でレイプが生じることを始めとする多くの性的現象は、雌（女性）が発情の兆候を明確に示さなくなったこととリンクしていると考えている」、「レイプの原因の中心には、排卵の隠蔽があると考えている」[21] と言う。

宮地尚子は、『性的支配と歴史』の中で、「この世界は『レイプによって生まれた子どもたち』とその子孫であふれている。人間の文明はそういう中で継承されている」と言う。そして、「そういった認識のもとで、性的支配を論じてみる必要がある」と続ける。「疵痕から生まれ続ける文化の中に新たな希望を見出し、育むために」[22] と。

現在では、社会的男女格差の問題は、声高に叫びやすいし、両性間の合意も比較的得やすくはなりつつある。しかし、性的支配の問題は、女性にとってはあまりにも苦痛を伴いやすく、未だに口に出すことすら憚られる状況にある。

しかし、「ジェンダーか、セクシュアリテイか」と論争されながら、それに決着がつかないまま引きずられていること自体が、二者択一では捉えきれない問題であることを、奇しくも暗示していると筆者は捉えたい。

3-3 人類の進化のステージにかかわる「アクア説」と「水障壁」

　エレイン・モーガンは、『人は海辺で進化した―人類進化の新理論』の中で、アクア説[23]を展開し、そのような傷跡を抱え込みながら進行した人類進化の場についてダナキル低地を示唆[24]する。

　アクア説には筆者は非常に興味を持つが、人間は海水のみを飲んでは生きられないから、「人類の進化の場は海辺ではない」と捉えざるを得ない。

　コルトラントは、『人類の出現』の中で、現生類人猿と初期人類の生息域を分かつ「水障壁」として、ナイル・ザンベジライン[25]、ニジェール・ベヌエライン[26]、を提唱する。

　人類進化を保障したのは海辺ではなく水辺だったのではないか。その水辺とは、コルトラントの言う「水障壁」に関係するのではないか、と筆者は考え始めた。

3-4 人類発祥の地アフリカ旅行で得たもの

　次第に筆者は地図帳やグーグルアースの地球儀から、アフリカの地理的状況を探り始め、人類のふるさとはどんなところなのか、行ってみたいと思い始めた。ただ社会的な関係を持たない筆者は、観光目的のツアーに載せてもらうしかなかった。

　2001年、サファリツアー目的のケニア観光で、「ケニア大地溝帯」や「ピンクフラミンゴの群れるアルカリ湖」を知った。それが後に、現生人類の誕生に当たってアルカリ湖が重大な意味を持ち、人類の短毛化[27]のステージだったのではないかとの仮説に繋がった。

　2002年、エチオピアでは、エチオピア大地溝帯の両岸に当たる、南・北二つの高原台地間を渡る飛行機から、人類進化の段階を追って化石が発掘されている断裂帯の低地を見下ろし、その茫漠たる乾燥状況に唖然とした。

　2004年、西アフリカでは、モーリタニアの沙漠をドライブし、マリのニジェール川の九州規模の氾濫源を3000m上空から眺め、その上、チンパンジーが生息するギニア湾岸の多雨地帯にも足を伸ばす強行軍だった。ここで、「沙漠とは、乾燥地帯における、何十年に一度かの集中豪雨時の、巨大な土砂災害の爪跡の集合体が、そのまま乾ききって風化したものである」ことを目の当たりにした。「人類が直立二足歩行を始めたステージは、こんな低地の浸水地帯だった」との確信は、この光景から形成された。

2005 年、イエメンから紅海を渡ってエリトリア・ジブチへの旅。大地溝帯を上空から見下ろし、断崖の真上に立ち、断裂帯の底に下り、広大な粘土沙漠に前日の豪雨が押し寄せて泥湖と化した様に遭遇した。また、湖底からの湧出物質によりピンク色を呈するアバヤ湖や、死海よりも塩分濃度が濃いと言われるアサル湖で塩の結晶を集めるなど、地溝帯湖に直接触れることが出来た。そして、氷河期の極度の乾燥状態の中では、この様な湖のほとりにしがみつくしか人類の生き延びる場はなかったことに、思いを馳せた。

　2006 年、現生人類最古の化石が発掘されているオモ川流域では、最大のポイントだったムルシ族の居住区には大雨と泥水に阻まれて行けなかったが。雨季には、こんな水と泥との闘いの中で、人類の女性は子を産み育ててきたと確信を持った。

▌4 家族進化論をめぐる論点とその変遷

4-1 日本の霊長類学の功績 ― 原始乱婚説の否定

　モルガンの『古代社会』[28] を踏まえて、エンゲルスの『家族・私有財産・国家の起源』[29] の初版が出版されたのは 1884 年である。原始乱婚状況から、親子間、兄弟姉妹間の近親婚を排除しながら、集団婚から単婚へと進化してきたとの家族論は、「マルクス主義的家族論」、あるいは「原始乱婚説」と呼ばれて、様々な影響を与えてきたことは、あまねく知られている。

　山極寿一は『家族進化論』の中で、19 世紀の家族論が、この「原始乱婚説」と、マリノフスキーの『未開人の性生活』[30] を踏まえて主張された「核家族説」との不毛な論争が続いたことに触れている。そして、家族論の混迷を打破するために、戦後今西錦司を中心とする日本の霊長類学研究が開始されたいきさつ[31] を述べている。

　筆者が人類進化に興味を持ち始めた頃には、遺伝系統的には人類に近いチンパンジーの複雄複雌群内での群婚状況が明らかにされ、それが「原始乱婚説」の根拠として受け止められていた。

　しかし、そのような経過を経た上で、山極は、「人類の社会はチンパンジーやボノボのような乱交志向の強い父系社会から出発したのではない。初期人類は、特定の雌雄が長期的な配偶関係をもつ社会から、ゴリラのような性的二型[32] を顕著に発達させないような方向で進化してきたと考えられる[33]」と推論する。

この山極の論旨は、結果として、モルガンが提起しエンゲルスが継承した、いわゆる「原始乱婚説」の誤りに止めを刺すものである。それは、「原始乱婚説」を巡って混迷を続けてきた家族論争に終止符を打つことを可能にする、世界的に大きな貢献であると捉え得る。

ただ、それを持って、エンゲルス説すべてを誤りと捉えることは早計であろう。

4-2 集団追い込み猟と家族の進化 ― エンゲルスの家族論に類似

藤井純夫は『ムギとヒツジの考古学』[34] の中で、死海地溝帯周辺地域や肥沃な三ヶ月地帯周辺の考古学遺跡の分析から、歴史的に発展していく過程での住居跡の変遷を明らかにしている。その変遷過程が、エンゲルスの言う家族の発展過程に見事に対応していると読み取れることは非常に興味深い。

このことから筆者は、集団追い込み猟の発生した地域では、強力な男性集団を必要として性別分業が固定化されたことを読み取る。そして、集団追い込み猟→家畜化→牧畜・農耕混合形態へと発展していく過程で、家族形態がエンゲルスの言うプナルア婚家族→対偶婚家族→単婚家族へと進化した可能性があると捉える。エンゲルスの言う、「蓄群その他の新しい富（の出現）とともに、家族に一つの革命が起こった[35]」は、まさにその通りであると理解する。

エンゲルスの言う「男子の専制の永久化」と「女性の世界史的敗北」

とすれば、「男子の専制は、母権の転覆、父権の採用、対偶婚から一夫一婦婚への徐々たる移行によって確認され、永久化された[36]。」は、汎世界的なものではなく、牧畜の発生した地帯での家父長制に基づく「西欧風前近代家族」の確立と捉え得る。

そして、「母権性の転覆は、女性の世界史的な敗北であった。男子は家庭内でも舵をにぎり、女子はおとしめられ、隷従させられ、男子の情欲の奴隷かつ子供を生む単なる道具となった[37]」もまた、とりあえずは「世界史的な」という修飾語をはずすべきであろう。ただその後、植民地侵略などを通じて世界各地に存続していた母系性社会を変質させ、父系性の確立を促し、ジェンダー不平等を世界的に拡大して行ったことまでを含めれば、確かに「世界史的敗北」との表現も妥当であろう。

エンゲルスの言う「近代的大工業の発達」と「女子の解放」

　とすれば、女子の解放についての「私的な家事労働をもますます公的な産業に解消しようと努める近代的大工業によって始めて可能になったのである[38]」もまた、「西欧風前近代家族」からの解放と読み取る必要があろう。ここで筆者は、近代的大工業の発達が「実子相続人の確保のために、父系性が要求していた女性の隷従」からの解放を可能にする条件を内包していたことを、強調しておきたい。

　しかし、家事労働の公的産業化の歩みは遅々としていた為に、その後の女性は「男が賃労働者として稼ぎ、女が残存した家事をする」と言う新たな形の「近代家族」内での男性支配による性別分業を受け入れざるを得なかった。

　翻って現在、近代的大工業による、ほぼ完璧な家事労働の社会化にもかかわらず、「近代家族」内の女性は依然として解放されてはいないのは何故か。これはもちろん、エンゲルスのせいではなく、現在の我々が考えるべき問題ではある。

　ただ筆者はここで、エンゲルスは家事労働の陰に隠れていた「出産・子育てに関わる女性の負担」を真には評価しえていなかったことを、指摘しておく。

4-3　ナヤール人の母系性社会と祖母仮説

　山極は、インドのナヤール人社会の母系社会について、次の様に紹介する[39]。【ナヤール人社会は、夫婦を家族の中核とせず、母系的な血縁で結ばれる兄弟姉妹が中心的役割を果たしている。姉妹は結婚しても兄弟のもとを離れず、夫は夕食後に訪妻して翌朝去ることになっている。妻はこういう夫を複数もつことができ、夫も訪問する妻が何人もいるのが普通である。このため、生まれた子どもの生物学的父親が特定できない場合もある。子どもは母親のもとで育てられ、出産にかかる費用を払った男がその子どもの社会学的父親になる。ナヤール人の社会では、経済、教育、生殖といった役割を母系氏族が担っていることになる。夫婦は同居せず、共通の経済的基盤すら分かち合っていないのである。】

祖母仮説と鯨の母系性社会

　また山極は、ホークスの「人間の女は娘の繁殖を保護することによって子孫の繁栄に貢献した」との祖母仮説を踏まえて、「鯨類の母系社会の例」について言及する。「閉経と老年期の延長は人間に近縁な類人猿にはみられな

いが、系統的に離れている鯨類の中にはみられ」、「これらの鯨類は母系の社会を作り祖母が子持ちの娘たちといっしょに暮らす」と。

にもかかわらず、山極は、「類人猿のような父系の社会であっても、家族どうしが交流すれば、祖母が娘の育児協力をすることも可能になる。また、夫の母親が妻の育児協力をすることも考えられる」と言う[40]。何故山極は父系にこだわるのか。

それよりも筆者は、この祖母仮説と鯨の母系性社会の記述から、父系性にこだわることなく、何故人類がナヤール人の様な母系性家族を必要としたのかと言う問題として考えてみたい。即ち、人類は、未熟児を育て上げるために祖母の助けを必要とし、母系家族そのものを必要としていたのではないかと。言い換えれば、人類家族の進化における父系性と母系制の関わり方を明らかにする必要があると。

4-4 モルガンの「血族婚家族」から読み取れる母系性子育て集団
―現生人類最古の集団：遊動生活の基本単位

安蒜政雄は、『旧石器時代の日本列島史』の中で、20000年前頃の砂川遺跡の状況から、5名程度のカゾクが3軒程度まとまる、移動生活上の最小単位集団を推定している[41]。

藤井純夫は、19000年前頃のオハローⅡ遺跡で、3家族10～20人ほどの小集団が、少なくとも春・秋の2シーズン居住していたと推定している[42]。

これらの遺跡は、現生人類の最古の集団は、2～3家族、10～20人程度の小集団を遊動の基本単位としていたことを示唆している。

筆者は、この小集団の典型例として、母娘姉妹を核とし、父母・姉夫妻・妹夫妻・子どもたちからなる、母系的小集団を想定したい。従ってこの規模の小集団の中では、モルガンが血族婚家族を類推する根拠とした、両性間、兄弟姉妹間、父母⇔子ども、祖父母⇔孫の呼称があれば十分であると考える。

| 5 おわりに

5-1 人類進化は、生物的進化と社会的進化の共進

ボールデイングは、『社会進化の経済学』の中で、「生物学的進化が人類をつくりだすや否や、最初はごくゆっくりとだが、一つの総体としての進化パターンが新しく変わり始めた」[43]として、「社会的進化」という概念を導入

している。

　生物的作為物においてはDNAの中に含まれる新たな遺伝子情報は受精を媒介して次世代に伝えられ、「変異」と「淘汰」により生物的進化が保障される。それに対して、人工的作為物は、人間の知識の総体を遺伝子供給源とし、学習過程を通じて次世代に伝えられ、生態学的作用と同じ原理があてはまると。

　この社会的進化と言う捉え方に、筆者は大きな影響を受けた。

　ジェンダーとセクシュアリテイの関係を、総体として捉え、その根源を科学的に解明するためには、男女格差を社会的進化と生物的進化の関わりとして捉えることが要求されているのではないか。とすれば、未熟児出産と子育ての問題も、両進化の関わりとして捉えれば、その本質が見えてくるのかもしれない。

　即ち、人類の進化にあたっては、生物的進化の限界による生存の危機を、社会的進化が補うことによって、出産・育児が保障され、両進化の共進により人類の進化が保障されてきたと捉えることができるのではないか。そしてそれを保障したのが、家族や共同体なのではないかと。

5-2 ボールデイングの言葉に励まされて ─アマチュア研究者として

　ボールデイングは「人類に対して感じる驚きの一つは、人類が時間的にも空間的にも拡がりながら、全宇宙のイメージをつくり上げる能力をもっており、しかもそれを現在のところ、かなりの程度まで実現しているということである」と言う。そして、「人類のもつこの尋常ならざる能力は、大部分、過去の記録として人類が知っている現在の諸構造を解釈する能力の結果ともいえる[44]」と。

　筆者は、このボールデイングの言葉に励まされて、雑学の乱読の過程で得られた限られた知識をもとに、現在の女性に関わる諸構造を解釈してみたい。

　この分野は、我々人類に、とりわけ命を産み育てる主体者としての女性に関わることであるから、「もし、その状況に置かれていたら、どう行動しただろうか？」と直感的に想像しやすい分野でもある。

　筆者は、幼い頃の疑問に答え、多くの先覚者たちに学びながら、女性の視点から直感的な仮説を立て、可能な限りその仮説の証明を心がけたい。そしてその過程で、それを、真の両性平等を求める人々にも、とりわけ女性だけでなく、男性にも読んで頂けるように、社会的な認知を求められる内容まで高めたいと思うようになった。

【註釈】

1　アイスランド、ノルウェー、スウェーデン、フィンランド、ルワンダ、ニュージーランド、アイルランドの7カ国は3年連続。ナミビア（18・20）、ニカラグア（18・20）、フィリッピン（18）、スペイン（19）、ドイツ（19）、リトアニア（20）、スイス（20）は、入れ替わってのランクイン。

2　ウキペデイア　「アイスランド」　3.政治、8.経済より　（2022.1.11）

3　ウキペデイア　「ルワンダ」　3.政治より　（2022.1.11）

4　初期の資本主義が要求した、「男が賃労働者として稼ぎ、女が子育てしながら家事をする」と言う形での性別分業に基づく核家族として、筆者は「近代家族」と言う言葉を使用する。これに対して、「近代家族」成立以前の家族を総称して「前近代家族」という言葉を使用する。

5　主要先進国では、スイス10位、ドイツ11位、スペイン14位、フランス16位、イギリス23位、アメリカ30位、イタリア63位、ロシア81位。ちなみに、韓国102位、中国107位

6　ADEALANTE　2019.03.07

7　ウキペデイア　「女性参政権」　3.世界各国の国政選挙における女性参政権の獲得年次
　　ちなみにGGI上位国の女性参政権は、1906年、露領フィンランドで世界初めて女性に被選挙権が認められ、ノールウェー（1913）、アイスランド（1915）、スウェーデン（1919）、アイルランド（1928 当時イギリス）、ドイツ（1919）、スペイン（1931）、ニカラグア（1955）、スイス（1993）と続く。

8　ボーボワール著　1949　『第二の性』「第二の性を原文で読み直す会」訳　2001　新潮社　Ⅱ体験上　p.12

9　ボーボワール　前掲書　p.9

10　カレン・アームストロング著　1986　『キリスト教とセックス戦争』　高尾利数訳　1996　柏書房　p.434
　　近・現代の激しい女性解放の運動は、これらすべての矛盾に対する反逆であり、大きな成果を収めつつあるとはいえ、そういう運動の多くも何がしか健全とはいえないひきつれの様相を呈するほかない。西欧やアメリカの女性解放運動とフェミニズムは、こうした歪んだ歴史と現実を現代でも深く引きずっている。西欧やアメリカではこの葛藤・相克はいまだ決して終わってしまったものではない。この歴史の功罪の両面を認識しつつ、女性の、そしてまた男性の真の解放と相補的な自己実現を目指さないかぎり、ほんとうに wholesome な（つまり全体的で健全な）発展は望み得ないであろう。

11　カレン・アームストロング　前掲書　p.436

12　内閣府男女共同参画局総務課　「世界経済フォーラムが『ジェンダーギャップ指数2021』を公表」『共同参画』　2021.5

13　内閣府　『平成24年版　男女共同参画白書』　2012　p.50

14　エーレンバーグ著　『先史時代の女性』　河合信和訳　1997　河出書房新社　p.64
　　「ヒト以外の霊長類に、メスとオスとの収集活動に違いのあることを示す証拠が見られないのに、現代の狩猟採集民はすべて性別で生業活動をはっきり分けている。従って問題は、この性差が、いつ、何故出来たのか、幼いこどもの世話をす

ることがメスの狩猟を制限するように働いたのかどうか、ということになる。」

15 エーレンバーグ　前掲書　p.65
このように、狩猟と採集は、同時にする仕事としては両立できなくなる。妊娠した女性やごく幼い乳児を抱えた女性は、狩猟についていくのが難しいことが明白になっただろう。しかし、採集なら、子供の世話をしながらも楽にやれる。したがってこの段階で、女性が狩猟に参加することが少なくなり始め、その後に生業労働を分担するという普通のやり方ができあがったのだ。

16 藤井純夫著　2001　『ムギとヒツジの考古学』　同成社

17 安蒜政雄著　2013　『旧石器時代人の知恵』　新日本出版社　pp.208-209
「第Ⅱ期の東北では、三種あった第Ⅰ期の切っ先が、尖刃の杉久保系ナイフ形石器一つに選択されている。その尖刃の杉久保系ナイフ形石器は、以後の当該地で、第Ⅳ期に湧別系の細石器と交替するまでの間、唯一のヤリの穂先として、長く作り使われ続けていく。では、尖刃の杉久保系ナイフ形石器は、狩猟用のヤリの穂先だったのか。この杉久保系ナイフ形石器作りの伝統が、東北の河川を遡上するサケの捕獲と関係していたとすれば、尖刃ガモリの機能と用途とを併せもっていたとする見解を否定できない。」

18 アドルフ・ポルトマン著　1951　『人間はどこまで動物か』　高木正孝訳　1961　岩波書店　p.61

19 アドルフ・ポルトマン　前掲書　p.61

20 山極寿一著　2012　『家族進化論』　東京大学出版会　pp.199-200

21 ランディ・ソーンヒル、クレイグ・パーマー著　2000　『人はなぜレイプするのか』望月弘子訳　2006　青灯社　解説長谷川真理子　「レイプにどう対処するか」　p.418

22 宮地尚子著　2008　『性的支配と歴史』　大月書店　pp.48-49

23 エレイン・モーガン著　1982　『人は海辺で進化した』　望月弘子訳　1998　どうぶつ社　pp.164-187

24 エレイン・モーガン　前掲書　pp.150-163

25 コルトラント著　1972　『人類の出現』　杉山幸丸訳　1974　思索社　p.8

26 コルトラント　前掲書　p.11

27 筆者註：人類は裸のサルと言われるが、類人猿と同等に、ただし細く短く目立たない毛は生えている。従って、無毛化したのではないので、「短毛化」と筆者は表現する。

28 モルガン著　1877　『古代社会』　青山道夫訳　2003　岩波書店

29 エンゲルス著　1884　『家族・私有財産・国家の起源』　土屋保男訳　1999　新日本出版社

30 マリノフスキー著　『未開人の性生活』　泉靖一、蒲生正男、島澄訳　1999　新泉社

31 山極寿一　前掲書　p.22
しかし、第二次世界大戦が終わった直後、突如としてそのタブーが破られる。それはアフリカで人類の化石を発掘していた先史人類学者と、敗戦国の日本の焼け跡のなかから動物社会学を企てようとした霊長類学者の驚くべき発見と発想だった。

32 筆者註：性的二型とは、雌雄間の外形の差が顕著に認められること。単雄複雌群を形成する霊長類に一般的に見られる雌雄間の体格差は、雌の占有を巡る雄同士

の闘いが熾烈で、体格の良い雄が勝ち残る可能性が高く、その遺伝子が引き継がれた結果と見られている。

33 山極寿一　前掲書　p.255

34 藤井純夫著　2001　『ムギとヒツジの考古学』　同成社

35 エンゲルス　前掲書　pp.218-219
　　いまや蓄群その他の新しい富（の出現）とともに、家族に一つの革命が起こった。……。家畜は彼のものであり、家畜と交換して得た商品と奴隷は彼のものであった。生計稼得がもたらす余剰はすべて男子の手に帰した。女子はその消費にあずかったが、その所有にはあずからなかった……。女子の家事労働は、今では男子の生計稼得労働に比べて影のうすいものになった。後者がすべてであり、前者はくだらないつけ足しであった。ここにすでに、女子が社会的な生産労働からしめだされて、私的な家事労働に局限されたままであるかぎり、女子の解放、男子との女子の対等な地位は不可能であり、今後も不可能であろうことが示されている。

36 エンゲルス　前掲書　p.219

37 エンゲルス　前掲書　p.79

38 エンゲルス　前掲書　pp.218-219

39 山極寿一　前掲書　pp.19-20

40 山極寿一　前掲書　pp.203-205

41 安蒜政雄著　2010　『旧石器時代の日本列島史』　学生社　pp.112-114

42 藤井純夫　前掲書　pp.30-33
　　藤井は、『ムギとヒツジの考古学』の中で、死海地溝帯のガリラヤ湖西岸の終末期旧石器オハローⅡ遺跡では、炉跡、ゴミ捨て場、埋葬跡とともに、地面に枝を突き刺したと見られる長径4m程の楕円形の簡単な住居跡が3件確認されていて、ゴミとして残された春～初夏に実る野生のムギ類と、秋に実る果実から、3カゾク10～20人ほどの小集団が、少なくとも春・秋の2シーズン居住していたと推定している。動物骨からは、カメ、鳥類、ウサギ、キツネ、ガゼル、シカなどが認められるものの、大量の魚骨（その大半は小型）の存在から漁撈活動の比重が大きく、長期居住の背景には、漁撈活動と野生穀物の利用があったことを指摘している。

43 ボールデイング著 1981『社会進化の経済学』猪木武徳、望月昭彦、上山隆太訳　1987　HBJ出版局　pp.10-11

44 ボールデイング　前掲書　p.5

第 2 章

女性の視点で捉える
人類進化の三段階

進化の傷跡：女性が抱え込んだ難問

【図表】2-1　人類進化に関わるアフリカ大陸概観図

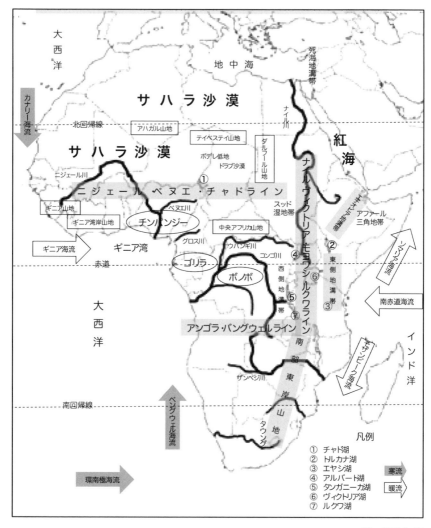

凡例
① チャド湖
② トルカナ湖
③ エヤシ湖
④ アルバート湖
⑤ タンガニーカ湖
⑥ ヴィクトリア湖
⑦ ルクワ湖

（注：筆者作成）

1 はじめに

1-1 人類進化の過程で、女性が抱え込んだ難問

　人類の生物的進化の痕跡は発掘された化石人骨の中に残り、社会的進化の痕跡は、石器や化石に刻まれた石器の使用痕や動物の歯形の跡として残る。

　人類は、類人猿と袂を分かった700万年前を基点として、生物的進化の限界を社会的進化で補うことによって生存条件を確保し、両進化の共進により進化してきた。そして、やがて社会的進化の速度が早まって、生物的進化を凌駕するに至り、20万年前頃に現生人類へと到達する。

　それ以降の人間の歴史は、地域差を伴う社会的進化が前面に出て、加速されながら現在に至り、生物的進化は背後に退いてしまった感がある。しかし、どんなに社会が進化しても、我々人間は、20万年前の現生人類と基本的には同等の生物的進化段階にあり、それに規定されていることを忘れるわけには行かない。

女性が抱え込んだ難問

　人類の最大の特徴たる「直立二足歩行」は、手の自由を保障して「手作業」の進化を促したけれども、産道の方向が地面と垂直で重力の影響を受け易く、流・早産を招きやすい。

　誇り高き人類の叡智の象徴とみなされてきた「脳容量の増大」は、頭の大きな胎児が直立二足歩行により制限される狭い産道を潜り抜けなければならず、難産を惹起しやすい。

　「生理的未熟児出産」は、「未熟な脳」が胎内とは比べ物にならない外界の刺激を受けながら脳機能を発達させて、社会的進化を急速に促してきた。しかしそれと引き換えに、最終的には、女性の自立出産不能な難産を惹起し、出産後の育児負担を増大させた。

　何故人類の女性はこの様な難問を抱え込んでしまったのか。直立二足歩行や脳容量の増大の利点は強調されても、それらの進化を保障したはずである人類の出産の特異性との相関関係についてはあまり語られないのは何故なのか。そもそも直立二足歩行は何故始まったのか。脳容量は何故増大したのか。「未熟児出産」は何故生じたのか。未だ定説はない。

　現在の女性は、人類の女性が生物的進化の最終段階で抱え込んだこれらの

難問を、そのまま抱え込んでいるのである。現在の日本では少子化が問題視されているが、それは、これらの難問を、現在の社会進化の段階で、どう受け止めるべきかが問われているのである。

胎児と母胎の間に生ずる矛盾 ― 進化を保障する選択圧と淘汰

　生物的進化において重要な位置を占める DNA の配列に関する変異は、一定の時間的間隔を持ってアトランダムに出現するもので、意識的に合目的的に出現するわけではない。生存に支障を及ぼさない程度の変異ならば、遺伝情報の多様性の中に取り込まれて行く。一方、生存に支障を与えるほどの大きな変異、即ち俗に奇形と呼ばれるほどの変異は、自然に淘汰されて消えていく。しかし、環境の激変等に対応して、その変異が生存に有利に働く場合には、強力な選択圧が働いて、新たな種の出現に繋がる可能性を持つ。

　哺乳類の一員である人類が獲得した新たな変異は、両性関係と母胎を介して次世代へと受けつがれ、人類の進化が保障される。

　しかし、アトランダムに生じた変異はあくまでも部分的なもので、生命体全体を合目的的に変化させる力を持たず、旧来の形態や機能との間に矛盾が生ずる事は避けられない。とりわけ、胎児と母胎間に生じた矛盾は、時に生命の生産自体を困難にしかねず、人類祖先の生存・存続を根本から脅かす。

　しかし、新たな状況下で、アトランダムに生じた変異の取捨選択によって、胎児と母胎の矛盾が、新たなレベルで解消されることもありうる。そして、とにもかくにも生命の生産が保障され、しかも一定の社会関係の中で育て上げ、生き延びることが出来れば、その選択された変異は、次世代に受けつがれ、新たな進化が保障される。

　この新たな進化を保障する社会関係とは、両性関係を基軸とする家族や共同体であったと捉えうる。即ち、生物的進化の限界による生存の危機を、社会的進化が補うことによって、出産・育児が保障され、両進化の共進により、人類の進化が保障されてきたのである。

1-2　本章の課題と論点

　本章の課題は、人類進化を「命を産みだす」女性の視点から捉えなおすことにある。そのために、人類進化の 3 段階を捉え、各段階の考察を踏まて、3 つの仮説を提示する。

　2 では、直立二足歩行の起源に関わる諸説が、その利点のみしか説明しき

れていないことに言及する。その上で、直立二足歩行せざるを得なかった条件として、腰椎骨の突然変異と、生息環境の浸水常態化を明らかにして、「人類の直立二足歩行開始のステージは、乾燥状況下の浸水地帯にある」との第一仮説を立てる。

3では、乾燥したサヴァンナで多発した流早産に対応して、新生児の脳容量増大への選択圧がかかったことをおさえる。そして、それが成体の脳容量の増大に連動したことを捉え、「脳容量の増大は、サヴァンナでの流早産防止の生物学的な適応である。」との第二仮説を立てる。そして、新生児の脳容量の増大と、それによって惹起された難産の矛盾の解決方法として、「自立出産を前提とした新生児の未熟児化」を受け止めたことに言及する。

4では、まず、大地溝帯内の炭酸塩質火山活動とエレクトスの生息環境の変化に伴って、体毛の損傷やメラニン色素の装着などが進行したことを捉える。次いで、新たな気候変動に対応して、新たな脳容量の増大と難産との矛盾が進行したことに言及する。

5では、まずネアンデルタールと現生人類を分かつ「短毛化」を捉え、「人類の短毛化のステージは、アフリカ大地溝帯のアルカリ湖周辺にある」との第三仮説を立てる。その上で、「短毛化」による生存の危機を乗り越える過程で、「自立出産不能な難産と、新生児の超未熟児化」を抱え込みつつ、現生人類に到達したことを明らかにする。

6では、現生人類の誕生時の生態条件から、その生息域が「塩分」を保障する地域に限定せざるを得なくなったことをおさえる。その上で、生存の必需品としての塩を確保する道を開きながら、生息域を拡げていった痕跡をたどる。

7では出アフリカを果たした母系性小集団は、ナイフ形石器を手に、地球上のあらゆるところに生存域を拡大して、そこで独自の文化を発展させるに至ったことに言及する。

▍2 人類の直立二足歩行開始のステージ
── 乾燥状況下の浸水地帯

2-1 直立二足歩行の起源に関する諸説

人類の進化史上最初に位置する大きな変異は、直立二足歩行であろう。その起源については、「大きな脳を支える」、「手を自由にする」、「食物を運搬

する」、「エネルギー効率のいい移動様式」、「強い日射を緩和する」、「誇示行動」、など様々な仮説が提起されてきた。いずれの仮説も、四足歩行と比較しての直立二足歩行の利点を強調しているのであって、結果として、人類がそれらの利点を生かして、進化してきた事は間違いないであろう。

　しかし、直立二足歩行にどんな利点があったとしても、直立二足歩行は産道の方向が地面と垂直にならざるを得ないために、必然的に重力の影響を受けて流・早産を招きやすい。何故人類は、遺伝子の次世代への受け渡しそのものに関わる深刻な困難を抱え込みながら、直立二足歩行を開始したのか。それは、直立二足歩行しなければ生き延びることが出来ない程の、生存の危機に見舞われていたからである、と捉えるべきであろう。

2-2 類人猿の腰椎におきた突然変異

類人猿を直立させた小さな骨

　現生類人猿の歩行形態は、腕渡り、四手移動、ナックル歩行が主体であり、一般的な四足歩行動物の様な、脊椎骨を水平に保っての四足歩行は困難である。

　一方、ゴリラは湿地の中で、チンパンジー手にした枝を振りまわしながら、テナガザルは枝の上をちょこちょこっと歩くなど、一時的には直立二足歩行する観察報告がある。しかし、長時間にわたっては直立二足歩行を継続しえない。

　これらのことから、現生類人猿と人類の共通祖先は、四足歩行にも直立二足歩行にも適していなかったことが推測される。

　フィラーは、『類人猿を直立させた小さな骨』の中で、2100 万年前頃のヴィクトリア湖畔で、腰椎骨の突然変異により、水平姿勢での四足歩行が困難になったモロトピテクスが出現したことを明らかにした。そして、その小さな骨に起きた突然変異が、現生人類の腰椎骨に類似することから、やがて直立二足歩行を促したのではないかとの仮説[1]を展開している。

樹林帯内での四手移動と腕渡り

　上肢・下肢それぞれで枝をつかみ、交互に動かす「四手移動」では、柔軟な姿勢が保たれ、体重が分散されて、接近した木から木への移動が可能である。上肢だけを交互に動かす腕渡り（ブランキエーション）は、体全体は重力に逆らうことなく鉛直方向にぶらさがる。従って、無理して水平方向に体幹を支える必要はなく、自然に直立姿勢が保てる。

幸いなことに、この頃にはアフリカ大陸全般には、地上での長時間の四足歩行を必要とはしない、豊かな樹林帯がまだまだ存続していた。突然変異に見舞われたにもかかわらず、それをカバーして生き延び得たモロトピテクスは、ヴィクトリア湖周辺からアフリカ各地へとその生息域を広げて行けたと推測しうる。

2-3　直立二足歩行せざるを得なかった生態条件

　山極は、「エネルギー仮説」について、「初期人類は長い距離をゆっくり歩くような生態条件で直立二足歩行を発達させたのだ」[2] という。そしてその条件として、「初期人類が暮らしていた環境は熱帯雨林ではなく、森林が小さな断片上に散らばり、その間には草原が広がるといった環境だったに違いない」と説明する。

　腰椎骨が軟弱な類人猿が、分断された小さな森林から森林へと、長距離の草原を渡り歩くのは大変だったはずである。一般的な草原では、ちょこちょこ走りやヨチヨチ歩きでは、肉食獣の格好のターゲットとなる危険性は高い。

　初期人類[3]はどこで歩行訓練をして、基本的移動形態としての直立二足歩行を獲得したのか。安定した出産を犠牲にし、肉食獣の危険にさらされてまでも、直立二足歩行せざるを得なかった生態条件とは何か、を明らかにする必要がある。

広大な相対的低湿地帯の出現

　筆者はここに、南極大陸の孤立に伴う地球全般の寒冷化の進行の中で、アフリカ大陸での熱帯雨林の衰退過程で生じた、広大な相対的低湿地帯を想定する。降水量は僅少で厳しい乾燥状況にありながら、雨季には遠方の山地からの大量の流入水によって一面に湿地帯と化し、乾季には、流入水が途絶えて草原や沙漠と化す様な。地下水の状況により部分的に乾燥状況に耐えて存続し得た森林は、雨季には浸水林と化す。

　浸水のくり返しは、流入水の運び込んだ土砂の堆積により、限りなく平坦で広大な低地を形成し、浸水地帯は浅いけれども広範囲に渡る。そこから逃げ出すことは不可能である。

ゴリラ・チンパンジーと人類の祖先を分かつ「障壁」

　コルトラントは、『人類の出現』の中で、アフリカにおける現生類人猿の

生息域と、原始人類（＝初期人類：筆者註）の石器の発掘状況から、現生類人猿と原始人類を分かつ「障壁」を提唱している[4]。大きくは、ニジェール＝ベヌエの障壁系と、ナイル＝ザンベジの障壁系である。

筆者は、彼の提唱したこの障壁を、彼の詳細な記述と、その矛盾の指摘を加味した上で、次の三つのラインを結ぶ、変形コの字型ラインとしておさえる。

すなわち、補論で詳述するが、北はニジェール・ベヌエ・チャドライン、東はナイル・ヴィクトリア・モヨワシ・ルクワ湖ライン、南はアンゴラ・バングウェルラインである[5]。

現在、これらのラインは、直接降水の保障されるアンゴラ高原を除けば、数百 km に及ぶ幅を持つ断続的な水面の集合帯として、それぞれが、数千 km の長さに及んでいることが、地図上で確認される。ただし、極度の乾燥期には、ヴィクトリア湖すら干上がったことが指摘されている[6]。そのような乾燥期には、これらのラインは、辛うじて水が集積してくる低湿地帯に変貌した可能性が高い。

山極は、「ゴリラとチンパンジーの祖先は一度たりとも中部アフリカの熱帯雨林とその周辺を離れることなく現代に至っている。人類だけが 180 万年前のホモ・エレクトスの時代になってアフリカを出て、中東からアジアへと足を延ばすのである[7]。」という。

まさに現在も、ゴリラとチンパンジーの生息域は、このコの字型ラインに囲まれた閉塞的な地帯に、基本的には限定されているのである。一方、初期人類の生存の痕跡は、このラインの外側に、すなわち、西アフリカ・東アフリカ・南アフリカへと、さらに全地球上へと、広く拡散されている。

従って筆者は、このコの字型ラインを、湿潤期にはなみなみと水を湛えて両者間の「水障壁」となり、極端な乾燥期には辛うじて水が集積する低湿地帯として、人類祖先の生存を保障したラインであると、捉える。

2-4 直立二足歩行する類人猿の出現

700 万年前直立二足歩行していたと推察される、サヘラントロプス（通称トウマイ）の化石が発掘されたドラブ砂漠は、西アフリカ中部の、はるか遠くの複数の巨大な山地に囲まれた低地帯にある[8]。地図上には周辺からの流入水の痕跡がいく筋もの巨大なワジ（枯れ川）として刻まれているが、流出河川の痕跡はない。

初期人類の化石が年代を追って数多く発掘されているアフリカ東側大地溝

帯もまた、周辺を比較的降水量の多い高原台地に囲まれた、乾燥状況にある閉塞的な低地帯である。

浸水状況下での直立二足歩行 ─ 呼吸確保のために

　類人猿の共通祖先が住んでいた豊かな樹林帯の中には、雨季になると浸水し、なかなか引かない地域が現れ始めた。乾燥に耐えるために進化した樹種は、浸水状態が続くと根腐れなどを起こして枯れていく。浸水林地帯の中には沼沢地がぽつぽつと現れて、樹林帯の分断が始まり、四手移動や腕渡りだけでの移動は困難になったことが想定される。

　残された木々の上では今まで通り木の実を食べ、木の枝をたわめてベッドを作って眠ることも可能であるが、限られた樹林帯内の木の実を食べつくせば、次の樹林帯へ向かって浸水地を移動する必要に迫られる。

　例え水深数十cmの浅い所でも、水平姿勢を保ちにくい不自由な四足歩行は大変である。何よりも顔に水がかかってくると呼吸がしにくく危険である。もちろん深い水溜りにはまると溺れてしまう。

　ここで幸いしたのは、水中では浮力という助けがあったことであろう。地上では直立姿勢の継続は困難だとしても、水中では水の抵抗に支えられて、腰にそれほど負担をかけないで、少しは立ち続けることが出来る。後ろ足で立ち上がって、可能な限り頭を持ち上げて呼吸を確保し、両手を広げてバランスをとりながら一歩一歩く。たとえヨチヨチでも、転ばずに歩き続けさえすれば、食べ物にありついて生き延びることが出来る。浸水が一時的なものであればそれだけのことである。

浸水の常態化 ─ 直立二足歩行を常態とする類人猿の出現

　しかし、浸水が常態化すると、ヨチヨチ歩きせざるを得ない状態が継続する。遠くの山地の水が急激に流れ込んで形成される氾濫原は、比較的浅いが、あたり一面に急激に広がり、しかも徐々に広大な地域に及ぶ。ニジェール川の氾濫原は九州規模と言われる。

　そこに生息する類人猿は、その広大な浸水地帯を、浮力の助けを借りて必死で直立姿勢を保ちながら、木から木へ、森林から森林へと一歩一歩歩かざるを得なかった。何ヶ月も水が引かない時には二足歩行せざるを得ない機会が増え、うまく歩き続けることが出来る個体のみが、生き延びることが出来たと推測しうる。

浸水常態下の地表を歩き続けることが必要になって、類人猿の共通祖先たちの中から、「直立二足歩行を常態とする類人猿が出現した」、と筆者は推論する。そして、その中に人類の祖先も含まれていたと。幸い、浸水状況下では、肉食獣の俊敏な動きも規制される。

子どもを引き連れての核家族的行動の萌芽

そんな状況下では、例え浸水が数十 cm の深さだったとしても、離乳後の小さな子どもの自力移動は困難である。ここに、一対一の男性と女性が配偶関係を結びながら、子どもを挟んで行動するという、人類の「核家族的行動」の萌芽[9] を見たい。この核家族的行動こそ、他の類人猿には見られない、人類特有の社会的進化の芽生えであると。

即ち、初期人類は、直立二足歩行と核家族的行動によって、断続的に浸水状況を免れ得ない低地帯で、生き延びることが出来たのだと、筆者は捉える。

▍3 脳容量の増大はサヴァンナでの流早産防止の生物学的適応

3-1 脳容量の増大の開始に関わる諸説

人類進化における第二の重要な変異は脳容量の増大であろう。発掘された化石から、以下のことが推定されている。

・700 万年前頃　直立二足歩行の開始（サヘラントロプス、通称トゥマイ）
・340 万年前頃　石器の使用痕（アウストラロピテクス・アファレンシス）
・250 万年前頃　発掘された石器実物（アウストラロピテクス・ガルヒ）
・240 万年前頃　脳容量の急激な増大の開始（ホモ・ハビリス）
・190 万年前頃　「未熟児出産」の恒常化（ホモ・エレクトス）

そもそも脳容量の増大は何故選択されたのか。未だ定説はない。当初は直立二足歩行開始との関係が論じられたが、直立二足歩行の開始が、脳容量の増大よりも 500 万年近く前である事が判明して、完全に否定された。次いで脳容量の増大と石器製作との関係が論じられたが、脳容量がチンパンジー並みのガルヒが、オルドワン形石器を使用して肉食をしていたと推定されて、説得力を失った。

脳容量の増大と脳機能の発達の関係

　山極は、人類の進化を脳容量の増大によって区分する考え方の矛盾を、次のように指摘している [10]。「問題は、ガルヒの脳容量が 450cc しかなかったということである」、「ガルヒの発見は、石器の製作が類人猿と同じ脳容量で可能だったことを示していたのである」、「しかし、脳容量が小さいという理由で、ガルヒはホモ属には分類されていない」、「重要なことは、石器の使用と肉食が認められるガルヒから、わずか 10 万年後に脳容量が 600cc を超えるホモ・ハビリスが登場していることだ」と。

　そしてまた山極は、脳機能の発達と脳容量の増大は別次元の問題であることを、次の様に示唆している [11]。「人類の脳が大きくなる前に、障害を背負った仲間に食物を与えるような行動が生れたこと」、「そのきっかけは脳の拡大による知性の発達ではなく、直立二足歩行による遊動域の拡大と肉食への依存という生態学的な特徴の改変にあったのである」と。

　とすれば、この示唆をもとに脳容量の増大を、脳機能の発達とは一度切り離して、別の視点から捉え直す必要がある。

成体の脳容量と新生児の脳容量の関係

　直立二足歩行により骨盤の形態の制約を受ける状況下では、新生児の脳容量の増大は結果として難産となりやすく、母胎と胎児に深刻な影響を与えかねない。生命の出産そのものに関する異常は、遺伝子の次世代への受け渡しそのものを困難にする。この様な困難と引き換えにしてまでも、脳容量の増大が何故選択されたのか。

　原因はさておいても、この時期に成体の脳容量の増大が進行したのは化石が示す事実である。一方ジョハンソンは、エレクトスの骨盤の形態から、新生児の脳容量をチンパンジー並の 200g と推測して、「未熟児出産」を指摘している [12]。

　即ち、ガルヒ→ハビリス→エレクトスにおいて、成体の脳容量は 450cc → 600cc → 900cc に対し、新生児の脳容量は、200cc →（Xcc）→ 200cc として、未熟児出産が指摘されているのである。

　一般的に、「脳容量の増大」と言う時には、化石の発掘状況に制約されて、成体の脳容量だけが論議されがちである。しかし、成体の脳容量自体の増大の明確な原因が見当たらない。ここで筆者は、新生児の脳容量の増大が先行して、それが成体の脳容量の増大に影響を与えた可能性を探ってみたい。即

ち、X ＝ 200 ではなく、X ＞ 200 の可能性である。

3-2 新生児の脳容量の増大と未熟児出産

乾燥したサヴァンナでの流早産防止のための、新生児の脳容量の増加

　全地球的には 330 万年前頃から、北極氷河が形成され始め、地球全般の寒冷化は新たな段階に入ったと推測されている。4 万年周期で氷期と間氷期が繰り返され、280 万年前頃からは、それがさらに寒冷に傾いての周期となりつつあった。それはアフリカでは、厳しい乾燥状況に傾いての、乾燥期と湿潤期のサイクルとして繰り返された。そして、初期人類の生息していた浸水林をも衰退させて、乾燥したサヴァンナに変貌させつつあった。

　浸水状況下での直立二足歩行は、浮力の助けがあり、肉食獣の俊敏な動きも規制されていた。しかし開放的な乾燥した草原では、浮力の助けを受けられずに長時間の直立二足歩行を強いられる。しかも肉食獣に襲われても逃げ込むべき森林は遠く、例え逃げおおせても、流早産の危険が増大したことは想像に難くない。

　そんな状況下では、頭の少しだけ大きな胎児は、例え流早産しかかっても、かろうじて子宮内にとどまる可能性が少しだけ高い。流早産防止のために、まずは新生児の脳容量の増大（即ち X ＞ 200）に選択圧が働いたのではないかと筆者は考える。そしてそれが、結果として成体の脳容量の増大に反映されたのではないかと。

　即ち、ここで筆者は、この時期の脳容量の増大の開始は、「乾燥したサヴァンナでの流早産防止のための、生物学的な適応」によるものだったとの仮説を立てる。

難産の惹起→自立出産を前提とした生理的早産（未熟児出産）

　しかし、新生児の脳容量の増大は、流早産を防止する代わりに、新たな矛盾、即ち難産を惹起する。開けた草原での難産は、母子ともども肉食獣に襲われる危険性を孕む。脳容量の増大と出産の困難さの矛盾解決の方法として、数十万年に及ぶ試行錯誤の末に、未熟児出産を受け止めたのではないか、と筆者は考える。

　とすれば、出産そのものは類人猿並で、母親の自立出産が可能であったと推測できる。しかし、生まれ出た未熟児は、類人猿の新生児並の能力を持たないから、それを受け止めて育て上げるためには、類人猿にはない力が要求

される。それを可能にしたのが、直立二足歩行開始以来築き上げられてきた、両性の強力な絆に結ばれた核家族的行動であったと捉えうる。

「未熟な脳」への外界の刺激がもたらす脳機能の発達

「未熟児出産」は、結果として、胎内とは比較できない外界での刺激を受けながらの「未熟な脳」の発達を促し、人類特有の脳機能の発達を保障する。加えて、脳容量の増大は、脳機能の発達を受け止め、記憶を刻む媒体としての役割を果たす形で、新たな脳機能の発達を保障する。そして、その脳の働きによって新たな社会関係を作り上げて、未熟児を確実に育て上げるという好循環が想定される。

言い換えれば、社会的進化を前提にして、生物的進化と社会的進化がからみあいながら、生物的進化における矛盾の解決法として、試行錯誤しながら探り当てた。それがこの段階での「自立出産を前提にした生理的未熟児出産」と捉え得る。

3-3 サヴァンナへの完全な適応とエレクトスの出アフリカ

ここでは詳細は論じないが、初期人類の生息を辛うじて保障していた低地の浸水林帯すら衰退し、サヴァンナへと変貌する新たな環境に適応するために、様々な試行錯誤が繰り返された。肉食（死肉アサリ）の開始・堅果や根菜の採食・オルドワン石器の製作使用・脳容量の増大・未熟児出産などなど。

これらは、それぞれが別次元の問題であり、同時期に出現したわけではない。しかし、それらが総合的に関わり合って、結果として190万年前に出現したホモ・エレクトスにおいて、完全にサヴァンナに適応することができたと捉えうる。彼らはアフリカ大地溝帯から、各ラインに沿って、アフリカ各地に生息域を広げていった痕跡を残す。しかし、コルトラントの指摘の様に、チンパンジーやゴリラの生息域であるコの字型ラインの内側に踏み込んだ形跡は残されていない。

一方彼らは、アフリカ大陸から足を踏み出して、ユーラシア大陸へと生息域を拡大している。ドマニシ近郊（グルジア）の痕跡は180〜120万年前、インドネシアの痕跡は180〜160万年前と推定されている。アフリカでのエレクトスの出現を190万年前とすれば、それらの地への到達は驚くほどの早さである。しかし、彼らはナイルなど川の流れが保障する緑のベルトを伝わりながら、面としての拡散ではなく、線として生息域を延ばしたとすれば、

納得できる速さである。

　この時彼らが手にしていたのはオルドワン石器であり、彼らはつい最近までユーラシア大陸各地でそれぞれの地に適応しながら、百数十万年にわたって生息した痕跡を残す。

4 炭酸塩質火山活動とエレクトスの生息環境の変化

4-1 体毛の損傷とメラニン色素の装着

　人類における「短毛化」がいつごろ、何故進行したかについては、寄生虫仮説、冷却装置仮説、など、さまざまな仮説は出されているが、今の所定説はない。

冷却装置仮説について

　ジャブロンスキーは、「なぜヒトだけ無毛になったのか」の中で、「私たちの祖先が精力的な生き方をするようになると同時に増した過熱のリスクに対処するために、160万年前までに始まっていたに違いない[13]」と言う。それでいながら、ジャブロンスキーは、頭髪がなぜ残ったのかについて、「直射日光による異常な高温から頭部を守るために保持されたのだろう」として、「頭皮と毛髪の間に空気の遮断層ができる」ことを指摘する。

　それなら、「体の皮膚と体毛の間に空気の遮断層」はできないのか。過熱に対処するために、頭髪が有効に働くなら、体毛も有効に働くはずである。従って、筆者は、冷却装置仮説には矛盾を感じざるを得ない。

寄生虫仮説について

　また、ジャブロンスキーは、「病気を運ぶシラミなどの毛皮に寄生する生物を身体から追い払う」ために、ヒトが無毛になった、とのベイゲルとポドマールの説を紹介している[14]。

　ふさふさした体毛は保温性に優れ、恒温動物の体温を一定に保つ働きを持つ。アフリカの乾燥地帯では、昼は40度を越す炎熱にさらされ、夜間は放射冷却により急激に冷え込む。そんな状況下では、短毛化により肌を露出させたままの状態での生存は、とりわけ未熟児出産による新生児や、乳幼児などでは厳しいであろう。短毛化が、乳幼児の生存を脅かすものであるとすれば、短毛化は、それを補う保温策との関係で捉える必要がある。

類人猿は一般的に、毛皮の中に寄生するノミなどを取り合う、手づくろい（グルーミング）の習性を持つ。人類の祖先もこの習性を持っていたはずで、体毛内の寄生虫対策はこの習性の方が現実的であろう。乳幼児の生存を脅かす危険を冒してまで、寄生虫対策のためにヒトが毛皮を失ったとの説は説得力が乏しい。

メラニン色素の装着について

　更にジャブロンスキーは、肌の色に関するロジャースの推定 [15] から、「裸の皮膚が少なくとも120万年前くらいまでには登場していた」ことに言及している。この推定とは、120万年前頃にメラニン色素を装着したことと捉え得る。

　筆者は、メラニン色素の装着を必要とするほどの「体毛の損傷」は120万年前頃には既に進行していたと捉えたい。しかし、「短毛化」への選択圧が働いたのはそれよりは後であり、短毛化を追って寝具・衣服・家を発明して生き延びたのが現生人類であると考える。

4-2　地溝帯湖の含有成分の濃縮と体毛の損傷

炭酸塩質の火山活動の影響 ── 地溝帯湖の形成と成分濃縮

　少し時計を戻すが、250万年前頃から、エチオピア・ケニア地溝帯周辺では、炭酸塩質のマグマの流出や火山活動が、活発に進行し始めた。これらの火山近くの湧き水は、当然、炭酸塩を溶かし込んでアルカリ性を呈し始めたであろう。

　一方、4万年周期の乾・湿期の変動は、エレクトスが出現した190万年前頃は、比較的湿潤に傾いた形で進行していたが、120万年前頃には乾燥に傾いての変動になりつつあった。サヴァンナすら衰退し始め、半砂漠化・緑の分断が進行する中で、エレクトスの生息域は、狭められ、分断されて行ったことが想定される。

アルカリ性地溝帯湖の出現

　細く長く伸びて、遠く紅海やナイル水系へと繋がっていたエチオピア・ケニア地溝帯の水没断裂帯は、これらの火山活動によって分断され、流路を失った水を集めて地溝帯湖が形成された。そして、周辺の高原台地の雨季・乾季の流入水量変動による濃淡を繰り返しながらも、次第に成分濃縮が始まった

と推測し得る。

　現在、これらの地溝帯内に点列する湖は、全て流出河川を持たない塩水湖である。非常に紛らわしいが、塩水湖とは、NaCl に限らず、様々な含有成分が濃縮されて真水とは言えない状況の湖を意味する。その中でも、比較的河川からの流入量が多く、多種の生物の生息が確認される地溝帯湖は、フレッシュウオーターと呼ばれている。しかし、その多くは湖内に火山島が存在したり、湖底から温泉が噴出したりして、塩水性やアルカリ性を呈する湖が多いと知られている。

　更に高濃度のアルカリ湖では、特殊に適応したピンクフラミンゴの群生が見られるが、多種の生物の生息は保障されない。現在のタンザニアのナトロン湖は、ソーダ湖と言われ、季節による湖水の PH の変動が激しく、乾季には特殊な藻の繁茂により、湖面が独特の赤褐色を呈していると言われる。その藻を餌とするピンクフラミンゴは、苛性ソーダの結晶の析出が進行する中で、ぎりぎりの選択を迫られながら餌を食べ、他の湖に飛んで行って、羽毛に付着した苛性ソーダを洗い流す。しかし、飛び立てなければやがて羽毛が溶けて動けなくなってしまう。

体毛の損傷の進行

　毛髪はアルカリに融ける。極端な乾燥状況下で、地溝帯周辺の塩水湖に頼るしか生き延びる道がなかったとすれば、エレクトスたちの体毛が損傷しないはずはない。筆者はこのアルカリ性の水辺で、まず、体毛の損傷が進行したと考える。

　もちろん、ナトロン湖の様に濃厚なソーダ湖に入り込めば、悲劇は瞬時に生じ、エレクトスたちは、二度とそれを繰返さないだけの智恵は持っていたであろう。けれども、それほど濃厚ではなく一見普通の水にしか感じられない水辺では、そこにしがみついて生き延びようとしたに違いない。しかしそこでは、体毛についた水滴が蒸発する過程でも成分濃縮が生じて、気づかないままに少しずつ体毛は融かされていったことが想定される。

体毛の損傷の経年的蓄積とメラニン色素の装着

　もちろん、体毛や皮膚の損傷は、次第に癒され再生はされるだろう。しかし、雨季には湖の成分は水で薄められても、乾季には濃くなることが繰返されると、体毛は次第にやせ細り短くなって、裸の皮膚の露出度が高くなる。急激

な大量の紫外線などの照射は、淡い色の肌をやけどさせ、水泡が破れて細菌感染が起これば致命的な事態を招く。慢性的な一定量の紫外線などの照射は、肌に皮膚がんなどを生じさせ、緩慢ながらやがて死を招く。

　120万年前頃、たまたまメラニン色素の装着を促す遺伝子を持つ個体が出現したとすれば、露出した肌への紫外線などの照射に耐え、この事態の中でも生き延びる確率が少しだけ高くなったと推定する。

　しかし、体毛の損傷が続いて、メラニン色素の装着を必要としたとしても、この段階では、あえて体毛を完全に脱ぎ捨ててしまうことのメリットはない。体全体を覆う毛深い体毛は、この段階（120万年前頃）では、とりわけ保温を要する乳幼児の生存の必需品であったはずである。出生時にはふさふさとした体毛に覆われていながら、徐々に体毛の損傷が蓄積される状況が続いた、とみるべきであろう。すなわち、「メラニン色素装着」への選択圧は働いたが、「短毛化」への選択圧は未だ働いていなかったと捉えることができる。

4-3　新たな脳容量の増大 ── ハイデルベルゲンシスの出現

　70万年前頃から、地球全般には10万年周期の氷期と間氷期を繰り返す厳しい気候変動が始まり、ヨーロッパのエレクトスは、今まで経験したことのない寒冷気候と乾燥気候にさらされることになる。新たな生存の危機が進行して、とりわけ未熟児の生存率の低下が進行したことは想像に難くない。そこでまず始まったのが、寒冷地における「より完成した、より生命力の強い新生児出産への指向」であったと筆者は考える。

　しかし、それには必然的に脳容量の大きな新生児を生み出すための難産が伴う。成体の脳容量の増大（1200 〜 1300cc）を示すハイデルベルゲンシス（エレクトスの進化形）の出現に見られる様に、新たなレベルでの、新生児の脳容量の増大と難産との矛盾に関わる試行錯誤が始まったと、筆者は推定する。

　サハラ以南と以北を結ぶナイルの緑のベルトは、湿潤期にはつながってハイデルベルゲンシスの移動を保障する。しかし、乾燥期には完全に分断されて、数万年に渡って両地域間の交流を遮断する。それを繰り返しながら、サハラ以南と以北とでは次第に同質性を失い、全く別の進化の道筋をたどるに至ったと想定し得る。

5 短毛化のステージ ─ アフリカ大地溝帯アルカリ湖周辺

5-1 ネアンデルタールと現生人類を分かつもの

ネアンデルタールの脳容量と出産

　ネアンデルタールの脳容量は、現生人類を凌駕し、1500cc 前後と知られる。奈良貴史は、ネアンデルタールの骨盤の恥骨枝が細くて長く、現代人に比べて 15％から 25％も長いことについて言及している [16]。そして、それは、ネアンデルタールの出産に関係するのではないか、といういくつかの仮説（妊娠期間長期説、早期成長説、肩障害説、巨大児説）に触れる。

　その上で、「現代人型の分娩の様式が成立する過程を解明することは、人類史を考える上で重要なことである。ネアンデルタール人類の段階になっても、現代人とは妊娠・出産に関しては異なっていた可能性が存在する」と指摘する。

衣服や道具に関わる文化の貧弱なネアンデルタール

　山極は、ハイデルベルゲンシスもネアンデルタールも、舌骨の形態等は現生人類並みにもかかわらず、「言葉を用いて会話をしていたとは思えないほど文化が貧弱である」ことに触れる。そして、冬には雪や氷で閉ざされる冷涼なヨーロッパでは、「衣服で身をまとい、屋根や壁で雨風をしのぎ、道具や貯蔵法などの工夫を凝らして食物を確保しなければならなかったはず」にもかかわらず、「毛皮を縫い合わせる針も糸も、獲物を捕らえるための弓矢や釣り針ももたなかった」[17] と指摘する。

　筆者は、山極の示す、ネアンデルタールの衣服に関わる不可解さの指摘こそ、ネアンデルタールが、現生人類のように短毛化してはいなかったことを示唆するものであると捉える。すなわち、彼らは人工的な衣服ではなく、現生類人猿と同等の、天然のふさふさした体毛をまとっていたことを示唆すると。

　即ちネアンデルタールは、「天然のふさふさした体毛で保温し」、「頑丈な体で、自らも傷つきながら体当たりの狩で食料を確保し」、「妊娠期間を長期化してより完成した巨大な新生児を生み出し」ながら、ヨーロッパの氷期を生き延びた。けれどもそれはまだ生物的進化の過程にあり、現生人類の様に「人工的な衣服を着用し、言語によるコミュニケーションや文化を発達させることはなかった」。ここにネアンデルタールと現生人類との決定的な違い

があると筆者は判断している。

5-2 現生人類誕生のステージ

　現生人類の最古の化石は、現在の所エチオピア南部のオモで発掘され、19万6000年前と推定されている。オモ川はエチオピア高原南西部の水を集めて、地溝帯低地へと流れ下り、ケニアとの国境に達して溢れ、人類のふるさとのひとつトルカナ湖に流入している。現生人類の出現に先立って、エチオピア地溝帯のツヴァイ湖周辺のガデモッタ遺跡では、27万6000年前と推定される、最古のナイフ形石器（様式3石器）が出土している。現生人類誕生のステージは、エチオピア地溝帯からケニア地溝帯にかけての水辺であったと捉え得る。

　人類の衣服の着用は、皮をなめしたと見られるスクレイパーが出現する30万年前以降であるとか、コロモジラミが出現した7万年前であろうとの説がある。筆者は、現生人類の出現に先立って、短毛化の危機を克服する過程で、ナイフ形石器を用いて、植物繊維を刈り取って寝具や衣服を創り出したと見たい。従って、皮加工用のスクレイパーに限定することなく、ナイフ形石器の出現と衣服の装着は同時進行したと捉えたい。最近では、ナイフ形石器の出現は30万年前よりはるかに遡っていることが指摘されつつある。

地溝帯湖の高濃度化・干上がり

　70万年前頃からの厳しい気候変動の元で、地溝帯内の湖では、厳しい乾燥期が続くと、雨季に薄められるチャンスが少なくなって、含有成分の濃縮が更に進行し、飲料水としての限度を超えて、そこに生息するハイデルベルゲンシスの生存を脅かし始めた様が想定しうる。

　更に乾燥化が進んで、赤道直下のヴィクトリア湖が干上がる様な乾燥状況下では、もともと降水に恵まれないエチオピア・ケニア地溝帯内の小さな地溝帯湖では、湖として存続する可能性すら皆無に近くなった。それでもその地帯で、人類の祖先は継続して生き延びながら進化してきた痕跡を残す。

命の水としての湧水の存在

　最近、カスバートらは、高濃度のアルカリ湖・塩湖しか存在しない様な表層水の枯渇状況下でも、地下水からの湧水が枯渇しなかったことが、人類の生存存続を保障したとの仮説[18]を発表した。彼らは、ミランコビッチの提起

した気候変動要因の内、最短の歳差運動周期に着目し、地表に降り注いで地中に浸透した水は、経年的に減少するけれども、20000年間は枯渇せずに辛うじて地下水として存続しうる条件を示した。

　大規模な湧水は、乾燥期には濃縮して高濃度の塩水湖となって、周辺に辛うじて植物の生育を保障する。小規模な湧水は、含有成分を濃縮しないままの新鮮な飲料水を保障する。人類は湿潤期には広範囲に拡散し、乾燥期にはこれらの湧水周辺で辛うじて喉を潤して生き延び、生命をつなぎながら進化したと筆者は推定する。

　しかし、極度の乾燥状況下では、湧水の元には、餓えと渇きに苦しむ沢山の動物が水を求めて集まるから、小さなオアシスを生存の場として人類が占有することは不可能である。厳しい乾燥期には、通常の生活は高濃度のアルカリ湖や塩水湖の水辺で繰り広げ、遠く離れた湧水の場に日々通って、生き延びた様を筆者は想定する。

体毛の損傷と皮膚の損傷の日常化・恒常化

　120万年前に装着したメラニン色素は、紫外線などの照射からは肌を守ってくれるが、輻射熱は防いではくれない。さえぎるもののない炎熱の大地で、熱中症の危険から身を守るには、目前の水溜りに飛び込まざるを得ない。しかし、湖に飛び込む機会が増えれば、アルカリ成分による体毛や皮膚の損傷も進行する。

　体毛の損傷は間断なく続き、細く短くなった体毛の隙間から露出する皮膚に、強力な太陽が降り注ぐ。体毛の損傷部分には余計に水滴が付着し易く、その損傷に拍車をかける。雨季と乾季の濃淡を伴いながら、体毛と皮膚の損傷と再生が、日常的に、長期間にわたって繰返され、時には損傷がひどくて再生が間に合わない状況も生じたであろう。

　体毛の損傷は体温の保持を困難にし、内臓の機能を低下させるが、その影響は比較的緩慢に進行するために、赤道近辺の地溝帯低地では何とか生き延びる個体もあったであろう。しかし、皮膚の損傷はもっと直接的である。傷ついた皮膚から細菌が入って感染症にかかれば、高熱を発し、即生命の危機に繋がる。

短毛化への選択圧と、皮膚の新陳代謝機能の発達

　皮膚の損傷が生命を脅かすような状況では、返って体毛は短い方が体表に

付着する水滴が少なくなって、皮膚の損傷を少しだけ軽く済ませうる。体毛は少々犠牲にしても、少しでも皮膚の再生のスピードの速い個体の方が、少しだけ生き延びる可能性が高くなる。

　皮膚の損傷が日常的であれば、新しい皮膚も日常的に再生されると、生存のためには有利である。やがて、損傷の有無に関わらず、古い皮膚が剥がれ落ちる前に、その下に新しい皮膚が準備される機能、即ち、皮膚の新陳代謝の機能が選択的に発達し始めたと推定し得る。

　筆者は、この時、現生人類の直近の祖先は、ふさふさとした毛深い体毛を選択的に脱ぎ捨てて、細く短くて目立たない毛の間から裸の皮膚を露出させる、「裸のサル」への第一歩を踏み出したと推定する。

汗腺の発達と新たな課題　塩分の摂取と排泄

　しかし湧水は、雨水とは違って、地中の様々な成分を含有している。湖水の様に滞留して成分濃縮は進行しなかったとしても、新鮮な湧水でもその水を飲み続ければ、過剰なアルカリ成分や塩分などが体内に取り込まれる。蓄積されて体液の成分が濃くなり、尿からの排出だけでは腎臓に負担がかかりすぎる。

　そんな時、たまたま損傷した皮膚の表面から体液が滲み出れば、少しは体液の過剰な成分の排出に役立つ。しかも滲み出た体液が蒸発する時に熱が少しだけ奪われて、皮膚の表面温度が少しだけ下がる。やがて、塩分を排出し体温上昇を抑える機能を持った汗腺が、発達し始めたと推測し得る。

　しかし、汗腺は、腎臓の様に微妙な塩分濃度の調節を行うことは出来ない。大量の汗をかきすぎれば、脱水症状に陥る一方で、必要な塩分まで排出されかねない。塩分濃度のうすい水分を大量に補給すれば、塩分不足に陥る。塩分を排出しながらも塩分を摂取することが、水の摂取と共に生存の基本条件に加えられたのは、この頃だったと筆者は推定する。

新陳代謝機能の副産物としての「垢」を洗い流す「水浴」

　汗腺から排出される分泌物にまみれた、新陳代謝により不要となった古い皮膚、即ち「垢」は、損傷の有無に関わらず体表から取り除く必要が生ずる。人類の祖先の日課には、体表の垢を洗い流す「水浴」が新たに付け加えられた。

　アルカリ性の塩水湖は、当初はそこにしがみついて生き延びようとする人類の祖先の体表に損傷を与える場であった。しかし、その周辺で短毛化し、

新陳代謝機能を獲得し、汗腺を発達させたことにより、そのアルカリ性の塩水湖が、今度は体表の垢を洗い流す水浴の場という役割を持つことになる。

　余談であるが、現在我々が入浴する時に使う石鹸は、苛性ソーダと脂肪酸のエステルであり、一時代前まではアルカリ性の灰汁や炭酸ソーダが洗濯に使われていた。人間の垢はアルカリに融ける。これは、アルカリ性の塩水湖で皮膚の損傷・再生を繰返した名残ではないだろうかと、筆者は捉えたい。

　これらのことは、人類の祖先の生息域に新たな制限を課す。例え湿潤期になって川沿いの緑のベルトが繋がったとしても、塩分の補給が困難であれば、淡水の川沿いに生息域を広げることは難しい。彼らの生息域は、自ずと地溝帯内の塩水湖周辺に限定される。かつて初期人類の直立二足歩行を開始させ、その後の進化を保障する場となった、ナイル・ヴィクトリアラインや、ニジェール・ベヌエラインは、無条件に人類の生存を保障する場ではなくなったことが想定される。

5-3 現生人類への独自の道筋

　50万年前頃と推定される、ヨーロッパなどのハイデルベルゲンシス⇒ネアンデルタールと完全に決別しての、現生人類への独自の進化の道筋は、ここに始まったと考えられる。残念ながらその痕跡は少なく道筋は見えにくい。しかしその到達点を現生人類とすれば、現生人類の状況から逆にたどることによって、その道筋を推察することが可能になる。

　生存のためとは言え、暑さ・寒さを問わず保温力に優れたふさふさした体毛を失うことは、とりわけ新生児の生存を脅かしたことは想像に難くない。その中で、「保温対策としての皮下脂肪の装着」、「体温調節機能としての汗腺の発達」、「より完成した生命力の強い新生児の誕生を指向する脳容量の増大と難産の矛盾」などが進行したと筆者は考える。

新生児の超未熟児化

　山極は、現生人類の新生児をゴリラのそれと比較しながら、人間の脳の発達の特徴について言及している[19]。そして、「トゥルカナボーイ（ホモ・エレクトス）はゴリラと現代人の脳のちょうど中間ぐらいで、体の成長もそれに応じて少しゴリラより遅れる傾向にあったのだろうと思う」と捉えている。

　しかし、脳容量の進化の概略は、単純化すれば、アウストラロピテクス⇒エレクトス⇒現生人類で、成体450⇒900⇒1350　新生児200⇒200⇒350

程度であったと捉えうる。とすれば、「現生人類の未熟児出産」を、エレクトスの「自立出産を前提にした未熟児出産」の延長上にそのまま置くわけには行かない。

　山極は、脳容量 350cc（ゴリラの 1.4 倍）、体重 3kg（ゴリラの 1.5 倍）、体脂肪率 25 ～ 30％（ゴリラは 5％）という、現生人類の新生児に関する数値を示す。ここで際立っているのは体脂肪率である。短毛化した新生児は、内臓を守るための、体幹への皮下脂肪装着を最優先し、手足はただついているだけという状況で出生してくる。その貧弱な手足では、3kg に及ぶ自分の体重を、母親にしがみついて支えることなど不可能である。

　現生人類の新生児は、生存の最低限の条件としての、出生直後に自発呼吸を始める能力と、母親の乳房を与えられれば吸入する能力は持っている。しかし、首が座らず、自分の体を自分で動かす能力を全く持たず、母親の乳房を探す能力すら持たない、全く無力な「超未熟児」として出生するに至ったのである。

母胎の負担と、自立出産不能な難産

　エレクトスの新生児の脳容量 200cc は、母親の自立出産可能と捉え得る。それに比して、現生人類の新生児の脳容量 350cc は、母胎の負担がけた違いに大きいことを示唆する。現生人類としては「正常出産」とみなされる場合においてさえ、自立単独出産は不可能で、以下に示すように生物学的には過度の難産と言わざるを得ない。

　・つわりは、子宮内の異物としての胎児に対する、生体の拒否反応
　・胎児の体脂肪装着による妊娠末期の異様な腹部膨満は、妊婦の行動を制限
　・出産直前の、産道確保のための筋肉の収縮運動である陣痛は長時間に及ぶ
　・出産時の激痛は想像を絶し、時に大量出血により生命の危険にさらされる
　・産道の弛緩した筋肉を元通りに復元させるための、産後一カ月の養生期間

　筆者は、エレクトスの「自立出産可能な未熟児出産」と区別して、現生人類の未熟児出産を、「自立出産不可能な難産による、超未熟児出産」と明確に捉えたい。その上に、超未熟新生児に授乳し、類人猿並みの能力を持った完成した新生児へと育て上げるために、生後一年間に及ぶ「乳児」保育期間を必要とするのである。

5-4 母系性小集団の形成

　文字通り生命をかけて出産する女性にとって、男性よりも、出産経験のある女性の方が格段に頼りになったことは想像に難くない。我が身と我が子の命そのものを託しあえる関係、それは、幼い頃から共に過ごしてきた姉妹たちと、その姉妹たちを育てて来た母親であったに違いない。「類人猿の群れの中でおばあさんがいるのは人類だけである」ことは、その結果であると筆者は理解する。

　筆者はここに、成熟した娘は、男性との出会いをきっかけに出自集団を離れて新たな生活に入る、という類人猿時代から持ち続けてきた非母系的習性を捨てて、母の元に残るという新たな選択をしたものと判断する。言い換えれば、非母系的集団ではこの危機には対処しえず、結果として母系的に対応しえた小集団のみが、生き残り、新たな生命を受け止めて、次世代へと生命を繋げて行けた。即ち、両性間の出会いのあり方そのものの変更を迫るほどに、それ程にこの短毛化による危機は、生存上深刻なものであったと筆者は捉えている。

生物的進化の最終段階を乗り切っての、現生人類への到達

　強力な母と娘（姉妹）たちの絆を核とする母系的小集団の中で、新生児の更なる未熟化や無力化と多産化が進行した。子を産み育てるために母系制の複数の女性が協力し合う恒常的な関係を創出し、ナイフ形石器を創出し、自然に手を加えて衣食住を発明した。それらが関わりあって、進化の最終段階を乗り切って現生人類に到達した、と筆者は捉えている。

　数百万年にわたって生物的進化と社会的進化を共進させてきた人類は、「現生人類」という形で生物的進化を基本的に完成させた。それ以降は社会的進化が前面に出て、全地球上に拡散しながら、各地に急速な社会発展を促しながら、文明を築いてきたのである。

6 現生人類のアフリカ大陸内での拡散

6-1 生存の必需品としての塩

　現生人類誕生の地が、アフリカ大地溝帯内の、高濃度の塩水湖（塩湖・アルカリ湖）周辺だったことは、その後の人類の生息に大きな制約をかけた。

極度の乾燥期には地溝帯湖ですら干上がる状況下で、彼らがかろうじて生き延びた命の水は、真水ではなく、様々な成分を含む湧水（冷泉や温泉など）であった。

人間は、海水のみでも、真水のみでも、生き延びることは不可能である。即ち、数十万年の歳月をかけて、アフリカ大地溝帯内で進化し続けて到達した現生人類は、程よい塩分を含んだ水を、生命の必需品とする進化段階に至ったのである。

しかも、短毛化による体温調節機能の喪失に対応して発達した汗腺は、体内に取り込まれた過剰な塩分を、汗と共に排出する機能を持ちはした。しかし、腎臓のような塩分調節機能を有するところまでは進化しなかった。従って、塩分の過不足は、生存そのものを脅かすほどの重大な意味を持つにいたった、と筆者は理解する。

700万年前に浸水状況下で直立二足歩行を開始して以来、初期人類が飲用したのは真水に近い雨水の集積した水であった。けれども、現生人類は、多様な成分を含む塩水を、否応なしに飲用し続けざるを得なくなった。

初期人類の生存を保障した浸水状況下の水溜りや、エレクトスの出アフリカを保障したナイルの緑のベルトは、間氷期には豊かに復活したに違いない。しかし、真水に近いその環境下での現生人類の生存は困難になったと推測しうる。

南アフリカ南岸の痕跡 ― 洞窟遺跡

19万年前にアフリカ大地溝帯内に出現の痕跡を残す現生人類は、その後、16万年前にはアフリカ大陸南海岸地帯に到達した痕跡が残されている。13万年前頃には、南アフリカ南海岸のクラシーズ河口に痕跡を残し、更に彼らは南海岸沿いに、様々な技術や文化を発達させながら、生息域を広げた痕跡を残す。

環南極海流の影響下にあるアフリカ大陸の南岸地帯は、厳しい氷期にあっても冬雨の保障される地域であり、海水と真水が保障される地域である。海岸地帯の切り立った崖の中に、荒波で浸食されて形成された洞窟は、雨風を防ぐ彼らの天然の住まいを保障した。しかし、寒風の吹きすさぶ海岸地帯は、命の水と住まいは保障されたものの、食料の確保は厳しく、そこで生き延びるために彼らはあらゆる知恵を振り絞って、生存条件を確保した痕跡が残されている。

77000 年前のジブドゥの洞窟遺跡では、「数多くある植物の中から殺虫成分を含む葉だけを大量に重ねてベッドを作る」、「接着剤を用いて尖頭器を木製の柄に固定する」、「小さいアンテロープ捕獲のための罠の考案」、「アンテロープよりも危険な動物をしとめるための弓矢の使用」、などの痕跡が確認されている。

　H・プリングルは、ジブドゥの住民が、7万年前には「その地域の植物についてきわめて高度な知識を持っていたこと」、「優れた化学者であり、錬金術師であり、火を操る技師だった」ことを指摘している[20]。

河口の汽水域と塩
　雨水を集めて流れ下ってきた河口には、大河を流れ下ってきた真水が、塩の満ち干きによる海水と交流しあって、汽水域が形成される。汽水は、程よい塩分を含んでいて、地溝帯内の湧水や薄められた湖水に類似し、現生人類の健全な成育を保障しうる。やがて現生人類は、この汽水域で飲み水を確保し、海岸の天然の洞窟から離れて、新たな生存域を拡大し始めたと捉え得る。

　更に彼らが、河口周辺から川を遡って内陸部へ入り込む可能性は、彼らが「塩」を経験的に認識した段階に至って開かれたものと捉えうる。海岸の海水溜まりから水が蒸発して出現した塩辛い結晶は、それを雨水に溶かせば程よい飲み水が得られる。海岸の植物が塩の結晶を付着させていたかもしれない。その白い結晶を持ち歩けば、川筋を遡って一時的には汽水域を脱することが出来る。

　ただし、彼らの生存域は塩の補充が可能な地域に限定され、海岸から遠く離れた内陸部に入り込んで生き延びることは困難であろう。

6-2 現生人類のアフリカ内陸部への拡散
アフリカ大陸内陸部の湧水池
　しかし、彼らは、世代を重ねながら拡散する過程で、更に海岸から遠く離れた内陸部で生き延びる新たな道を切り開いた。沙漠に点在する湧水は程よい塩分を含み、かつて現生人類への進化の過程で飲み続けた水に類似する。また、長年にわたる大規模な湧水の痕跡は、塩湖や塩沙漠の形で存在する。岩塩を切り取って持ち歩けば、そこを塩の補充の拠点として、新たな生存域の拡大が可能になる。

　一般的に、特殊な地層中に含まれる塩分を求めて、群がって土をなめる動物

の存在が知られている。塩分に飢えた現生人類が、そんな動物の動きを観察し、真似ながら、やがて塩分を多く含む地層を認識し始めた様も想定しうる。

動物の生血の摂取による塩分保障

海岸から遠く、特殊な地層も存在しない地域への、彼らの生存域の拡大を保障した、もうひとつの可能性は、動物の生血の摂取であったと筆者は推察する。ナイフ形石器を用いて彼らが開始した小動物の狩は、死肉アサリでは得られなかった生血を、肉とともに体内に取り入れることを保障する。結果として塩分不足による体調の不良を防止し、かろうじて生き延びる道を開いたのではないかと。

例え、彼らに塩分の認識がなかったとしても、体内の不足栄養分を補うために、新たな食品への嗜好が亢進され、美味しく感ずる能力が、生物には備わっている。狩への依存度が高まった地域では、殺傷力に優れた石器が創出され、結果的に塩分が保障されて、真水の川沿いから上流へと遡ることを可能にしたと推察し得る。

動物との共生と家畜化

家畜の原点は、人間の排出する尿中に含まれる塩分に惹かれて、動物が近寄ってきたのだとの説もある。また、狩の犠牲になった親獣の跡を追ってついてきた幼獣と人間の幼児との間に、遊びを通じた仲間意識が形成される様も想定しうる。

近寄ってきた動物を、追い払ったり殺傷したりするのではなく、遊動生活する小集団の中に彼らを迎え入れ、やがて新たな生命が誕生すれば、乳獣への母乳の分け前を、母を失った乳児に分けてもらうことを思いつく。親獣の首筋に小さな傷をつけて、生血をすすらせてもらって塩分を保障する。相互の命を保障しあって、動物と人間との共生関係が成立していく様が想定しうる。

駱駝は背中のこぶに水分を蓄えて乾燥した沙漠に適応し、人を乗せての移動を可能にする。粗食に耐え数日間は水なしでも生き延びるロバは、重い荷物を運ぶのに役立つ。牛はサヴァンナの繊維質の多い枯れ草を消化する能力を、山羊は茎の枯れ果てた根っこを掘りかじって生き延びる能力を持つ。

彼らが長い年月をかけて、沙漠で生き延びるために獲得してきたその能力に便乗しながら、現生人類は沙漠での生活を開拓して生き延びた、とも捉え得る。夜は茨の潅木で囲った空間に彼らを誘い入れて、火を焚いて肉食獣を

遠ざけながら、共に眠る。家畜化の原点のひとつはここにあると筆者は捉えたい。

　ちなみに、牛飼いを生業とするマサイ族では、日常的には牛は食べず、乳とともに血をすすることが知られている。祭りなどで儀式化されて、牛が一頭さばかれる時にも、まず最初に、誰がその血をすするかが重要な位置を占める。

チンパンジーの生息地への侵入・共存

　狩に特化した弓矢と毒草を利用する力は、彼らがかつて互いの進化を分かたれた障壁を越えて、チンパンジーの生息域に踏み込むことを可能にした。そこは、豊かな緑が保障された別天地であり、そこで彼らはチンパンジーを追い詰めて生息域を拡大しながらも、彼らと共存する道を歩み始めたと推測される。

　豊かな緑と彼らが持ち込んだ狩猟具とは、彼らの安定した食料を保障し、みんなで得た食料を集団内で分かち合うことを可能にする。両性間の分業や社会的分業など、様々な形態を促しつつ、後世の西欧文化の到来による植民地化と奴隷狩りに遭遇するまでは、平穏な生活を続け得たものと推測し得る。

┃ 7　おわりに ― 現生人類の出アフリカ

一時的な出アフリカ

　13万年前の湿潤期に、現生人類が地中海沿岸に到達した痕跡は、レヴァント地方（シナイ半島から地中海東岸にかけた地域）やモロッコ海岸地帯（アフリカ大陸西北端）に残されている。そこでの、ネアンデルタール人との共存が知られてはいるが、現生人類がそこで生き延びて、生息域を拡大していった痕跡は確認されていない。

　湿潤期にヨーロッパに到達した彼らは、間もなく訪れたヨーロッパの氷期に適応するだけの技術や文化を、未だ持ち合わせていなかったのではないかと、筆者は判断している。従って、ヨーロッパの氷期を生き抜いてきたネアンデルタールには、生存力において太刀打ちできなかったと。結果として、彼らの生存は一時的で、世代を繋いで、長期的に生き延びることはできなかったのではないかと。

本格的な出アフリカのルート

　現生人類が本格的に出アフリカしたのは、湿潤な間氷期ではなく、乾燥した氷期であり、7〜8万年前頃と推定されている。紅海の海水面が70m近く低下して、アファール三角地帯から対岸へのバブ・アルマンデブ海峡が19kmほどに狭まった時期。島やさんご礁を伝わり、舟を使いながら、アラビア半島の西南端（現在のイエメン）への最初の旅立ち。

　DNAの研究から、全地球上に広がっている現在の人類は、サハラ以南のアフリカ系を除けば、すべてこの時の小集団の末裔であると言われている。

　彼らはアラビア半島南岸からインド半島へと海岸沿いに生息域を伸ばしたことが明らかにされつつある。氷期にはインドシナ半島からインドネシアの島々にかけては、海水面の低下で、ズンダランドと呼ばれる広大な陸地が出現する。

　彼らはそこで大きくは三ルートに分かれて拡散していったと推定されている。インドネシアからオーストラリアへのルート。東南アジアの海岸沿い北上ルート。折り返してレヴァント地方に入りそこからヨーロッパへ向かうルート。

出アフリカ時のナイフ形石器文化

　ここでおさえておくべきは、この時海峡を渡った小集団が手にしていたのは、ナイフ形石器であったことである。当時、既に遠く南アフリカ南岸には、新たな段階の文化が出現していた。しかし、この時海峡を渡った小集団は、現生人類出現時に類似する文化段階にあったということである。

　8万年前に、出アフリカの第一歩を踏み出した、高々数家族十数人の小集団は、ナイフ形石器によって生存条件を創出し保障しながら、その地その地で生き延びる道を開いた。彼らは、遊動しながら塩分と食料を確保し、安眠の場を確保し、新たな環境に適応しつつ、長い年月をかけて、確実に生存域を開拓し続けた。世代交代を繰り返し、複数の小集団に分かれながら、結果として、地球上のあらゆるところに拡散した。そして、それぞれにそこで生き延びながら、そこで独自の文化を発展させるに至ったのである。

　言い換えれば、小さなナイフ形石器を手にした小集団は、どんな土地に行きついても、そこで生き延びる道を探し出し、新たな生命を産み育て、次世代にそれを繋ぐだけの力をもっていた。そのことに筆者は驚きを感じざるを得ない。それが、700万年かけて築いてきた、生物的進化と社会的進化の共

進の成果を体現する、現生人類の秘めたる能力なのだと。

【註釈】

1　アーロン・D・フィラー著　2007　『類人猿を直立させた小さな骨』（THE UPRIGHT APE）　日向やよい訳　2008　東洋経済

2　山極寿一著　2008　『人類進化論』　裳華社　p.148
「一般の哺乳類の四足歩行に比べると、直立二足歩行は時速4kmぐらいで歩くと効率が良くなる。また、直立二足歩行は長い距離を歩くほどエネルギーの節約率が良くなる。つまり、初期人類が暮らしていた環境は熱帯雨林ではなく、森林が小さな断片上に散らばり、その間には草原が広がるといった環境だったに違いない。一つの小さな森林だけでは必要な食物を得ることができず、いくつもの森林を渡り歩き、広い遊動域を持っていたと思われる。そんな暮らし方では、なるべくエネルギーを節約できるような歩き方が有利になったと考えられるのだ。初期人類は長い距離をゆっくり歩くような生態条件で直立二足歩行を発達させたのだ」

3　初期人類：現生人類以前の人類の呼び方は、猿人・原人・旧人とか、原始人類とか、種々あるが、筆者はそれらを総称して、「初期人類」と表現したい。

4　コルトラント著　1972　『人類の出現』（NEW PERSPECTIVES ON APE AND HUMAN EVOLUTION）　杉山幸丸訳　1974　思索社　pp.8-9

5　本章補論参照

6　テイス・ゴールドシュミット著　2007　『ダーウィンの箱庭ヴィクトリア湖』（Derwin's Dreampond: Dream in Lake Victoria）　丸武志訳　1999　草思社

7　山極寿一著　2012　『家族進化論』　東京大学出版会　p.353

8　本論補論参照

9　本論第4章参照

10　山極寿一　『人類進化論』　p.154

11　山極寿一　『人類進化論』　pp.158-160

12　D・C・ジョハンソン、L・C・ジョハンソン、B・エドガー著　1994　『人類の祖先を求めて』　馬場悠男訳　1996　日経サイエンス　p.280

13　ジャブロンスキー　2010　「なぜヒトだけ無毛になったのか」　別冊日経サイエンスNo194　pp.151-152

14　ジャブロンスキー　前掲論文　p.152

15　ジャブロンスキー　前掲論文　pp.149-150
2004年に発表された独創的な研究で、ユタ大学のロジャースらは、……、肌の色の濃いアフリカ人には120万年も前にお起源をもつ特定の遺伝子変異が必ず見つかることを示した。初期のヒトの先祖は、チンパンジーと同様、皮膚はピンク色が勝っていて黒い毛皮に覆われたと考えられているので、褐色の肌はおそらく太陽光を遮断する体毛を失ったあとに、進化的適応として出現したのだろう。したがって、ロジャースの推定から、裸の皮膚が少なくとも120万年前くらいまでには登場していたことがわかる。

16　奈良貴史著　2003　『ネアンデルタール人の謎』　岩波新書　p.130

17　山極寿一　前掲書　p.280

18 カスバート　（ネイチュア　2017 年 5 月 30 日号）
　　M.O.Cuthbert etc.「Modelling the role of groundwater hydro-refugia in East
　　Afurican hominin evolution and dispersal」2017 Nature Communications 8,
　　Article number:15696（2017）
19 山極寿一　『家族進化論』　pp.199-200
20 H. ブリングル著　2013　「創造する人類」　翻訳協力古川奈々子　2013　別冊日経
　　サイエンス　No.194　（pp.126-127）

人類進化のバックグラウンド
障壁の形成と類人猿の種分化

【図表】補-1　アフリカ大陸地形概観図

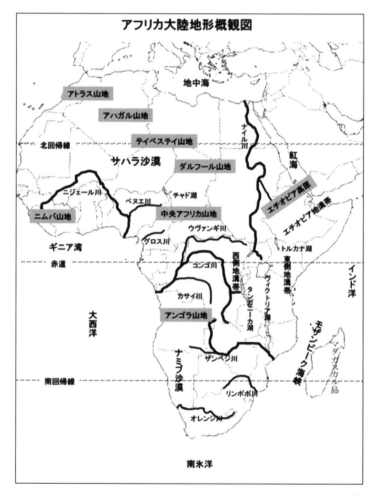

（注：筆者作成）

1 はじめに

1-1 障壁と種分化

　人類の直立二足歩行の開始は700万年前と言われ、そのステージは開けたサヴァンナではなく森林の中であったと示唆されている。しかし、人類の祖先が、何故、どの様にして直立二足歩行を開始したかは、諸説あるものの、未だ定説はない。

　コルトラントは『人類の出現』の中で、人類の祖先の存在を示唆する石器の発掘地と、現生類人猿の生息地との比較から、ゴリラ・チンパンジーと人類の祖先とを分かつ「水障壁」を提唱した[1]。すなわち、ニジェール・ベヌエラインとナイル・ザンベジライン（詳しくはナイル・ヴィクトリア・モヨワシ・ルクワ湖西岸ライン）である。

　ただし、現在ではゴリラが種分化した後で、チンパンジーと人類が種分化したことが明らかになっている。彼の説は執筆当時の化石発掘レベルに規制されているが、「障壁の形成が種分化に関わる」との指摘は正しいと捉えうる。

1-2 本補論の課題と構成

　本補論の課題は、アフリカの地理・地形や降水状況などを分析し、第2章で立てた仮説のバックグラウンド（地理・気象）を明らかにすることである。

　2では、アフリカ大地溝帯活動や気候変動により、アフリカ大陸の熱帯雨林帯が衰退する過程で、紅海やサハラ砂漠が形成され、テナガザル・オランウータン・ゴリラ・チンパンジーの種分化が生じたことを、図示にて明らかにする。

　3では、広大な浸水地帯としてのニジェール・ベヌエラインや、ナイル・ヴィクトリアラインの出現により、直立二足歩行せざるをえない類人猿が出現したことを明らかにする。

　4では、山地林と低地浸水林の分断により、コノ字型の水障壁の内部に乾燥斜面の帯が形成されて、チンパンジーと人類の祖先の生息域が完全に分断され、種分化が進行したことを明らかにする。

　5では、チンパンジーの生息域は、コの字型ラインの内側に限定されたが、人類の生息域は、コの字型ラインから、その外側へと、限りなく拡大されたことを明らかにする。

2 直立二足歩行の前史

2-1 アフリカ大陸の地理的変動・気候変動と類人猿の種分化

【図表】補-2　地理的変動・気候変動と類人猿の種分化

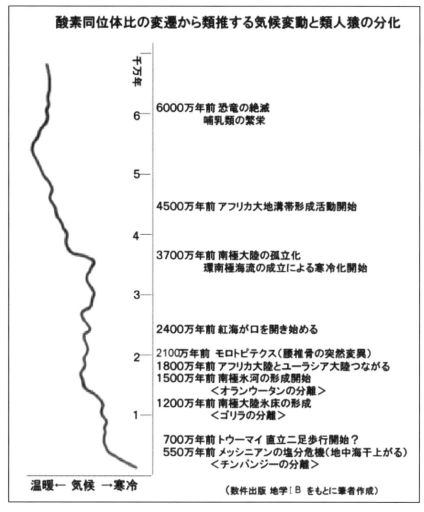

（注：筆者作成）

全地球規模での大陸移動を受けての南極大陸の寒冷化に伴い、アフリカで
は乾燥化が進行し、熱帯雨林帯の衰退・消滅、サヴァンナ化、沙漠化が進行
した。

3　直立二足歩行のステージ

3-1　初期人類の化石発掘地と降水状況概観

【図表】補-3　主要な初期人類の化石発掘地

初期人類の化石発掘地は、東側アフリカ大地溝帯内に集中している。

しかし、700万年前に直立歩行していたと推測されるトゥーマイは、北アフリカの中央部、ドラブ沙漠で発掘された。

また、南アフリカのタウングでアウストラロピテクス・アフリカヌスが発掘されている。

トゥーマイのふるさと ― ドラブ沙漠

700万年前の、「直立歩行を示す最古の化石トゥーマイ」が発掘されたチャドのドラブ沙漠は、テイベステイ山地とチャド湖の中間にある。その広大な沙漠の中に、チャド湖の湖水面（280m）より100m以上も低いボデレ低地（最低標高160m）がある。テイベステイ山地の南側斜面の水や、ダルフール山地の北西斜面の水は、ボデレ低地の方向にワジを刻みながら沙漠の中に消えている。

通常はワジに過ぎなくても、地図上に表示されるほどのワジとは、確実に大量の水が流れ下ったことの証であり、その痕跡が地形として刻まれている。現在のワジは沙漠の途中で消えかかっているが、現在よりも湿潤な環境であれば、ボデレ低地は周辺の山地の豊かな水を受け止めて巨大な湖となっていたと推測し得る。そして、それを取り巻くドラブ沙漠のあたりもまた、浸水状態を呈し、豊かな緑に包まれていたと想定し得る。トゥーマイが直立二足歩行せざるをえなかったのは、この様な地帯だったと筆者は捉えたい。

300万年前頃のバーレル・ガザーリ（アウストラロピテクス・アファレンシス）が発掘されたのもまた、中央アフリカの山地からチャド湖周辺を迂回して、ボデレ低地に向かうガザーリ川が沙漠に消えるあたりである。

中央アフリカ山地 ― チャド湖：ドラブ沙漠周辺の降水状況

中央アフリカの山地に降った北側斜面の雨水は、雨季には流れ下って、チャドの低地に入ると、東西1000km近くの幅を持って溢れて氾濫原を形成する。九州規模と言われるニジェール川中流域の氾濫原の、優に三倍の広さを持つ氾濫原である。この氾濫原の水の一部は、やがて西北方向に流れてチャド湖へと流入する。チャド湖の流域面積は24万k㎡を超えるほど広いが、流出河川は無く、季節変動の影響を受けて、水位の変動が激しい湖である。比較的縮尺の小さな地図上では、数え切れないほどの粟粒がくっつきあっているようにも見え、無数の水溜りの巨大な集合体であると読み取れる。

【図表】補－4に、チャド湖周辺地域の降水量の変動を示す。

・ボッセンベレは、中央アフリカ山地の町で、周辺にはチンパンジーが生息。
・サールは、中央アフリカ山地の北山麓の町で、広大な氾濫原に隣接。
・ンジャメナは、チャド湖近くの町。
・ビルマ（標高357m、降水量13.0mm）は、チャド湖北方の、ビルマ大
　砂丘の北部に位置する町。ビルマ砂丘は、ボデレ低地に隣接する沙漠で
　あり、トゥーマイの発掘されたドラブ沙漠近くに位置する町である。

【図表】補-4　チャド湖周辺地域の降水量比較

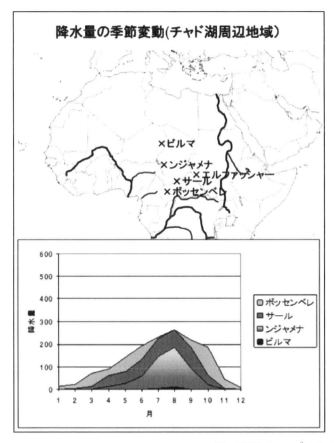

（注：理科年表1999[2]を基に筆者作成）

3-2 ニジェール・ベヌエライン

　山地に降った雨は、広大なアフリカ大陸では、とりあえずは、水は相対的な低地に流下せざるを得ない。「北はアハガル・テイベステイ・ダルフールと断続的につながる山地」、「南はギニア湾岸のニムバ山地や、中央アフリカの山地」、この二つの山地に挟まれた、東西に帯状に続く相対的な低地には、南・北両山地からの、大量の土石流の流入が繰り返されたと推測しうる。

　地図上では、西から東へと、セネガル・マリ・ニジェール・チャドと四カ国が連なる地帯。湿潤期にはその地域一帯が、セネガル水系・ニジェール・

【図表】補-5　ニジェール川流域の降水量比較

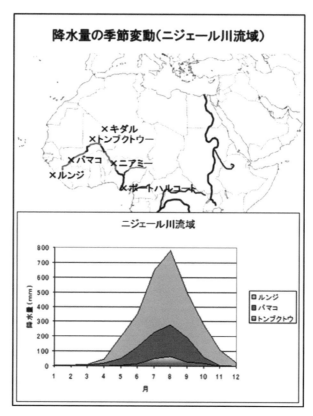

（注：理科年表1999を基に筆者作成）

ベヌエ水系・チャド湖周辺の水系と断続的に連なって、巨大な浸水地域へと変貌する様が想定される。これがコルトラントの言うニジェール・ベヌエラインの原型である、と筆者は捉えたい。

さらにこのラインは、ダルフール山地の南側山麓を越えれば、山裾を流れ下る川を通じて、南スーダンのスッド湿地帯へと入り込んで行く。そしてそれは、アフリカ中央部から流れ下るナイル水系へとつながる様が地図上で確認される。

現在のニジェール川

ニジェール川は、ギニア湾岸に東西に連なる山地（最高峰ニムバ山 1752m チンパンジーが生息）の北側斜面から流出した水を集積して東北方向に流下する。そして、雨季にはサハラ沙漠のへりに溢出して九州規模の氾濫原を形成する。やがて湾曲して、カメルーン山地の豊かな水を集積するベヌエ川の合流を受け、多雨地帯を通り抜けて、ポートハルコートの近くでギニア湾に注ぐ。ギニア・マリ・ニジェール・ナイジェリアと4カ国を流れるニジェール川は4000kmに及ぶ。

【図表】補－5にニジェール川流域の降水状況を示す。グラフからは、全般的に季節変動が激しく、緯度が高くなるに連れて降水量が減少し、ほとんど雨の降らない砂漠へと変貌していくさまが読み取れる。そして同時に、これらの地域が一本の川でつながっていることにより、ルンジに借用したギニア山地に降った大量の水が、バマコを経由して、トンブクトウに代表される乾燥地帯に流れ込んで、広大な氾濫原を形成することが数値の上からも読み取れてくる。

3-3 ナイル・ヴィクトリア・モヨワシ・ルクワ湖ライン

アフリカ大地溝帯

地溝帯[3]は地図上では湖の点列としてしか表示していないが、それら湖の点列の両岸は数千m級の急峻な山地や高原台地である。即ち、この南北に尖ったアーモンド形の外縁の部分は両地溝帯の急峻な二重山稜である。

北端のアルバート湖から、タンガニーカ湖[4]へと、南北に断続的に連なる巨大な地溝帯湖を挟んで、数千m級の二重山稜が連なるのが西側地溝帯である。その周辺はゴリラの生息域の東限にあたり、ビルンガ火山群周辺にはゴリラやチンパンジーが生息している。

一方、二重山稜の間に点列するトルカナ湖からエヤシ湖へと、比較的小さく浅い湖を挟んで連なる東側地溝帯周辺には、トルカナ湖・チューゲンの丘・オルドヴァイ渓谷・ラエトリなど、初期人類の化石発掘地が並んでいる。

ナイル・ヴィクトリア・モヨワシ・ルクワ湖ライン
　それら両地溝帯に囲まれたアーモンド形の内部の部分は相対的低地（盆地）で、アーモンド形の地域全般に降った雨は、一部は断裂帯に直接流入して地

【図表】補-6　東・西大地溝帯に挟まれた巨大な水面

（注：筆者作成）

溝帯湖を形成し、一部は相対的な低地に集積して巨大な水溜りとなる。

　その最大の水溜りである**ヴィクトリア湖**（湖水面標高1134m）は、最大幅東西300km、南北400kmに及び、現在は世界第三位の表面積を誇る巨大な湖である。しかし、最大水深84m・平均水深40mと、表面積の割には比較的浅く、氷期には干上がったことが知られている。

　ヴィクトリア湖北部に位置するキュガ湖（湖水面1035m）は、無数の湿地帯を集めた巨大な河川様の形状を示し、更にその東部には数多くの湖や湿地帯が広がる。ウガンダの国土面積の16％は湖沼地帯で、それに季節変動を加えれば、東西300km南北200kmにわたる、広大な湖沼や湿地帯群が地図上で確認される。

　ヴィクトリア湖の北部から溢出するヴィクトリアナイルは、キュガ湖・アルバート湖を経由して、アルバートナイルとなって南スーダンのスッド湿地帯に入り込む。さらに、ホワイトナイルを経て、ハルツームでブルーナイルと合流し、ナイル本流となって地中海まで流下する。**ナイル川は総延長6000kmに及ぶ。**

　ヴィクトリア湖南部の湿地帯を伴って流れるモヨワシ川は、マラガラシ川を経由してタンガニーカ湖へと流入する。タンガニーカ湖の主要な流入河川であるマラガラシ川の流域面積は、東西400km、南北500kmに及ぶ。

　ルクワ湖は幅30km、長さ100kmに及びながら、最大水深1mという非常に浅いアルカリ性の塩水湖で、幾筋かの流入河川はあるが、流出河川はない。

断続的につながる巨大な浅い水面の状況

　コルトラントは、ナイル＝ザンベジ障壁と言いながら、チンパンジーの生息域の東限を、ヴィクトリア・ナイル、すなわち洪積世のヴィクトリア・モヨワシ・ルクワ湖西岸線とカレマ地溝帯まで[5]と捉えている。筆者は、東・西両地溝帯に挟まれたアーモンド形地域の中央部に、北から南へと断続的に形成された巨大な浸水地域の帯。この水面を、ナイル・ヴィクトリア・モヨワシ・ルクワ湖ラインと捉えたい。

┃ 4 人類とチンパンジーの種分化

4-1 山地林と低地浸水林への分断

　南極大陸の数千mに及ぶ氷床の形成は、大量の水を陸地に閉じ込めて、

海水面を引き下げながら、アフリカの乾燥化を更に促進させた。

　700万年前頃から、地中海域では、地球全般の海水面の低下時には、ジブラルタル海峡あたりが陸橋と化して、地中海が完全に大西洋から分断される事態が進行した。地中海周辺の乾燥化が急激に進行し、550万年前には地中海が完全に干上がってしまう状況になり、メッシニアンの塩分危機として知られている。

　この時期、アフリカ大陸の北部には、地中海からの水分補給は完全にストップした。しかし、ギニア海流の影響を受けるギニア湾岸のニムバ山地や、中央アフリカの山地では、樹林帯の存続が可能な程度の降水量が保障されていたと推測しうる。現在、この辺りの山地は、チンパンジーの生息域である。

中間斜面での樹林帯の衰退・消滅

　雨季に山地に降った雨は、斜面にはとどまらず、低地まで流下してそこで滞留する。従って、極乾燥期には、直接降水が保障される山地と、その水が集積する低地には樹林帯が確保されても、その中間の斜面の樹林帯は完全に消滅する事態となったと想定しうる。すなわち、チンパンジーと人類の共通祖先たちの生息域は完全に二つに分断されたと筆者は推論する。

　このかろうじて水の集まってくる低地こそ、乾燥期のニジェール・ベヌエライン、ナイル・ヴィクトリアラインそのものであったと筆者は捉えたい。

コルトラントの呈した疑問

　コルトラントは水障壁としてナイル・ザンベジラインを挙げながら、チンパンジーの生息南限は、ムウェル地溝帯湖までである[6]ことに言及している。すなわち、その辺りから西部のアンゴラ高原にかけては、コンゴ川の南、ザンベジ川の北であり、植生もチンパンジーの生息地と似ているにもかかわらず、何故かチンパンジーの生息は確認されないことに。そしてそのあたりでは、人類の祖先の存在を示す石器が確認されていることを指摘している。

　現在タンガニーカ湖南端の西には、ムウェル地溝帯湖・ムウェル湖（湖水面917m）他、数多くの湖や湿地帯が形成され、その南には広大な湿地帯を伴うバングウェル湖（湖水面1162m、最大水深10m、平均水深4m）がある。その水はムウェル湖へと流れ込み、更にルアラバ川となって、コンゴ川へと流入している。

　バングウェル湖辺りから西方には、比較的なだらかな山地が続き、やがて

険しいアンゴラ山地へと続いている。非常に荒っぽく言えば、この東西方向のラインは、コンゴ水系とザンベジ水系を分かつ分水嶺となっている。この分水嶺の北側斜面の水は、数多くの並行する川筋となって急斜面を一気に流下し、やがてカサイ川としてまとまってコンゴ川に流入する。現在カサイ川とコンゴ川に挟まれた地帯は、ボノボの生息域として知られている。

バングウェル・アンゴラライン

ただ、高地、低地とは相対的な表現でしかない。コンゴ盆地に比べれば、バングウェル湖周辺は「高地」になるが、タンガニーカ湖からその南端周辺の地溝帯山地からの水の流入を受けるという意味では、バングウェル湖もルクワ湖などと同等の「低地」である。ナイル→ヴィクトリア→モヨワシ→ルクワ湖へと南下してきたラインが、タンガニーカ湖の南端あたりで大きく西に回りこんで、バングウェル湖からアンゴラ高原へと繋がっていくうちに、いつの間にか周辺の山地がなくなって、自らが分水嶺になってしまった、と捉え得る。

筆者は、コルトラントが疑問を呈した、このバングウェル湖からアンゴラ高地に至る地帯を、便宜上バングウェル・アンゴララインと名付けたい。この分水嶺への降水量が激減すれば、コンゴ盆地の南部では、分水嶺である高地の樹林帯と、低地のコンゴ盆地の樹林帯が存続しても、その中間の斜面地帯での樹林帯の存続条件が失われて、生息域の分断が進行したと考えられる。

現生類人猿の生息地と、初期人類化石発掘地周辺の降水状況比較

【図表】補－7は、ゴリラやチンパンジーの生息する地帯での降水量と、初期人類の化石発掘地周辺の現在の降水状況を比較したものである。初期人類の生息地の降水量がいかに少ないかは一目瞭然である。

ちなみに、二つのピークが見られるのは、赤道に近い地帯で、太陽の移動に伴って雨季・乾季・雨季・乾季が繰り返される地帯である。一方赤道から少し離れると、ピークは一つであり、極端な雨季と乾季の出現を伴うことが読み取れる。

コの字型ライン ── 初期人類とチンパンジーを分かつ障壁

西→東方向のニジェール・ベヌエラインから、北→南方向のナイル・ヴィクトリアラインへと続き、さらに東→西方向のバングウェル・アンゴラライ

【図表】補-7　類人猿生息地と初期人類化石発掘地の降水量比較

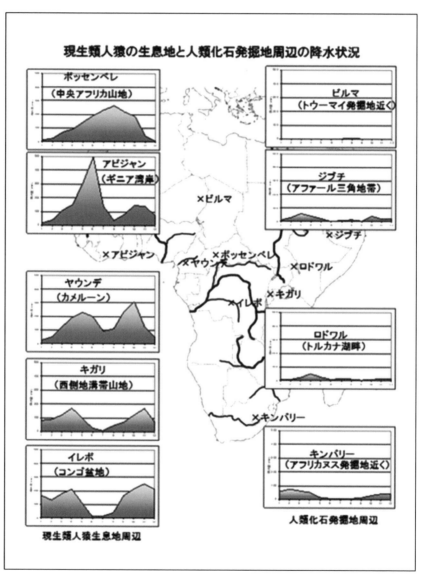

【図表】補-8　初期人類とチンパンジーを分かつ障壁

人類の祖先とチンパンジーを分かつ障壁

北回帰線　　　サハラ沙漠　　　ナイル川

ニジェール川　　　　チャド湖

ニジェール・ベヌエライン

ベヌエ川
グロス川
ウヴァンギ川

ナイル・ヴィクトリアライン

コンゴ盆地
西側地溝帯
ヴィクトリア湖

赤道

カサイ川
コンゴ川

バングウェル・アンゴラライン

ザンベジ川

南回帰線

（注．筆者作成）

ンへと抜けるライン。このコの字型のラインは、現在のチンパンジーの生息域を大きく取り囲んでいて、乾燥状態の中でも、断続的にでも樹林帯の存続の可能性のあるラインである。

　しかも、チンパンジーの生息域と、このコの字型のラインとの間には「樹林帯の存続しない乾燥状態の斜面状の帯」が連続して存在する可能性、すなわち、お互いの生息域を完全に分断している可能性が十分にある。この「樹林帯の存続しない乾燥状態の斜面状の帯」こそが、チンパンジーと人類の祖先のその後の進化を分けた実質的な「障壁」であると筆者は捉えたい。

　即ち、そんな状況下で「乾燥状況の斜面状の帯」の内側の、一定の降水量の保障される樹林帯で生き延びたのがチンパンジーの祖先である。そして、「乾燥状況の斜面状の帯」を取り囲む、浸水状況下のニジェール・ベヌエライン、ナイル・ヴィクトリアライン、バングウェル・アンゴララインそのもので、とりあえず生き延びたのが人類の祖先だったと筆者は推論する。

4-2　チンパンジーと人類の分岐の時期

　DNA の研究からは人類がチンパンジーと分かれたのは 550 万年前頃とされているが、直立歩行を示す化石トゥーマイはチャドで 700 万年前頃の地層から発掘された。どちらも科学的に正しいとすれば、何故この様なことが生じたのか。

　それぞれ独自の道を歩み出しながらも、その中間の斜面状の地域の樹林帯が、消長と合体を繰り返していた時期には、断続的にもお互いの出会いがあり、遺伝子の交流も行われたと推測し得る。

　しかし、550 万年前といえば、南極大陸の氷床の厚さが数千 m に及び、メッシニアンの塩分危機と呼ばれる地中海が干上がるほどの乾燥化が進行した時期である。この時期がチンパンジーと人類の祖先の生息域を完全に分断し、遺伝子交流を遮断した時期である、と捉えるのが自然だと、筆者は考える。

「水障壁」の意味

　チンパンジーと分かれて、人類独自の進化の道を確実に歩み始めたアルディピテクスやアウストラロピテクスたちの時代には、周期的に乾燥期と湿潤期が繰り返される。

　「湿潤期」には、ナイル・ヴィクトリアラインもニジェール・ベヌエラインも、豊かな水を湛えて、初期人類には踏み込めない深さと幅に達していたかもし

れない。しかし、その周りには豊かな樹林帯が復活したはずである。かつて、チンパンジーと人類の共通祖先をつないでいた、季節変動の激しい斜面状の樹林帯も、復活してつながったことが想定しうる。

　もし、そこで、分断されて別の道を歩み始めていた、チンパンジーと初期人類が出会ったとしたら。

　チンパンジーは、乾燥した疎開林やサヴァンナでの厳しい生活の中で、多数の雄が協力し合って群れの敵と闘うシステムを、作りつつあったと推定しうる。巨大な牙状の犬歯は、群れ内のオス同士の闘いもさることながら、外敵に対しては大きな威力を持っていた。

　一方その頃の初期人類は、子どもを抱えての水中移動の必要性から、強固な一夫一妻の協力関係を機軸として、高々数家族の父系性の小さな群れで行動していた。従って、犬歯もさほど発達せず、多数の男性が協力して外敵と闘うようなシステムを、持ってはいなかったと筆者は推定する。

　とすれば結末は明らかで、逃げ出さざるを得なかったのは、初期人類の方だったであろう。チンパンジーの生息域には、毒矢や鉄砲を持たない状態では人類は踏み入ることが出来なかったと、コルトラントも指摘している[7]。

　一方、チンパンジーは水を怖がる。チンパンジーの側から言えば、湿潤期に満々と水を湛えた湖であろうと、乾燥期に湿地帯に縮小されていようと、水面の存在自体が怖くて入り込むことの出来ない「水障壁」であったことには違いない。コルトラントが、ナイル・ヴィクトリア・モヨワシ・ルクワ湖西岸ラインと、あえて「西岸」にこだわった理由はここにあるのではないか、と筆者は理解する。

　コルトラントの提唱したラインは、乾燥期には初期人類の生存を保障し、湿潤期には初期人類にも入り込めない「水障壁」として機能する様になったと、筆者は推定する。

4-3 直立二足歩行とナックル歩行について

　現生するチンパンジーは、樹上では腕渡りもするが、地上ではナックル歩行をする。即ち、比較的長い前肢（手）を軽く握ってこぶしの先を軽くついて、肩が高く臀部が低い形で、上体幹を斜めに保ちながら、後肢（足）を主体にして歩行する。

　等しく腰椎に異常を抱えて、水平姿勢での四足歩行が困難な共通祖先を持ちながら、一方は直立二足歩行へと向かい、一方はナックル歩行へと向かっ

た。そこでの決定的な違いは何だったのだろうか。

　筆者は、**人類の祖先が下り立った地上は浸水状態にあり、チンパンジーの祖先が降り立った地表は、直接的降水は保障されるけれども、乾燥状態にあった**と捉えている。

　浸水状況下では、浮力の助けを借りることで、辛うじて直立姿勢を保持することが可能となる。それにより、呼吸のために頭を高く上げることが可能となり、辛うじておぼれ死ぬことから免れることが出来たと、筆者は推測する。

　一方、乾燥状態の地上では、呼吸のために頭を高く上げておく必要はないけれども、直立姿勢の保持を助ける浮力も働かない。従って、腰椎の異常を抱えたままでは、水平姿勢での四足歩行も直立姿勢での二足歩行も、どちらも困難でナックル歩行するしかなかったのではないかと筆者は推測する。

5　おわりに ─ 初期人類の生息域の拡大

　結果として、チンパンジーの祖先の生息域は、コの字型ラインの内側に限定されたが、初期人類は、乾燥状況下のコの字型ライン上の浸水林帯で、直立二足歩行により生き延びた。しかし、初期人類はコの字型ライン上にとどまっていたわけではなく、その外側に広く拡散して行った痕跡が残されている。

東側地溝帯（ケニア地溝帯・エチオピア地溝帯）

　東部のナイル・ヴィクトリアラインの東側には、東側地溝帯とそれに続くエチオピア地溝帯がある。ケニアやエチオピアの高原台地では、インド洋からの湿潤な大気は、量的には減少したとしても、かろうじて流入していたと考えられる。従って、その高地からの雨水が流れ込む地溝帯内の低地は、全般的なアフリカの乾燥化の中では、樹林帯の存続が保障される希少な地域のひとつだったと推測しうる。

　現在のトルカナ湖は、アジスアベバ近郊の山地の西側斜面から南西に流れ下るオモ川の流入を受けて、流出河川を持たない塩水湖である。しかし、湖に生息する生物の研究から、かつては、紅海にもナイル川にもつながっていたが、後代の火山活動により分断されて地溝帯湖が形成されたと言われている。またトルカナ湖の北西側の低山を越えれば南スーダンの大湿地帯である。

　つまり、東側地溝帯の樹林帯は、トルカナ湖を介して、エチオピア地溝帯を通じて紅海にも、南スーダンのスッド大湿地帯を経てナイル・ヴィクトリ

アラインへも、さらにニジェール・ベヌエラインへも、断続的に繋がってい
たものと捉え得る。

南アフリカの状況

　バングウェル・アンゴララインの南側斜面では、南東部分ではザンベジ水
系となって流れ下り、南西部分ではカラハリ沙漠へと流れ下って、季節変動
の激しいオカバンゴの湿地帯を形成し、沙漠の中に消えている。
　アフリカ大陸の南半球部分では、乾燥状態はベングウェル海流（寒流）の
影響を受ける西海岸から進行した。一方、インド洋に面してモザンビーク海
流（暖流）の影響を受ける東海岸沿いの山地では、一定量の降水はあったも
のと推測しうる。その山地の東側斜面の水は海に直接流下するが、西側斜面
の水は、低地に入ると滞留し浸水林や湿地帯を形成する。
　更に南に下って大陸の南岸地域では、「冬雨」の増加を推測しうる。
　従ってアフリカ大陸南部では、山地林と浸水林を問わず、樹林帯が大陸南
岸まで断続的に続いて、結果として、樹林帯を伝わって移動してきた初期人
類の生息を保障した、と捉えて差し支えないだろう。

直立二足歩行する類人猿の一種としての初期人類の生息域

　以上総合すれば、乾燥期の初期人類の生息域は、ニジェール・ベヌエライ
ン、ナイル・ヴィクトリア・モヨワシ・ルクワ湖ライン、バングウェル・ア
ンゴララインに加えて、トルカナ湖を接点とするエチオピア地溝帯・東側地
溝帯ライン、そして南部東海岸沿いの山地周辺から大陸南岸へと続く断続的
な樹林帯の帯と捉え得る。
　ただし、この断続的に続く浸水林や水溜りの中で、直立二足歩行をしたの
は、人類の直接の祖先だけとは限らない。浸水状況下で移動を迫られた類人
猿の祖先は、否応なしに頭を出来るだけ高く上げて直立二足歩行をしなけれ
ば、生き残ることはできなかったはずである。
　直立二足歩行を始めた類人猿の祖先たちの間に、断続的であってもお互い
の交流があれば、遺伝子の交流も行われたに違いない。しかし、お互いに交
流不能な分断状態にある浸水林や水溜りで、直立歩行する類人猿が、お互い
にまったく別の進化を遂げて、その痕跡が化石として残されたとしても、そ
れもまた、何の不思議もない。
　ただ確実なのは、人類の祖先もまたその段階ではそんな類人猿の一種にす

ぎなかったとしても、その後も確実に生き延びて生息域を広げ、人類へと進化したということであろう。

【註釈】

1　A・コルトラント著　1972　『人類の出現』　杉山幸丸訳　1974　思索社
2　国立天文台編　『理科年表1999』　丸善
3　筆者註：地溝帯とは、地球内部の上部マントル物質の上昇により、大地が上昇しながら両側に引き裂かれた結果形成される地形で、両側に急峻な山稜が連なり（二重山稜）、その狭間には深い谷（断裂帯）が形成される。この谷に水がたまった状態が地溝帯湖と呼ばれている。
4　タンガニーカ湖：東西方向に約50km、南北方向に約670km。湖面の海抜は773m。平均水深570m、最大水深1470m（世界ではバイカル湖に次いで2位）。
5　コルトラント　前掲書　p.24
　　筆者註：コルトラントによれば、現在のチンパンジーの地理的分布は、ピグミーチンパンジー（ボノボ）を除けば、(a) 北（ニムバ山地や中央アフリカ山地）は、ヒトによって根絶させられない限り、乾季にも歩いていける距離に常に飲み水のある範囲内でどこまでも。(b) 南は、コンゴ＝ルアラバ川（鮮新世・洪積世のプシラ湖）とムウェル地溝帯湖まで。(c) 東はヴィクトリアナイルすなわち洪積世のヴィクトリア・モヨワシ・ルクワ湖西岸線とカレマ地溝帯までとされている。チンパンジーとボノボの分化は後代だから、この時点ではボノボの生息地コンゴ川の南のカサイ川流域も含めて考える必要があるだろう。
6　コルトラント　前掲書　p.24
7　コルトラント　前掲書　p.30

第3章

石器と手作業の進化から狩猟仮説を考える

「男は狩猟に、女は採集に」は現生人類生来の習性ではない

1 はじめに

1-1「男は狩猟に、女は採集に」という通説について

　2020年11月6日のAFPBB Newsは、「9000年前頃の米大陸での大型動物の狩猟者の30〜50％は女性であった」、とのハース論文の記事を配信している[1]。その中では、「狩猟採集民社会において、狩猟者は主に男性で採集者が主に女性という、一般的に考えられてきた説」とは相反し、「今日の男女間の格差になんら『自然』なことはないかもしれない」、とのハースの言及も紹介されている。

　我々はいつ頃からか、人類の祖先を、勇壮に槍を掲げて獲物を追う男性の絵姿にだぶらせ、「男は狩猟に、女は採集に」という性的分業が、太古の昔に自然発生したものと刷り込まれてきた。そしてそれは、人類の進化の過程にまで遡って、数々の神話的推測をも生み出してきた。「男は女の元に食料を運ぶために直立二足歩行を開始して両手の自由を確保した」、「男は狩をする道具として石器を創り出し、肉食が脳容量の増大を促した」などと。

　しかし、化石や石器の発掘などによって明らかにされつつある初期人類[2]の姿は、少しニュアンスが違う様である。現在のところ、動物骨に残された人類の石器使用の最古の痕跡は340万年前頃、明らかな狩りは40万年前頃のヨーロッパに、崖への追い込み猟の痕跡として残されている。この300万年近い時間差は、石器を狩りの道具と捉える事の不合理さを、端的に示唆する。

石器の変遷過程概観

　ボイドらは[3]、石器製作技術を様式1〜5までに整理し、その最初の痕跡はサハラ以南のアフリカに残され、それがかなりの時間差（数万年から100

【図表】3-1　石器製作技術の変遷

様式1技術（250万年前）通称オルドワン（拳大のチョッパー）
様式2技術（165万年前）通称アシューリアン（掌大〜60cmの握斧主体）
様式3技術（30万年前）通称ナイフ形（3〜4cm　刺突形・切截形）
様式4技術（10万年前）通称槍先形尖頭器（10〜20cmの鋭い石刃）
様式5技術（4万年前）通称細石刃（5mm幅の石刃　弓矢・複合器・替刃）

（注：筆者作成）

万年以上）を経て、ヨーロッパやアジアに伝播したことを明らかにしている。

　これらのことから、石器製作技術が漸進的ではなく階段状に進化してきたことが読み取れる。ただし、これはあくまでも製作技術の進化であって、古い技術の上に新たな技術が加えられたに過ぎないことを、明確に捉える必要がある。即ち、新たな石器が必ずしも古い石器を駆逐して置き換わったのではないと。

狩猟仮説の誤りについて

　山極寿一は、狩猟が人類の進化を促進する主要な原動力になったとする「狩猟仮説」の誤りに止めを刺す過程で、日本の霊長類学研究が果たした重要な役割に触れている。そして、「進化史の大部分を人類の祖先は狩る側ではなく狩られる側ですごしてきた」こと、「人間の社会性は攻撃ではなく、大切な仲間を防衛することで発達してきた」ことなどを明らかにする[4]。

　しかし、「狩られる側」であった人類の祖先は、いつ、どこで、どの様に狩りを始め狩猟技術を発達させたのかは、意外と明らかにはされていない。

　世界のあちこちで新たな化石発掘が進んで、旧来の定説を覆す様な新たな証拠を提示し、次々と新たな仮説が提示されている。そんな中で今筆者が試みうるのは、現段階で収集しえた諸説や資料を基に組み立てた推論である。

　しかし学問分野では止めを刺されたはずの「狩猟仮説」が、今も形を変えて復活を試み、「両性間の分業」と関連付けて語られ続けている。そして現実世界では今なお形を変えて多くの女性の自由を奪い、女性の尊厳ある生き方を阻んでいる。筆者は現時点に立って、改めて女性の視点から、「狩猟仮説」の誤りを検証する作業が必要とされていると考える。

1-2 本章の課題と論点

　本章の課題は、「男は狩猟に、女は採集に」という両性間の分業は、人類進化の過程で発生して、それを現生人類が受け継いだ習性ではない、ことを明らかにすることである。

　そのために、石器と手作業の進化の痕跡を手がかりにして、肉食と狩りの出現過程と、それが人類の生活に占める位置を捉えながら、狩猟仮説の誤りを検証する。その上で、両性間の分業は、人間社会の発展過程とかかわって捉えるべき、優れて人為的・社会的な現象であることを明らかにする。

　2では、まず、初期人類の肉食は、狩りではなく死肉アサリにあったこと

を踏まえる。その上で、オルドワン石器は、堅果や動物骨を叩き割って、中身を食するために初期人類が創出したものであることを明らかにする。

3では、アシューリアン石器は、大型動物の解体具として死体解体の現場で、剥片を剥ぎ取りながら創出されたものであることを明らかにする。次いで、人類の明確な狩りの痕跡は、50万年前以降に確認されることに言及する。

4では、小さなナイフ形石器が現生人類の誕生にどのような役割を果たしたかを考える。そしてその後、石器製作技術がどのように発展したかに言及する。

5では、「現生人類の狩猟技術が、大型動物を絶滅させた」との通説に疑問を投げかける。その上で、両性間の分業は現生人類が生来持つ普遍的な習性ではないと確認する。

2 オルドワン石器と堅果食・死肉アサリ

2-1 初期人類の生息環境のサヴァンナ化

全地球的には330万年前頃から、北極氷河が形成され始め、4万年周期で氷期と間氷期が繰返されている。それは、アフリカでは乾燥期と湿潤期のサイクルとして繰返された。そして、その繰り返しの中で、初期人類たちの生息をかろうじて保障していた低地の浸水林帯自体の衰退が進行したと推測されている。

森林は安眠の場所と、軟らかく瑞々しい豊かな果物を保障していた。しかし、森林が疎開林となり乾燥したサヴァンナへと変貌していく過程では、初期人類に身近な植物も繁殖戦略の見直しを迫られたことが想定される。乾燥状態下で次世代への継承に必要な「種」を守るために堅い殻を装備する様な植物群。乾季には地上の植物体を枯らして地中で根茎に養分を蓄えて次の芽吹きを待つ様な植物群。そのような植物群の出現は想像に難くない。

現生類人猿の肉食について

類人猿は一般的に乳児の授乳以外は、雄も雌も離乳後の子どもも、個々に採食する。ゴリラの基本的な食物は果実や葉で、蟻などは食べるが、狩や肉食は観察されていない。

一方チンパンジーでは、果実食に加えて、群れの雄同士が連携しあっての、サル等小型動物の狩が観察されている。雄は獲物を独占したがるが、結局は

雄同士では取り合いとなって各々が手にするし、ねだられれば雌や子どもにも分け与える。彼らの武器は手足と犬歯であり、獲物を引き裂き、分け合う時も手と犬歯を使う。ただし、チンパンジーでは、他の肉食獣の狩の獲物を掠め取る死肉アサリは観察されていない。

初期人類が狩をした痕跡は定かには残されていない。チンパンジーは、複雄複雌の比較的大きな群れをつくり、多数の雄同士は優劣の関係を保ちながら協力して群れを守る。しかし、初期人類は浸水時の行動の制約から一夫一妻を機軸とする比較的小さな集団で行動しており、犬歯の衰退も始まっていた。従って、チンパンジーの様な集団的な狩は困難であったのではないかと、推察される。

2-2 初期人類の死肉アサリ・堅果食と石器

死肉あさりの痕跡 ― 動物の歯型の上に刻まれた石器痕

サヴァンナでまず初期人類が直面したのは、新たな食物の採取だったであろう。250万年前頃のガルヒや、240万年前以降のハビリスの骨とともに発掘された動物骨の多くには、まず他の動物の歯型がついている。そして、その上に石器の傷跡が刻まれていることから、彼らは肉食獣の食べ残しにありついて、死肉アサリをしていたと推察されている。

しかし、「初期人類は肉食のために石器を創り出した」と捉えるのは早計である。初期人類は死肉アサリだけで生き延びたわけではない。それに頼りすぎれば、うまく死肉を掠め取れない日が続くと飢え死にするしかない。初期人類にとって、植物食は相変わらず重要な位置を占めていたはずで、その採取と石器の関係も見ておく必要がある。

ガルヒとパラントロプス

ハビリスと同時代に似通った地域で、パラントロプス[5]が直立二足歩行しながら生息していたことが確認されている。彼らの身体はチンパンジー並みのハビリスと同等だが、強力な咀嚼のためにくるみ割りと言われる程に特殊化した歯と頭蓋骨を持つと知られている。彼らの石器の使用・肉食の痕跡は確認されず、歯牙の様子から、彼らは堅い種子・木の実・根茎・繊維質の葉などを、頑丈な歯で噛み砕き磨り潰して食していたと推測されている[6]。

一方ガルヒの歯は、先行するアファレンシスや後に続くハビリスなどよりも、門歯も犬歯も臼歯も比較的大きいことが指摘されている[7]。門歯でかじ

りつき、犬歯で引き裂き、臼歯で噛み砕きすり潰す。食べられるあらゆるものに挑戦していた姿が浮かぶ。当然堅果も採食していたと推察し得る。しかし、ガルヒの顎や臼歯はくるみ割りと言われるほどの頑丈さまでは発達しなかった。

堅果を敲き割るための石の利用⇒石器製作の原点

チンパンジーは、大き目の平たい石の上に堅い実を置き、頃合いの石を敲きつけて殻を割り、その中味を食べることが観察されている。目的を定めて打ち割ることは難しく、偶然割れるまで何度も何度も、石を敲きつける様が観察されている。

初期人類の中に、堅果を石で敲き割る者が現れたとしても不思議ではない。敲き割った堅果の中には、次世代の芽吹きを保障する栄養分豊富で柔らかい子葉が眠っている。堅果の中味の存在を見通して殻を石で敲き割る作業は、堅い骨の中味としての骨髄の存在を見通して骨を石で敲き割る作業に類似する。

一般的に、手の親指を他の4本の指に対向させて、丸を作れるのは人類だけであるが、この時期の初期人類の手はそこまで発達していない。低地の水辺の疎林周辺に生息する初期人類が手に出来るのは川原の丸石である。それを用いて、五本指を並行に揃えたままの手つきで、堅果をうまく割るのは大変な作業である。何度も繰返しているうちに、堅果が小さければ石と石が直接ぶつかりあうことは避けられず、たまたま丸石が割れて尖った角が出来たかもしれない。

やがて彼らは、その尖った角を使えば堅果や骨に狙いを定めてうまく割れ、無駄なく中味が取り出し易いと気づいたであろう。"石を石に敲きつければ割れて鋭い角が出来る"。素晴らしい発見である。言葉はなくても、彼らは"こんなものをつくろう"と、脳裏に描いたであろう。石器製作の原点と言えよう。

ひとたび手にした石器は、堅果や骨を割るだけでなく、死肉アサリにおいて素早く骨をはずし、骨に残った肉をこそぎ取るにも便利であろう。低地の堅い粘土質の地中にある根茎を掘り出すにも、指よりは石器の方が堅く鋭い。とにかく、思いつく何にでも使われたであろうことは、想像に難くない。

石器製作・死肉あさりと脳機能の発達

肉食獣の食べ残しを狙う死肉アサリでは、わが身が肉食獣の餌食となる危険が伴う。わが身の安全を守り、肉食獣の生態や習性を見極めつつ、いかに

隙を狙って掠め取るかを判断するために、脳の活発な働きが要求される。その代償として、肉食は脳の重要なエネルギー源となる。両者あいまって脳が活性化し、脳機能が発達し、石器の製作にその脳機能が生かされたことは確かであろう。

石器製作に当たっては、目的を持って片手で素材を押さえ、もう一方の手に持った敲き石を打ちつける作業を必要とする。このような左手と右手の使い分けが右脳と左脳の異質の発達を促したことは、一般的に指摘されている。

初期人類は、チンパンジーの様な集団的狩をすることもなく、パラントロプスの様に顎をくるみ割り具の様に発達させることもなく、石器を創り出して食料を確保した。その意味において、生物的行動に文化的行動を加えて生き延びるという、人類独特の進化の芽生えがここにも始まっていると捉えうる。

2-3 分かち合い行動の萌芽

死肉アサリは肉食獣の隙を見て掠め取ることが要求されるので、集団行動には適さない。初期人類は、少人数で敏捷に死肉アサリを行っていたと見て良いだろう。掠め取った肉は、とりあえず急いで何処か安全な場所へ持ち運んだと推測しうる。開けたサヴァンナは肉食獣の目があって危険で、限られた洞窟には肉食獣の先住者がいる危険性も多い。もし、川や水溜りの中に砂州があれば、水を嫌う肉食獣から離れて安全だったのではないかと、筆者は想像する。

骨化石の痕跡から、動物の四肢骨だけが持ち帰られたことが確認されている。四肢骨の骨髄に含まれる素晴らしい栄養は、人類最初の離乳食だったとも言われる。脳容量の増大が進行したこの時期には、早産・難産を伴いながら女性の出産形態も変動した時期である。体調不良や出産前後の女性が砂州で男性の運んでくれる食料を待った様も想定し得る。優れて人間的な、分かち合い行動の萌芽である。しかし、恒常的に男性が女性のもとに食料運搬した、との通説は納得しがたく、家族の形成にかかわるので以下に考察する。

山極の言う、分配－男女分業　を前提とする人類家族の成立

山極は、オーエン・ラブジョイの「直立二足歩行が食物の運搬能力を高め、特定の男女の絆を強めた」との仮説に、いくつかの新しい考え方を取り入れている[8]。「直立二足歩行は長距離歩行を可能にし、カロリーの高い食物の探索力を高めた」。「捕食圧は多産性を強めて女の負担を重くし、食物の採集活

動における男女の分業を生み出し、消化器の縮小によって脳を大きくする道を開いた」。「その結果、人間は頭でっかちで成長の遅い子どもをたくさん抱えることになり、家族を作って共同保育することが不可欠になった」などなど。

更に山極は、「食の共有はそのための必要条件だったと思う」とおさえる。そして、「人類の祖先が家族をもつためには、チンパンジーにはない食物の分配が社会に深く根づく必要があった」こと、「それは見返りを求めず食をともにするという社会性である」ことに言及する。

その上で山極は、「この特徴は、互いの競合性を避けるために距離をおくか、互いの優劣を了解して優位な方が食物をとる、というほかの霊長類の社会特性とは明らかに異なっている」として、人類の家族の成立をエレクトスにおく[9]。

エレクトスにおける母親の自立行動

しかし、第2章で触れた様に、当時のエレクトスの新生児の脳容量は200cc（現生人類では350cc）で、チンパンジー並と推定されている。体重も類人猿の新生児並み（1500g程度）と想定されるから、母親の体毛を握り締めてしがみつくことで、自らを支える力を持っていたはずである。従って、出産前後の一時期を過ぎれば、母親は、乳児を身体にしがみつかせての自由な行動は可能だったと推測し得る。

と言うより、それがなければ、肉食獣の生息するサヴァンナでは、例え男性の助けがあったとしても、子育てしながら生き延びることはできなかった、と想定しうる。従って、死肉アサリも含めて、一般的な採食に関わる女性の自立行動は可能で、固定的な両性間の分業の発生にまでは到らなかったと。

ここでは詳述しないが[10]、社会的父性と核家族的行動は、浸水状況下での直立二足歩行の開始時、即ち700万年前頃に、子どもの生存を守るために芽生えたと想定される。一方、食の共有・分配や共同保育は、70万年前以降に進行した短毛化の危機を克服しながら、20万年前頃に現生人類へと到達する過程で、母系性小集団の形成と共に進行したと考えられよう。

2-4 エレクトスの出アフリカとナイルの回廊

森林がサヴァンナへと変貌する新たな環境に適応するために、死肉アサリ・堅果や根菜類の採食・石器の製作使用・脳容量の増大・出産形態の変化などが進行した。これらは、それぞれ別次元の問題であり、年代的にも必ずしも

同時期に出現したわけではない。しかし、それらが総合的に関わりあって、結果としてエレクトス[11]において、恒常的に女性の自立出産を前提にした未熟児を受け止めることが可能になった。そして、颯爽と直立二足歩行で駆け回りながら、完全にサヴァンナに適応して生命を確実につなぐ事が出来たと推測し得る。

　彼らはアフリカ各地に生息域を広げて行ったが、コルトラント[12]の指摘の様に、チンパンジーやゴリラの生息域には彼らの痕跡は残されていない。高原台地（エチオピア高原など）での生息も確認されていない。チンパンジーやヒヒなどの、先住者との競争に打ち勝つだけの力は、未だ持っていなかったと見るべきであろう。彼らは、アフリカ大地溝帯から、ニジェールベヌエラインやナイルヴィクトリアラインなどに沿って生息域を広げ、更にアフリカからユーラシア大陸へと生息域を拡大していったことが確認されている。

サハラ砂漠による生息域の分断と交流－ナイルの回廊

　ここでアフリカとユーラシア大陸の関係を見ておこう。アフリカ大陸の北半分には西海岸から東海岸までサハラ沙漠が幅広く広がっている。そのため、人類の祖先の生息域はサハラ以南のアフリカと、サハラ以北の地中海沿岸地帯からヨーロッパに、大きく分断されている。そして、沙漠を流れるナイル川などの保障する緑のベルトによって、かろうじて結ばれている。

　ゴールドシュミットは、ヴィクトリア湖の魚の研究から、少なくとも最終氷期にはヴィクトリア湖が干上がっていたことを指摘している[13]。現在、ナイルの定常流を保障するホワイトナイルの水源は、アフリカ大陸の中央部に位置するヴィクトリア湖である。一方エチオピア高原のタナ湖を水源とするブルーナイルの水量は、エチオピア高原の雨期と乾期の影響を受けて季節変動が大きく、ナイルの季節的氾濫に寄与する。この両ナイルは、スーダンのハルツーム付近で合流して、地中海へと流れ下る。

　ヴィクトリア湖が干上がるまでもなく、乾燥期に流入域の降水量が減少して湖水面の低下が生ずれば、当然ナイル川への溢出はストップし、定常流を失ったナイルは干上がる。即ち、乾燥期にはナイルは干上がってサハラ以南と以北を結ぶ緑のベルトは消滅し、初期人類は、サハラの南と北とでは全く別の道を歩まざるを得なかったと想定しうる。その過程では、それぞれの地で異なる文化的蓄積や遺伝的蓄積が生じたことは想像に難くない。しかし湿潤期には緑のベルトが復活して、お互いの出会いがあり、文化や遺伝子の交

流も可能になる。

エレクトスの出アフリカ

　ドマニシ近郊（グルジア）ではエレクトスに類似するヒト族がオルドワン石器と共に発掘されて 180 ～ 120 万年前と推定されている。また、インドネシアのジャワ島で発掘されたエレクトスは、180 ～ 160 万年前と推定されている。

　つまり、エレクトスのアフリカでの出現が 190 万年前とすれば、それらの地への到達は驚くほどの早さである。しかし、彼らは面としての広がり方ではなく、ナイルなどの緑のベルトを伝わりながら、線として移動したと捉えれば、納得できる速さであろう。即ち、世代交代を重ねながら生息域を延ばして、いつの間にか他の大陸に到達した結果と考えれば。

　この時、彼らの手にしたのは基本的にはオルドワン石器であり、彼らはつい最近まで、それぞれの地に適応しながら百数十万年に渡って生息し続けた痕跡を残す。250 万年前の製作開始から数えれば、実に二百数十万年の長きにわたって、殆んど制作方法を発展させずにオルドワン石器を使い続けたのである。

▎3 アシューリアン石器と大型動物解体

3-1 肉食獣の狩りから学んだもの

　獲物を追い詰めるだけの俊足も持たず、獲物にかぶりつくだけの鋭い犬歯も持たない初期人類は、狩という習性を持たなかった。彼らは、肉食獣に追われる恐怖に耐えながら、肉食獣の食べ残した死肉をあさるために、常に肉食獣の動向を伺い、密かに肉食獣の狩の様子を見守っていた可能性が高い。

　ジョハンソン[14]によれば、広大なサヴァンナでは、肉食獣が食べ残した後にはハイエナやハゲワシが群がり、きれいに食べつくして骨しか残らない。初期人類がその残された骨を叩き割って骨髄を食することは可能だが、肉はほとんどついていない。

　ヒョウは、獲物を木の上に引きずり上げて保存するから、それを掠め取れば、骨だけではなく肉の部分も得られる。初期人類と同じ様に、川沿いの森林に棲んでいた巨大な牙を持つ絶滅種サーベルタイガーは、狩をしてもその巨大な牙が邪魔をして、食べ残しの部分が多かったはずである。ハゲワシに

見つかりにくい森林近くでは、その食べ残しは初期人類にとって貴重な肉食源となったであろう、と彼は推察している。

サーベルタイガーに学ぶ

　一般的な肉食獣に共通するのは、単独か集団かを問わず、忍び足で獲物を見定めながら、瞬発的に獲物に追いつくことである。そして、強力な顎に支えられた歯で噛み付き、鋭い犬歯で止めを刺して、皮を引き裂き、肉を食いちぎる。

　しかしサーベルタイガーは、後肢が短くて行動が俊敏ではない。その代わりに、緩慢に象などの大型動物を追い詰め、巨大で鋭い剣の様な犬歯を獲物に突き刺して、出血死するのを気長に待ってから食する、特殊な肉食獣である。

　ロサンゼルス郊外のタール層から14000年前と見られるスミロドン（剣歯虎[15]）の遺骸が発掘されていて、タールに足をとられて沈みかけていたバイソンやマンモス象を集団で襲った際、自分たちもともにタール中に埋もれてしまったらしいと推測されている。この姿は、氷期のシベリアで、集団でマンモスを沼地に追い詰めたと言われてきた、人類の狩猟形態を連想させる。ただし、「このような狩猟が現生人類によって行われたという痕跡」は確認されてはいない。

大型動物の解体とアシューリアン石器

　初期人類の死肉アサリにおいて、一般的な肉食獣の食べ残しを掠め取って食するには、わずかに骨に残された肉をこそげ取るか、骨を敲き割って骨髄をすするしかない。それは素手では不可能で、まずは手ごろな丸石が用いられ、やがてオルドワン石器が創出された。

　けれどもサーベルタイガーの食べ残しの様な肉質の部分は、オルドワン石器で切りさばくことは難しい。しかし大型の獲物の大量の残肉は、とりわけ乾燥期の食糧不足の時期には魅力的である。やがて彼らの中には、大きな石から剥片を剥がして、肉質を切り裂いて食し、生き延びる者が出現したと想定できる。

　ボイドらは、ケニアのオロルゲサイリ遺跡[16]では、100万年前の地層から、大量の握斧と多数の小さな剥片石器とともに、ほぼ完全なゾウの骨格が発見されたことを指摘している。オロルゲサイリは、二つの死火山に囲まれた湖の痕跡を残す盆地にあり、そこで解体されたゾウの死因は明らかではなく、

初期人類の狩りの痕跡も残されていない。ここで重要なのは、握斧の様なすでに剥片を取った石核から、更に多数の剥片が剥ぎ取られ、それらの「剥片と握斧の両方を用いて解体が行われた」ということである。

　ここに、男も女も子どもも老人も、各々が剥片石器を手に、死体に群がって採食する光景が浮かび上がってくる。即ち、ここには両性間の分業が出現する必然性はないと明確に捉えることができよう。

3-2　オルドワン石器とアシューリアン石器の関係

【図表】3-2　オルドワン石器とアシューリアン石器のサイズと用途

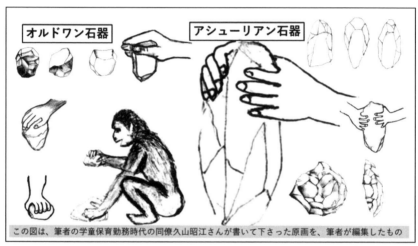

（注：筆者作成）

アシューリアン石器の用途

　石核から剥片を剥いで作った掌大から60cmにも及ぶ先の尖った涙形の握斧[17]。時には100回以上の剥離作業を必要とすると言われるアシューリアン石器が、何のために作られたのかは、様々な論議がなされてきたが未だ定説には至っていない。

　ボイドらはそれを次の様にまとめている[18]。「1. 大きな動物を切り分ける。2. 根茎、穴にすむ動物、そして水を掘り出す。3. 木から樹皮を剥ぎ取り、その下の栄養価の高い形成層を手に入れる。4. 狙った動物に投げつける。5. 剥片石器の供給」。

ここで重要なのは、大きさと重さと先端の鋭さであろう。投げつけたり、切ったりする作業には重過ぎる。しかし、両手で持ちあげて、上からずどんと落とせば、先端の鋭さと全体の重さによって、大型動物の骨を叩き割り、頭蓋骨を打ち砕くことも可能になる。また、固まった地面をほぐす作業には最適と捉え得る。

剝片石器の利用と、残核としてのアシューリアン石器

　「涙雫形」と表現される、使用目的が判然としないその不思議な独特の形態は、視点を変えて、当初から意図された形態ではないと捉えれば納得がいく。即ち、当初は大きな石から手当り次第に剝片石器を剥ぎ取って、動物の死体の解体などに利用していたのだが、やがて残核の利用に気がついたと。そして、残核の形態を頭に思い描きつつ、ぐるぐる角度を変えながら剝片石器を剥ぎ取り続けたと。その結果残されたのが、丁寧に整形されたアシューリアン握斧である、と捉え得るのではないかと。

　とすれば、典型的なアシューリアン石器登場以前から、現場で、剝片石器を剥ぎ取りながら動物を解体する作業自体は行われていた、との想定が可能になる。そして、剝片を剥ぎ取った後には、不定形の残核が残されたとも推定し得る。

　すなわち、エレクトスは出アフリカ時にはオルドワン石器製作・使用を基本としていたが、必要に迫られれば、現場で剝片石器等を製作して、大型動物等の解体を行う技術段階には達していたと。従って、明確にアシューリアン石器として認定しうるほどの残核は残さなかった場合も多多あるのではないかと。

　ボイドらは、アシューリアン石器が、時間的にも空間的にも殆ど変化しないで、実質的に同じ石器が100万年にわたり作り続けられたと指摘している[19]。

3-3 死体解体から追い込み猟へ

　アシューリアン石器は、その出現後アフリカ内では使われ続けた痕跡を残すが、ヨーロッパでの使用の痕跡は100万年程度の時間差を置いて、ホモ・ハイデルベルゲンシスとともに残されている[20]。フランス沖のジャージー島では、マンモスとケブカサイを崖に追い込み、死体を解体し肉を食べた痕跡が残されている。また、ドイツのショーニンゲンでは、40万年前頃の3本の木製の槍とともに、石器で処理された痕跡を残す何百頭もの馬の骨が発掘

されている。これらのことから、その頃には彼らが明らかに「追込み猟・追い落とし猟」をしていた、ことが示唆されている。

追い込み猟の開始へ

多数の剥片石器を剥ぎ取った後の、残核としての重く鋭い握斧。それは、サーベルタイガーの牙の力を借りなくても、何らかの理由で衰弱しつつある動物に最後の止めを刺し、解体のきっかけを掴むことを可能にする。やがて彼らは、俊足も鋭い犬歯も持たなくても、サーベルタイガーを真似て「追込み猟」を開始したのかもしれない。自分たち自らの力で、じわじわと大型動物を水辺に追い詰めてその動きを封じ、十分に衰弱するのを気長に待って、握斧を用いて最後の止めを刺すという形で。

追い込み猟においては、殺傷力に優れた石器や木器そのものを、振りかざす必要はない。アシューリアン石器はとても重くて、持ち運びすら難しく、振りかざすなどとんでもない代物である。大型動物の衰弱を遠巻きにして、大きな石から、残核石器の鋭さを見越しながら、解体用の剥片石器を剥ぎ続けたのではないかと、筆者は判断する。

▌4 現生人類のナイフ形石器に象徴される技術

4-1 ナイフ形石器を要求した背景 ─ 短毛化の進行と生存の危機

ナイフ形石器は、30万年前頃（現生人類の出現直前）にエチオピア南部に痕跡を残す高々数 cm の指先大の石器である。それは、完成品を想定しながら次のような三段階の工程を経て作られる。まず、原石から剥片を剥がして石核を整形する。次にその石核から石器の素材剥片を次々と剥がす。最後にその一つひとつを整形して完成した石器に仕上げる。

ナイフ形石器は、数 cm と小振りで、片手に持って使うことが可能に見える。長期間使い続けられたオルドワン石器やアシュール石器では対応しきれなくて、ナイフ形石器を必要とし、創り出した程の人類の生存の危機とは何か。

ボイドらは、「この時代に作られた様式3石器の磨耗パターンの顕微鏡分析は、ある石器は着柄だったことを示唆する」として、「ハイデルベルゲンシスはおそらく尖頭剥片を木の柄につけて石槍を作っていたが、それは大型動物狩猟に対する大きな発明だった」と推察している[21]。しかし、「ある石器」以外の「他の石器」が何に使われたのかは言及していない。とすれば、一度「狩

猟」というフィルターをはずし、視野を広げて、当時のハイデルベルゲンシス
たちがどの様な状況に置かれていて、何を求めていたのかを探る必要がある。

短毛化の危機の進行

　70万年前頃に始まった10万年周期の氷期と間氷期を繰り返す厳しい気候
変動は、アフリカでは極端な乾燥期と湿潤期として現れた。乾燥期にしがみ
ついたアフリカ大地溝帯のアルカリ性の水辺で、人類はふさふさした体毛を
失わざるを得なかったと、筆者は第2章で判断した。そして、保温力に優れ
た体毛の喪失の危機を乗り切る過程で、皮下脂肪の装着・汗腺の発達・自立
出産不能な難産と超未熟児出産などが進行したと。

　しかし、母胎内で暖かく守られていた新生児が難産の末に生まれ出た新た
な環境は大気中である。比較的赤道に近い地溝帯内では、日中の強烈な日差
しと夜間の放射冷却による冷え込みの中で、断熱・保温力に富む体毛の喪失
は、とりわけ抵抗力のない乳幼児の生存を脅かしたであろうことは想像に難
くない。

4-2　植物繊維の利用→衣食住確保のための技術の発達

植物繊維の利用

　類人猿は毎晩木の枝葉をたわめて個々にベッドを作って寝る習性を持つ。
人類の祖先も当然それを受け継いで、寝る時には体の下に植物をかき集めて
ベッドを作っていたはずである。短毛化した人類が、夜間の冷え込みに際し
て、寒さに震える乳幼児を守るために、植物の茎葉を掻き集めて、その中に
もぐりこませて暖をとらせた、と推察できる。更にその上に大きな葉をかぶ
せれば、雨露をしのげるとともに、強烈な太陽の紫外線からも、子どもたち
の裸の皮膚を守ることが出来る。

　今までは食べられないものとして見向きもしなかった植物が、改めて目に
付くようになったに違いない。サヴァンナにはイネ科などの植物が無限に広
がっていて、枯れても繊維はしっかりしていて腐りにくい。バナナのような
大きな葉は、風除けにも日除けにもなり、雨露を防ぐことも出来る。ヤシの
葉などは、重ね合わせれば隙間が埋められるし、結び合わせれば、風にもと
ばされにくい。太く丈の長いヨシやパピルスを一方の端を束ねて結んで立て、
反対側を丸く広げれば即席の「屋根様のもの」が出来上がる。

ナイフ形石器の創出

　死肉アサリや動物の捕獲・解体には、握斧と剥片石器があった。芋掘りなどには握斧が便利だったに違いないが、若芽はちぎり、果実はもぎ取り、若い茎もポキリと折り取ればよいから、素手でも採取は可能である。しかし、ぽきりと折り取れ、手でちぎれるような繊維では、寝具や屋根素材には適さない。イネ科などの植物は繊維が堅く、プラントオパールで防備されているので、素手では引きちぎりにくく、無理やり引きちぎろうとしても手を切ってしまう。

　片手に石器を持って、もう一方の手で掴んだ茎葉を切る作業が始まったと筆者は推察する。しかし大きな石器は片手には持てず、小型の鋭い剥片は力を込めれば、植物繊維だけでなく手も切ってしまう。しかし、剥片の一方を加工して鋭さを軽減できれば、安心して片手に持って使うことが出来る。

　両手先を別々に、しかも協調させて植物繊維を刈り取る作業は、石器製作作業に要する手先の動きに類似する。植物繊維の刈り取り作業とナイフ形石器の制作作業とは、共進したと捉えて差し支えない。

屋根付きの寝具＝家の起源

　トルカナ湖に流入するオモ川下流域（標高500m程度）で、現在生活する少数民族の子どもたちは、昼間は丸裸で過ごしている。しかし、夜間には植物を寄せ集めて作られた小屋様の家の中で眠る（筆者視認）。アフリカ大地溝帯の内部は、火山活動が活発で地形の起伏が激しい。オモ川下流域などの低地では丸裸で過ごせても、最初期のナイフ形石器が発掘された2000m近いガデモッダのような高地では、日中でも丸裸は厳しいだろう。

　新生児の保温のために発明された屋根や寝具は、幼い子どもたちの身体の保温にも役立つ。そして、誰もが安らかに寝ることの出来る「家」作りへと発展する。即ち、「家」の起源は「屋根つきの寝具」にあると筆者は捉えたい。残念ながら植物繊維は化石化しにくいし、当時のその利用の痕跡を確認することは困難である。今のところ最古のものとしては、77000年前頃の木の葉を集めた寝具の痕跡が確認されている[22]。

　ヨーロッパでは干草のベッドが、日本でも藁布団が、近年まで使われていた。植物繊維利用のベッドは、類人猿から引き継がれた人類の文化であり、それが近年まで受け継がれてきたと判断することができる。

移動用の寝具＝衣服の起源

　もちろん、定住できるほどに食糧事情が良くなければ、移動が必要となる。細い草を束ねて小さな屋根様のものを作れば、笠になり、子どもだと体全体を覆うことも出来て移動中の保温としても役立つ。平たく繋がるように結び方を工夫すれば蓑が出来て、子どもだけでなく大人の肩を覆ったり腰に巻いたりすることも出来る。衣服は「移動用の寝具」とも言えよう。衣服の起源は毛皮にあるとの説もあるが、ふさふさした体毛を失ったとは言え、アフリカ大地溝帯内での気候は、毛皮の衣服を生存の必需品とするほどには寒くはない。

貴重な動物の皮の利用 ── 負ぶい紐の創出

　動物の皮のなめしに使用したと見られる、スクレイパー（掻器）が出土していることから、毛皮の利用が始まっていたことは確かであろう。しかし、狩を開始したとは言え、その技術はまだまだ未熟で、ささやかなものである。従って、保温性と保水性に優れた毛皮は潤沢には手に入らない貴重なものである。先述した類人猿の習性から考えても、人類の衣服の起源は、植物性繊維の利用が先行し、貴重な毛皮は敷物としての利用など、毛皮しか果たせない目的のために使われた、と考えるのが自然であろう。今でも、スーダンでは皮の四隅をしばって井戸から水をくみ上げるのに用い、マリでは四隅を木枠に縛り付けて水を冷やすのに使用している（筆者視認）。

　現在も半裸で生活するエチオピア南部の少数民族では、母親が乳幼児を背負う（ちょうどリュックを背負うように）負ぶい紐として利用している姿が見られる（筆者視認）。現在の負ぶい紐は色々工夫されているが、単純に考えれば、ナイフだけで加工は可能であると見て取れる。一枚の皮から、乳幼児を包み込む部分と母親の肩と腰にまわして縛る部分を残して、余分な分を切り取れば出来上がる。皮は数 kg から十数 kg に及ぶ乳幼児の重みに、十分に耐えられるほどに丈夫である。曙期の現生人類の技術では、植物繊維を用いて、これだけの重みに耐えうる負ぶい紐を作り出すのは不可能であろう。皮の負ぶい紐の創出により、乳児を背負うことで、母親は両手を解放され、行動の自由を確保し、その活動範囲を拡大し、より大きな可能性を獲得した。

4-3 積極的な狩りの開始

　以上見てきたように、ナイフ形石器とは、裸の皮膚を露出した乳幼児を抱

えた女性たちが、植物繊維の採取と加工用に創出した道具である。そして、それによって、乳幼児の生存を保障し、衣食住を確保し、現生人類への進化の道を切り開いた道具である。

　もちろんナイフ形石器は、当初の目的が植物繊維利用目的のものであったとしても、何にでも使われたに違いない。やがて、その技法は使用目的を定めて応用され始め、狩を目的として先を鋭く尖らせた石器制作へと発展したことは想像に難くない。

　安蒜政男は、『旧石器時代の日本列島史』の中で、20000年前頃の日本の砂川遺跡のナイフ形石器の残存状況から、切截形と刺突形に大別している[23]。筆者は、切截形石器は植物繊維利用、刺突形石器は狩猟用と大別されたものと判断した。

刺突形石器 ― 狩漁用技術の発展

　アシューリアン石器に象徴される、現場で剝片を剥ぎ取りながら使い捨てる石器とは違って、明確に狩を目的として製作される刺突形石器の登場。それは、明確に「積極的な狩り」が開始されたことを裏付ける画期的なものであろう。

【図表】3-3　ナイフ形石器と槍先形石器のサイズと用途

この図は、筆者の学童保育勤務時代の同僚久山昭江氏が書いて下さった原画を、筆者が編集したもの

（注：筆者作成）

しかし、この小さな刺突形石器の殺傷力はささやかで、まずは小動物や魚などの捕獲に始まったと推測される。そのことは、裏返せば、現生人類の肉食への依存度は、ネアンデルタールなどに比して、それほど高くはない方向へ向かったことを示唆する。その背景には、植物繊維の利用に際して、そこについていた穀物や豆類などを、火を利用して食用可能なものに加工するという、調理技術の発達があったことが考えられる。そのことによって、大量の炭水化物やたんぱく質の安定した摂取を可能にしたと。

　その指先で使える小さな石器は、誰もが作り使いこなせるものであって、現生人類の直近の祖先は、男性による勇壮な狩りを必要としなかった。小さな集団内で、老若男女が能力に応じて、随時交代可能な分担と協力体制を組みながら、自らの安定した生存を可能にし、生存域を拡大し得たと判断しうる。従って、ここにも、明確な両性間の分業発生の必然性は存在しない。

　やがて彼らは、その小さな刺突形石器に棒などの柄を取り付ければ、扱いやすく、力を込めやすくなることに気づき、殺傷力が増して、少しずつ大きな動物に立ち向かうことを可能にしていったと推察し得る。

　着柄の技術はあまり問題視されてはいないが、紐を用いて石器を棒先に縛り付けるには、両手の数本の指先を器用に使い分ける技術と、強靱な植物繊維を切り取るナイフとを必要とする。アスファルトや樹液など、天然の接着剤の利用は、自然に対する科学的な認識能力を必要とする。即ち、着柄の技術は、現生人類の直近の祖先が獲得した固有な技術であると明確に捉え得る。石器自体にも着柄しやすい細工が施され、先端の先鋭化も進行し、確かな狩猟技術へと発展したことは想像に難くない。このような過程を経て、ボイドらの指摘する、石槍の発明に繋がった可能性は十分にありうる。

ナイフ形石器を携えての出アフリカ

　ここでは詳細は論じないが、八万年前頃現生人類は出アフリカの旅に出る。その時携えたのはナイフ形石器（様式３技術）である。既にその頃には、南アフリカなどでは様式４技術が発達し始めていたはずである。しかしその技術はまだアフリカ全土には拡散・伝播されていなかったと理解する必要があるだろう。

　彼らはナイフ形石器により衣食住を確保しながら、時にはパピルスなど強靱な植物繊維を結び合わせた舟を利用して、全地球上に広がって行った。従って、出アフリカした現生人類が到達したすべての地域の文化の基底には、小さなナ

イフ形石器により創出される生活技術が息づいていたと見るべきであろう。

4-4 専門性を要する槍先形尖頭器製作技術 — 物々交換の開始

南アフリカでの新たな技術の発展

　人類の創造性は約4万年前に爆発的に高まったとして、フリントや黒曜石のような、堅くしかも粘りがあって細工しやすい石を用いて、繊細な石刃が作られるようになったと言われてきた。

　しかしH. プリングルは、「人類の技術的・芸術的な発明の才を示す驚くほど古い時代の例が見つかっている。人間の創造性は、アフリカで9万年前〜6万年前に、ヨーロッパで4万年前に沸点に達したが、その数十万年も前から静かに温度を高めて行ったと考えられる。」として、次のような例を挙げる[24]。例えば、「木の柄に取り付けられたと見られる尖頭器（南アフリカ50万年前）」、「熱処理された石器（南アフリカ　16万4000年前）」、「模様が刻まれた黄土（酸化鉄）（南アフリカ　10万〜7万5000年前）」など。

　そして、既に7万7000年前頃の南アフリカには、「粒子の大きさが異なる黄土を植物ゴムに混ぜ、この混合物を焚き火で加熱して、尖頭器を木製の柄に装着する際の接着剤として利用したこと」、「多種多様な樹木の中から、たった1種類の樹木を選び、命にかかわる蚊に対する殺虫成分を微量に含む葉を集めて寝具を作っていたこと」、「小さいアンテロープ捕獲のために罠を考案していたこと」、「アンテロープよりも危険な動物を仕留めるために弓矢を作っていたこと」、「きらきら光る繊細な貝製ビーズ」、「粉末にした紅土を収めるアワビの貝殻で出来た容器」などの痕跡が確認されること、などを指摘している。

　個々の植物の持つ化学的成分の作用を理解し利用する力は、毒草の利用を連想させる。そしてそれは、多様な植物を食用化する過程で、悲惨な経験を重ねながら、食用植物を選び取る過程で得られた、副産物的な能力とも理解しうる。

専門性を要する石刃製作技術

　このような過程を経て、アフリカで地域差・時間差を持ちながら登場した剥片石器よりも薄くて長く鋭い石刃をもつ槍先形尖頭器（ブレード）は、4万年前にはヨーロッパに伝えられている。

　石刃製作技術が「文化のビッグバン」として捉えられたのは、アフリカでは長い時間をかけて試行錯誤を繰り返しながら発達してきた技術が、いきな

り完成形としてヨーロッパに伝播された痕跡を、その表面だけで捉えたからであろう。文化の伝播や交流は、その様な特性を持つものであることを念頭に、論ずる必要があるだろう。

　ボイドらは、様式4技術は、古い石器技術に比べて原材料をずっと有効に利用したものであるが、加工に時間を要し、より多くの準備と最終加工を必要としたことを指摘している。そして、その技術は、ノミ、種々の掻器、多くの異なる種類の尖頭器、彫器、ドリル、錐、投げ槍など、多くの種類の道具の製作を可能にしたことに触れる。その上で、そのそれぞれが独特かつ典型的な形をしていることから、種々の道具の形を記録した一束の設計図を心の中に持っていたようだ、と指摘している[25]。

　すなわち、アフリカでは貝殻ビーズ等とともに発掘されるこれらの石器制作には、ナイフ形石器の1000倍程度の手間を要し、高度の石器製作専門技術が必要とされることが示唆されているのである。とすれば、それは既に物々交換を伴う文化段階、即ち社会的分業の萌芽段階で出現した石器であり、一般的に汎用化したわけではないことも、併せて捉える必要がある。

武具使用の可能性

　物々交換の開始は、所有意識の芽生えを前提とし、所有を巡っての争いの可能性を内包する。野生動物を相手にしての狩は、必ずしも殺傷力に優れた石器を必需品とはせず、様々な工夫が可能である。しかし、同じ知能を持つ人間同士の戦いでは、武器の威力の差が直接勝敗を決する可能性が高い。すなわち、この殺傷力に優れた槍先形尖頭器は、現生人類一般が到達した高度な狩猟技術とだけは、言い切ることはできないと捉える必要があるだろう。言い換えれば、山極の言う「共感と同情に満ちた好意」の「延長上にある」、「人間に特異的に見られる高い、執拗な攻撃性」が創り出した側面もあるのではないかと、筆者は想定する。

　従って、全ての地域で槍先形尖頭器がナイフ形石器に取って代わったのではなく、それを必要とした地域で専門家により製作され、限られた人々のみが手にし得る石器であったと、筆者は捉えている。その意味で権力の象徴的存在であり、特定の限られた人々によって拡散されたものであると。

特殊地域での狩猟技術の発達と、両性間分業発生の可能性

　もちろん、植物食料の乏しい地帯では、生存のための狩猟具としても使われ

始めたことを否定するつもりはない。乾燥地帯では、人類の消化できない草や根を食べて生き延びる動物が、貴重な食料になったことは確かであろう。とりわけ高緯度地方では、防寒具としての毛皮を大量に必要としたことも想像に難くない。ドイツでは馬の皮で葺いた住居跡が確認されている。シベリアではマンモスの骨を使った住居の骨組みが発掘されている。もちろん毛皮の衣服が人々の生存を保障したことは言うまでもない。これらの地域では、狩猟への依存度を高めながら、それが生存域拡大を保障したことは確かである。

　従って、その地域における狩猟形態によっては、危険が伴う狩猟現場に子連れの女性が参加することは生存上不可能となり、両性間の分業が発生した可能性は十分想定しうる。しかし、それはあくまでも特殊なケースであって、汎世界的にその様な狩猟形態が一般化し、両性間の分業が発生した、ということの根拠にはなり得ないと捉えるべきであろう。

　本章の冒頭でも触れたが、9000年前に大型動物の狩猟者の30〜50％は女性であったことが報道されている。例え乳飲み子を抱えた女性であっても、母系性小集団内の役割分担の下では、狩猟への参加は可能であったことが、明確に示唆されている。

殺傷力に優れた槍先形尖頭器は、すべての地域での必需品ではない

　ここでは詳細は論じないが、野生動物を狩によって殺してから利用することのくり返しからは、家畜化は生じない。牧畜の開始は、野生動物を生きたまま捕獲する技術を前提とする。これらの発展過程では、殺傷力に優れた石器は必需品ではない。

　一方日本では、23000年前頃に槍先形尖頭器が専門家集団により移入されても、それを利用しての狩猟が一般化してはいない。ナイフ形石器を用いての小形動物の狩や、サケマス漁が一般的であった可能性が高い。これらの小型動物の狩や漁労活動は、老若男女を問わず、小さな石器を手にした家族が、総出で協力しながら行うことが可能である。従って、そこには、殺傷力に優れた石器も、両性間の分業も必要としないと捉えて差し支えない。

4-5 工場生産された痕跡を残す細石刃石器 — 社会的分業の開始

　石器としては最後に登場した1〜2cmの繊細な細石刃製作技術は、少量の石材から大量の鋭い細石刃の制作が可能である。そしてそれは、木や竹などと組み合わせて様々な用途に応じた複合具を作り、使い捨てや替え刃を可

能にして、人々の様々な生活用具として使われ始める。

細石刃を装着しての弓矢の発明は、我が身を安全なところに置いたまま遠く離れた対象物を狙って、次々に矢を放って殺傷することを可能にする。毒草の汁を塗ればさらに殺傷力は確実になり、鳥・獣の狩りだけでなく、戦いの武具としてもその威力を発揮し、各地に急速に広まったことは想像に難くない。また、チンパンジーやゴリラの生息する緑豊かな地への、数百万年ぶりの侵入も可能にしただろう。

現在の狩猟採集民における両性間分業について

弓矢を用いた狩そのものは、大型の男性集団を必要とするわけではなく、明確な両性間の分業を必要とするわけではない。しかし、狩りへの依存度の高い地域では、遠出や狩猟への専念が要求され、子連れの女性の参加を困難にした可能性はある。定住化の進行と相まって、小集団の中に両性間の分業が発生・固定化した可能性は十分にある。従って、それがアフリカなどの狩猟採集民の生活の中に現在も引き継がれ、明確に両性間の分業が行われている可能性は、十分に現実的である。

西欧の現代文明と比して、現存する狩猟採集民の生活様式は原初的と評価されがちである。しかし、槍先形尖頭器や細石刃製作技術は、当初のナイフ形石器製作技術に比べれば、20万年の月日をかけて獲得した格段に高度な技術である。その技術が当時のアフリカで両性間の分業を必要とし、保障したのであり、それを現在の狩猟採集民も引き継いでいるのであると明確に捉える必要がある。

その様な現在の狩猟採集民の状況を、現生人類の曙期の状況と混同して、あたかも誕生期の現生人類の中に「男は狩猟に、女は採集に」という両性間の分業が自然発生していたと想像するのは錯覚に過ぎない。従って「男は狩猟に、女は採集に」、という両性間の分業は、現生人類が生来持つ習性ではないと、明確に結論し得る。

両性間の分業は、現生人類が生来持つ習性ではない

細石刃制作技術はやがて2万年前頃にはヨーロッパに伝えられ、地域差・時間差を伴いながら各地へ伝播し、それぞれの地で新石器文化へと移行して行く。

それ以降の各地の文化は、係わり合いながらもその地独自の発達をするの

である。従って、両性間の分業の発生の有無も、それぞれの地域の特殊性と、文化交流との関係から捉える必要がある。ちなみに、西アジアでは牧畜・農耕の発生過程で明確な両性間の分業が発生した痕跡が確認されている。

　しかし、日本では後期旧石器時代末期には、石材・石器製作工場の痕跡が確認されている。それは、社会的分業の痕跡として確認され、縄文文化へと発展していくが、その根底には、家族の協働が息づいているのである。従って「男は狩猟に、女は採集に」、という両性間の分業の痕跡は確認されていない。

　とすれば、少なくとも日本においては、両性間の分業の発生を見ないままに、社会的分業が開始されたと、明確に捉えることができる。そしてそのことは、両性間の分業の発生を必要としないままに社会的分業が先行した地域が、世界各地に存在したとの類推を可能にするものと判断する。

5 現生人類の狩猟技術が大型動物を絶滅させたのか

5-1 ヨーロッパの追い込み猟の痕跡

　山極は、「サピエンスたちの狩猟技術がどれほどすさまじいものだったかは、ユーラシア大陸から他の大陸に進出した彼らが多くの野生動物をあっというまに絶滅に追いやったことからもわかる」と言う[26]。しかし、本当にサピエンスの精巧な狩猟具や狩猟技術が、新大陸やオーストラリア大陸の大型動物を狩りつくしたのか。最新の化石の発掘状況などが示唆する情報はやや異なる様相を示している。

　先述したが、50万年前以降のヨーロッパに明確な追込み猟の痕跡が残されているとすれば、それはハイデルベルゲンシスを共通祖先にもつ現生人類とネアンデルタール人が、その進化の道を分かち始めた時期に一致する。とすれば、大型動物の追込み猟は、厳しい氷河期のヨーロッパで広がった形態であり、現生人類の積極的な狩りの起源は、これとは別に考える必要があるとの示唆と読み取ることも可能である。

　ヨーロッパでは、涙雫形だけでなく、断面はレンズ状で、円形、楕円形、アーモンド形などに整えられ、精緻化された大型のアシューリアン石器が出現している。しかし、精緻化されたとは言え、薄片を剥ぎ続けるという制作技術そのものは、ボイドらの指摘するように、100万年を経ても、基本的には変化していないのである。

氷期のヨーロッパの冬は厳しく凍りついて、地表の植物は枯れつくす。地形を利用して大型獣を追い込むことによって、冬中の食料を確保できた集団のみが、生き延びることが出来たとも捉えうる。さらに、凍りついた地面に突き刺して、その下にある根茎を掘り出すことにも役立ったであろう。

5-2 初期人類の大型動物解体の痕跡

野尻湖人のナフマンゾウ解体の痕跡

　日本列島に現生人類が到達したのは 38000 年前頃、日本列島におけるナフマン象の絶滅は 15000 ～ 20000 年前頃で、この年代数字だけ見ると、日本列島でも、サピエンスの到来後にナフマン象が絶滅したことになる。本当にホモ・サピエンスの狩猟技術がナフマン象を絶滅させたのだろうか。

　長野県野尻湖畔の「立ちが鼻遺跡」では、1960 年代から数多くの愛好家を巻き込んで、数十回に及ぶ長期的・大規模・かつ丁寧な発掘調査が重ねられてきた。それは 70 年を経た現在でも継続されている。

　そこでは、60000 ～ 38000 年前の地層から、ナフマン象・オオツノジカ・ヘラジカなど大型動物の化石に混じって、現場で加工したと見られる大型の骨器（数 cm から 20cm ほど）が発掘されている。非在地石材を用いた大小種々の剥片石器やコア石器と共に。これらの骨器は、その形態等から、狩猟具としてではなく、解体具として使用されたと推定されている。

　そしてそれらの化石から、現生人類以前の人類（野尻湖人＝エレクトスかハイデルベルゲンシスか？）による大型動物のキルサイトではないかと論議されている[27]。

　野尻湖は湖底からの湧き水に恵まれて、2000m 前後の信越五岳に囲まれていながら冬季にも結氷しない小さな湖である。「立ちが鼻遺跡」は積雪期には乾燥して湖底が表出し、春先以降は雪解け水が流入して湖底に沈む位置にある。自然に迷い込んだのか、野尻湖人が追い込んだのか。いずれにしても、身動きがとれなくなって衰弱死した大型動物に群がって、解体した現場であることには間違いない。そこでは、石器を用いて骨器を現場で創出しながら、それを解体具として用いて、肉食した痕跡であると捉えて差し支えないであろう。

　一方、立ちが鼻周辺の野尻湖遺跡群からは、38000 年前以降の地層から、数多くの親指大のナイフ形石器などが発掘されて、後期旧石器時代から縄文時代へと続く現生人類の生活の痕跡が示唆されている。しかし、その地層からはナフマン象など大型動物の化石や骨器は発掘さていない[28]。少なくとも

野尻湖遺跡周辺においては、ナフマン象を解体したのは野尻湖人であって、現生人類の狩猟技術がナフマン象などの大型動物を絶滅させたのではないと明言し得る。

アメリカ・オーストリア大陸の初期人類の痕跡

　「アメリカカリフォルニアでは、13万年前の原始人類（＝初期人類：筆者註）が、象に似たマストドンを食していた痕跡が発掘されている」旨の、スティーヴ・ホーレンらのネイチュア論文の内容が報道されている[29]。「マストドンの歯や骨に間違いなく人の手で加工された痕跡があったこと」。「石鎚やたたき台も見つかったことから、原始人類がこのマストドンを食していたことに疑う余地はないこと」。そして、「人骨は見つかっていない」としながらも、「その候補として、200万年前にさかのぼるホモ・エレクトス、約4万年前に絶滅したネアンデルタール人、現代のオーストラリア先住民の中に血筋を残すデニソワ人と呼ばれる謎の人類が含まれること」などが挙げられている。

　デニソワ人とは、詳述を省くが、シベリアのアルタイ山脈にあるデニソワ洞窟で見つかった4万年前の化石人骨である。彼らは、指の骨の断片から得られたDNA配列から、25万年前頃にネアンデルタールと分岐した、と推定される人類である。彼らは、パプアニューギニアや太平洋諸島の現生人類の中にその痕跡を残す等、広範囲にわたって現生人類との共存が示唆されている[30]。さらに、オーストラリア大陸でもデニソワ人との混血の可能性が示唆されている[31]。

　100万年前のオロルゲサイリ、13万年前のカリフォルニア、38000年前以前の野尻湖において、ゾウの仲間を解体して食した初期人類の残した痕跡。それは、石器と骨器の違いはあっても、その場で大型の解体具を打ち欠いて作りながら、死体を解体したという意味で、同等の文化段階にあると想定し得る。

　これらのことから、現生人類の狩猟技術が新大陸やオーストラリアでの大型動物を絶滅させた、とは言い切れない可能性が浮上する。新大陸やオーストラリア大陸の大型動物の絶滅は、現生人類の到達時期との関連で論議されているだけで、現生人類による狩猟の痕跡や、解体の痕跡は、確認されていない。

ネアンデルタール人と現生人類の再開

　南アフリカのカサバン遺跡で発掘された石刃は、50万年前の槍についていた先端部だったと報告されている[32]。もしこの報告が正しいとすれば、70万年前に始まった気候変動に対応・進化しつつ生き延びたハイデルベルゲンシスは、50万年前にはすでにこれだけの技術段階に到達していたことを示唆する。

　そして、ネアンデルタールは、この技術を受け継いで、体当たりの狩りで傷つきながらも、最近まで、氷期のヨーロッパで生き延びた痕跡を示すとも捉え得る。

　一方現生人類の直近の祖先もまた、さらにそれから数十万年の試行錯誤を繰り返しながら生き延びた。そして、社会的進化と生物的進化を共進させた上で、新たな生物体としての段階に到達したのが、DNA研究が明らかにした20万年前に誕生した現生人類であると捉え得る。その真偽は、新たな発見と新たな科学的検証によっていずれ明らかにされていくのであろう。

　50万年前に進化の袂を分かった両者は、13万年前頃のヨーロッパでの一時的な再会の痕跡を残す。そして紆余曲折の挙句、ここ数万年に渡る共存期間を経て、ネアンデルタールは絶滅し、現生人類は全世界に生息域を広げ、文明を発達させながら、現在に至っている。この経過から考えて、「現生人類がネアンデルタールを絶滅させた」と言い切れるのか否かの判定は難しい。

▎6 おわりに ― 性的分業は現生人類生来の習性ではない

　700万年前に直立二足歩行を開始して以来、遠い人類の祖先は、厳しい気候変動による生存環境の変遷の中で、肉食を開始し、石器を創り出して生き延びてきた。けれども、その過程で両性間の分業を必要とはしなかった。

　現生人類の直近の祖先たちもまた、ナイフ形石器を創出し、植物繊維を利用し、狩を開始して生き延びてきた。そして、老若男女の能力に応じての分担・協働により「衣食住」を確保しながら、最終進化段階を乗り越え、現生人類に到達した。従って「男は狩猟に、女は採集に」、という両性間の分業は、現生人類が生来持つ習性ではないと、明確に結論しうる。

　曙期の現生人類もまた、新たな石器製作技術を発展させ、社会的分業を開始しながら、各地に生存域を広げて行ったのである。その過程では、狩りへの依存度の高い地域では、両性間の分業を必要とする地域も出現した。しか

し、汎世界的に、一般的に、両性間の分業が必要とされたわけではない。従って、両性間の分業は、必要な時期に、必要な地域で、特殊に発生した生業形態である、と明確に結論しうる。

とすれば、特殊な地域を除いては、両性間の分業の発生を見ないままに、社会的分業が先行したと、明確に結論づけて、差し支えないであろう。

全世界に拡散した人類は、交流しながらも、それぞれの地で独自の発達を遂げたのであって、両性間の分業もまた、汎世界的に発生したわけではなく、それぞれの地域の特殊性と文化交流との関係から捉えるべき問題である。

【注釈】────────────

1　AFPBB News　「そもそも女性の居場所は家庭ではなかった？狩猟者の3〜5割は女性　研究」　AFP＝時事　2020年11/6（金）12:28配信
　　研究チームが、同様の道具とともに埋葬地で発見した27人の遺骨を詳細に解析した結果、同時代の米大陸の狩猟者の30〜50％は女性だったとの結論に至った。これは、狩猟採集民社会において、狩猟者は主に男性で採集者が主に女性という、一般的に考えられてきた説とは相反している。
　　ハース氏はさらに、この結果は「今日の労働慣行における格差、すなわち男女の賃金格差や肩書、地位などの格差を浮き彫りにしている。この結果は、実際にはこれらの格差にはなんら『自然』なことはないかもしれないことを明確に示している」と指摘する。
2　初期人類：便宜上、現生人類以前の人類と区別するために、現生人類出現以前の人類の総称として「初期人類」という表現を用いる。
3　R.ボイド、J.B.シルク著　2009　『ヒトはどのように進化してきたか』　松本晶子、小田亮監訳　2011　ミネルヴァ書房
4　山極寿一著　2012　『家族の起源』　東京大学出版会　p.355
5　エチオピテクス・ロバスタス・ボイセイなどの総称で、ヒト族の傍系といわれる
6　ボイドら　前掲書　pp.412-417
7　ボイドら　前掲書　pp.410-411
8　山極寿一　前掲書　p.123
9　山極寿一　前掲書　p.352
10　本書第4章参照
11　アフリカでのホモ・エレクトスは、他地域に拡散したエレクトスと区別してホモ・エルガステルと呼ばれるが、本論では煩雑さを避けてエレクトスと表現する
12　A・コルトラント著　1972　『人類の出現』　杉山幸丸訳　1974　思索社
13　テイス・ゴールドシュミット著　1994　『ダーウィンの箱庭　ヴィクトリア湖』　丸武志訳　1999　草思社
14　D・C・ジョハンソン、L・C・ジョハンソン、B・エドガー著　1994　『人類の祖先を求めて』　馬場悠男訳　1996　サイエンス社
15　「剣歯虎」　日本大百科全書（ニッポニカ）　小学館

絶滅したネコ類の1グループで、サーベルタイガーともよばれる。上顎の牙（犬歯）が短剣のように発達したネコ科のマカイロドウス亜科のもので、ロサンゼルス郊外にあるランチョ・ラ・ブレアのタール層から発見されるスミロドンはその代表的なもの。

16 ボイドら　前掲書　p.485
大量の握斧が発見されているケニアのオロルゲサイリ遺跡では、「100万年前の多数の小さな剥片石器とともに、ほぼ完全なゾウの骨格を発見した。剥片の縁上の欠けは剥片がゾウの解体に使われたことを示唆しているし、ゾウの骨には石器で作られた切断痕がみられた。剥片の注意深い調査は、剥片が打ち欠かれていない原石ではなく、握斧のようなすでに剥片をとった石核から剥がされたことを明らかにした。さらに、握斧から剥片がとられたとき、剥片は握斧の鋭いほうの縁から剥がされていた。これらのことをあわせると、H.エルガスターは握斧から剥片を剥がし、握斧と剥片を解体具として使用したことが示唆される」

17 ボイドら　前掲書　p.483
18 ボイドら　前掲書　p.484
19 ボイドら　前掲書　p.485
20 ボイドら　前掲書　p.503
大型の獲物を獲った最初の確かな証拠が出てくるのは、この時期からである。フランス沖のジャージー島で、マンモスとケブカサイの多数の化石骨が崖のふもとで発見されている。それらの骨のいくつかは成獣のもので、ほとんどの捕食動物にとって、襲うには大きすぎるものだ。その死体は明らかに石器で解体されていた。頭蓋腔が開けられている場合もあり、おそらく脳組織が取り出されていたのだろう。この遺跡のある場所では、動物骨が体部ごとに（頭はここ、四肢はそこ、など）並べられている。このすべては、H.ハイデルベルゲンシスが、動物を崖に追い込み、死体を解体し、肉を食べたことを示唆する。
ドイツのショーニンゲンの露天掘りの炭鉱で見つかった3本の木製の槍は、さらに狩猟の証拠となる。この遺跡は約40万年前のものである。これらの槍が現代の投げ槍にとても似ているので、H.ハイデルベルゲンシスが槍を投げていたと、人類学者たちは確信している。槍の長さは2mで、現代の投げ槍にて槍先がもっとも太く重く、反対側が徐々に細くなってゆく。ある現代人の集団では狩猟に同様の槍を使っており、H.ハイデルベルゲンシスがそれらを同じ方法で使ったのはありそうだ。人類学者たちがやりと一緒に何百頭ものウマの骨を見つけたという事実と、多くの骨に石器で処理された痕跡があるという事実によって、この仮説は補強される。

21 ボイドら　前掲書　p.504
22 H.プリングル著　2013　「創造する人類」　翻訳協力古川奈々子　別冊日経サイエンス　No.194　2013　pp.126-127
23 安蒜政男著　2013　『旧石器時代人の知恵』　新日本出版社　p.61
24 プリングル　前掲書　p.125
25 ボイドら　前掲書　p.547
26 山極寿一　前掲書　pp.298-299
「サピエンスたちの狩猟技術がどれほどすさまじいものだったかは、ユーラシア大陸から他の大陸に進出した彼らが多くの野生動物をあっというまに絶滅に追い

やったことからもわかる。」「20000 年前の最終氷期に極寒のシベリアにマンモスを追い、この巨大動物を絶滅に追いやったとき、サピエンスの狩猟技術はすでにどんな土地でもどんな動物にも適用できるまでに完成していたのであろう。氷に閉ざされたアラスカから暖かい中南米へ向けて南下するのは、アフリカで生まれたサピエンスにとってさほど困難な道ではなかったにちがいない」

27 野尻湖調査団著 『野尻湖人を求めて』 2011 野尻湖ナウマン象博物館 pp.36-39

28 野尻湖ナウマン象博物館著 『ナウマン象の狩人をもとめて』 2003 野尻湖ナウマン象博物館 pp.44-48

29 AFPBB News 「人類の米大陸到着は、『13 万年前』。定説大幅にさかのぼる」 2017.4.27

30 「人類 3 種が数万年も共存、デニソワ人研究で判明」 2015.11.19 ナショナルジオグラフィック日本版サイト

31 M.E. ハマー著 2013 「混血で勝ち残った人類」 監修篠田謙一 別冊日経サイエンス No.194 p.86
現生人類の中にデニソワ人に由来する DNA をかなり持っている集団がいることが明らかになった。メラネシア人やオーストラリアの先住民アボリジニ、ポリネシア人、西太平洋のいくつかの関連グループではゲノムの1%から6%を占めたが、アフリカ人やユーラシア人では見つからなかった。

32 ブリングル著 前掲書 p.128
2012 年 11 月に Science 誌に発表された研究では、南アフリカのカサバン遺跡から出土した石刃が 50 万年前の槍についていた殺傷力のある先端部だったと結論付けられている。おそらくこの槍はネアンデルタール人とホモ・サピエンスが分岐する直前の共通祖先、ホモ・ハイデルベルゲンシスが使っていたものだろう。

第4章

人類家族の進化

母系性と父系性の葛藤

1 はじめに

1-1 家族論の変遷

「原始乱婚説」と「核家族説」論争の共通項 ― 母系性から父系性へ

　19世紀後半に出版されたモルガンの『古代社会』[1]を踏まえて、エンゲルスは『家族私有財産国家の起源』[2]の中で、集団婚から単婚へと進化したとの家族進化論を展開し、「原始乱婚説」として一般的に知られるに至った。一方、20世紀初頭に出版されたマリノフスキーの『未開人の性生活』[3]は、人間は本来一夫一妻制であることを示し、それは通称「核家族説」の論拠へと発展した。それ以降「原始乱婚説」と「核家族説」の論争が繰り広げられ、家族論は混迷に陥ったと論評されてきた。

　けれども、『古代社会』の主題はアメリカのイロコイ族における「母権制家族から父権性家族への進化」であり、『未開人の性生活』の主題はニューギニアのトロブリアンド諸島における「母系性の原理と父性愛の矛盾」である。この二書を、論争から離れた視点で読み解いてみると、決して根本的に対立するものではないことが見えてくる。即ち、長期間の原住民との生活を共にする観察から書かれた二書は、いずれも母系性社会から父系性社会への移行を前提に展開されている。

　筆者は、現時点に立って、人類家族の父系性と母系制の関わり方を、人間社会に限定せずに、人類進化の過程に遡って、類人猿の進化過程とも比較しながら研究する必要があると考える。

山極の言う初期人類の父系性家族

　山極寿一は『家族進化論』の中で、単独の核オスの率いる単雄複雌群を形成するゴリラの中に、父と息子を核とする父系性集団の形成が観察されたこと[4]を明らかにする。そして「初期人類の社会はこのゴリラ社会の特徴にさらに手を加えて外婚の基礎をつくったにちがいない[5]」と捉え、「初期人類は、特定の雌雄が長期的な配偶関係をもつ社会から、ゴリラのような性的二型[6]を顕著に発達させないような方向で進化してきたと考えられる[7]」と推論する。

　とすれば、この山極の説を受けて、次に求められるのは、ゴリラと人類との決定的な相違、即ち、ゴリラは性的二型を顕著に発達させたが、人類は何故性

的二型を顕著に発達させない方向に進化したのかの解明が必要とされる。

1-2 現生類人猿の群れの多様性 ── 共通祖先の素養をどう捉えるか

雌の単独出産・授乳 ── 現生類人猿の基本的母子関係

　山極ら霊長類研究者たちの、アフリカの厳しい自然環境下での長期観察により現生類人猿の多様性が明らかにされてきたことは貴重である。それを踏まえて逆に遡れば、現生人類と現生類人猿との共通祖先の状況の類推が可能になる。

　現生類人猿の群れの多様性の基本にあるのは、雌雄関係と母子関係である。どのような雌雄関係にあろうと、哺乳類の基本としての雌の単独出産・授乳は、すべての種に共通である。その上で、この母子に雄がどの様に関わるかが種によって異なり、雄が母子をどの様に守るかが群れの多様性として表出する。

　個別の父子関係は、一定期間遊動行動を共にする固定的な雌雄関係を前提として、子どもと雄との共同行動過程でのみ成立する。即ち、授乳期間中の雌の乳児保育専念を前提として、離乳後の子どもが成熟するまでの期間に、生存上必要とあれば成立する特殊な関係である。

雄の占有欲と雌雄関係 ── 三つの形態

　哺乳類における、生命の生産に直接関わる両性関係自体は一対一の関係を要求するが、それは必ずしも長期間の継続関係を要求するものではない。言うまでもなく、雄は雌を介して自らの遺伝子を次世代に受け継がせることにより生命の生産に寄与する。雌は受け入れた雄の遺伝子と自らの遺伝子とを結合させて胎内で育み・出産し・授乳することにより、直接的に生命の生産に関与する。

　ここで重要な役割を果たすのは、雌の妊娠・出産能力であると同時に、一時的であれ長期的であれ、雌に対する雄の占有欲である。豊かな自然の中で、カップルの縄張り確保が可能な状況下では、排他的な一対の雌雄関係の長期間継続が保障される。しかし、生息密度が高まって互いの接触の機会が増加すれば、雌の占有を巡って雄間の争いが出現するのは必至であり、排他的な単雄単雌関係の持続は困難になる。

　ここで出現する群れ社会として三つの形態を想定しうる。その第一は雄間の直接的激闘を前提とする単雄複雌群。第二は固定的配偶関係を解消しての複雄

複雌群。第三はお互いの配偶関係を認め合って温和に共存する複数家族群。

　山極の言う初期人類の社会は、この第三の形態の可能性に繋がると捉えることができよう。

雄の雌に対する占有欲の抑制形態

　群れの防衛が要求する複数家族の協力・共存関係にあっては、雄の雌に対する占有欲抑制は重要な課題である。しかし一般的には出自集団の異なる雄同士の関係は敵対的にならざるを得ず、占有欲を抑制し合っての共存は困難である。

　従って群れの存続の危機に遭遇した時には、父子関係を通じて共に育った父と息子兄弟の関係の中でのみ、辛うじて占有欲の緩和が可能になると想定しうる。

　一方、開けたサヴァンナで食餌を求めて遊動するチンパンジーは、群れ防衛に関わる強力な雄同士の協力関係を必要とする。ここでは先述したように、出自集団を共有するすべての雄と、個々に出自集団を離脱して移入してきたすべての雌との間に、交尾が観察されている。それは結果として、個々の雄の雌に対する占有欲を、集団としての占有欲に昇華させている状況であると思われる。そして、それによって、個別配偶関係を解消し、群内の雄同士の敵対関係を弱めて協力関係を発展させながら、数十頭の複雄複雌群へと進化したものと理解できる。

現生類人猿はすべて非母系性集団を形成

　もうひとつ、すべての現生類人猿の群れに共通するのは、成熟した娘が出自集団からメイトアウト（離脱）するから、母系性の集団は存在しないと言う明確な事実である。娘のメイトアウトを前提に、息子もメイトアウトすれば父系性の集団も形成されない。息子が出自集団内にとどまれば、結果として父系性の集団が形成される。

　ここで、現生類人猿では見られないが、成熟した息子がメイトアウトし、娘が出自集団内にとどまれば、結果として母系性の集団が形成されることを視野に入れておく必要がある。例えばニホンザルの様に。何故なら、現生類人猿はすべて非母系性集団を形成していることは確かだが、それをもって、人類もまた一貫して非母系性集団を形成していた、と言い切れるのか否かは判定しがたいからである。

言い換えれば、類人猿の持つ非母系社会の特徴を受け継いだはずの人類社会で、何故母系的社会が散見されるのか。それを解明する必要があるからである。

　基本的に成熟した類人猿の雌は自立出産能力を有し、新生児は出生直後に母親にしがみついて振り落とされないだけの、完成した新生児としての能力を持つ。それ故、これらの現生類人猿の一部が持つ父系性群の中では、出自集団からのメイトアウトにより移入してきた雌は、群れの雄に守られて安定した出産・子育てが保障されている。従って、そこでは、雌が敢えて母系性を指向しなくても、生命の次世代への受け渡しが可能である。

　他方、人類においては、母系性への指向は一貫して必要とされなかったとは言い切れないのは何故か。それは、母系性でなければ安定した出産子育てが保障されなかった可能性があるのではないかと、捉えざるを得ない。

山極の言う、父親の登場と人類家族の成立について

　山極は「ゴリラが相手の目線に立って思いやる優しい心を持っている」と言う[8]。そして、「配偶関係にある複数の雌の子の遊びを見守り、離乳後の異母兄弟姉妹たちの喧嘩を仲裁したりすること」、「例え雌が他の群れに移籍しても、残された子どもたちの生存を保障すること」など、ゴリラの父性について言及する。

　一方山極は、「家族の成立をホモの登場した時代におく」[9]と明言し、その理由として「父親の登場によって、人間の社会が生物的なつながりから文化的な装置を備えた家族へと移行したことが、大きな飛躍を約束したと考えたからだ。」と言う。その上で、「その飛躍とは出アフリカである」とおさえ、「食物が乏しく、強大な捕食者が闊歩する広大な草原をエレクトスたちが通過できたのは、類人猿にはないしたたかな社会組織が彼らに備わっていたからにちがいない」と言う。

　エレクトスの出アフリカ時に、類人猿にはないしたたかな社会組織が彼らに備わっていたことは確かであろうと筆者も同意する。しかし筆者は、人類における「父親」の登場は、ホモ登場よりも以前にあるのではないかと考える。

1-3　本章の課題と論点

　本章の課題は、人類進化の過程および人間社会の歴史において、人類がどのような家族を必要としてきたかを明らかにすることである。

2では、人類進化の三段階に対応して人類がどのような家族を必要とした
かを概観する。そして、現生人類への進化の過程で人類の直近の祖先が、子
を産み育てるために母系性小集団を必要としたことを明らかにする。

3では、現生人類の必要とした母系性小集団が、狩漁採集段階から、食物
貯蔵が開始によりどのように進化したかを明らかにする。そして、やがて財
産相続が必要となる過程で、父系性への指向が生じたことを明らかにする。

4では、考古学遺跡の状況を踏まえて、集団追い込み猟から家畜化・牧畜・
遊牧への進展に対応する、両性間の分業の発生と、父系性家父長制家族の形
成過程を、エンゲルスの家族論と対比しながら、明らかにする。

5では、霊長類学の研究から「原始乱婚説」の誤りが検証されたことを踏
まえた上で、モルガンが提起しエンゲルスが受け継いだ家族論のうち、「血
族婚家族」についての矛盾を筆者なりに検証する。

6では、資本制生産様式がもたらした近代的核家族は直接社会と接してい
ることから様々な矛盾を露呈していることを踏まえる。その上で、現生人類
が必要としてきた母系的子育て集団を現代的に再構築する必要があることを
提起する。

▍2 人類進化過程における家族の変容 ― 三つの飛躍

2-1 浸水状況下での直立二足歩行開始と核家族的行動
化石が示す初期人類の核家族的行動

人類の直立二足歩行を推測させる最古の化石(700万年前頃と推定)は、
西アフリカのチャドのドラヴ砂漠に発掘されているが、家族の状況は不明で
ある。

エチオピア地溝帯で発掘されたアルデイピテクス・ラミダス(440万年前
と推定)は、樹上生活にも地上生活にも特化せず、顕著な性的二型は見られ
ず、一夫一妻のカップルでの行動が推定されている。

ケニア地溝帯のラエトリでは、積もったばかりの火山灰の中に大きさの異
なる二対の足跡とその上にもう一対の足跡が発掘されて、360万年前のアファ
レンシスの一対の男女と子どもの足跡ではないかと推定されている。災難時
には子どもを挟んでの核家族的行動が必要であった痕跡であると筆者は注目
する。

人類の父親の登場 ― 子どもを挟んでの核家族的行動

　筆者は、人類の主要な進化の段階のステージは、基本的にはアフリカの乾燥地帯の浸水林地帯であったとの仮説を第2章で立てた。

　ここで重要なのは、とりわけ浸水状況下の移動時に男性に要求されたのは、漠然とした群れ防衛行動ではなく、子どもの手を引き・背負い・肩車する形での直接的な助けが必要とされたことである。ここに人類独特の「父子関係」の芽生えがあり、それがなければ子どもは生き延びることができず、「生命のリレー」の継続はなかったと、筆者は明確に捉えたい。

　従って人類の「父親」の登場は、ホモ登場（240万年前）の数百万年前、浸水状況下で直立二足歩行を開始せざるを得なかった時期（700万年前頃）に遡る。

　そして、人類がゴリラの様な性的二型を発達させなかったのは、まさに人類への進化の出発点である直立二足歩行の開始時に、生存上強固な核家族的行動が必要とされたからであると捉える。従ってそこでは、男性同士の女性を巡っての死闘は回避せざるをえず、性的二型の顕著な発達を見なかったと。

　この核家族的行動が人類の家族における第一の飛躍であると筆者は判断する。

2-2 サヴァンナでの未熟児出産と父系性家族集団

サヴァンナでの未熟児出産

　330万年前頃に始まった北極氷河の形成を受けて、地球環境が変化し、人類祖先の生息環境は川辺の疎開林からサヴァンナへの変貌が進行した。

　エチオピア地溝帯で発掘されたアファレンシス（320万年前と推定）の性的二型はゴリラに匹敵するほど顕著で、一夫多妻行動が示唆されている。生息環境の激動過程で、核家族同士の接触機会が増加し、家族形態に変化が生じ、試行錯誤が始まったと推測される。しかし、ゴリラの生息する熱帯雨林とは違って、乾燥したサヴァンナで子育てしつつ生き延びるには、一夫多妻行動では困難で、結果的には別の形の進化圧も働いたと推測しうる。

　240万年前頃のハビリスでは脳容量の急激な増大が確認され、190万年前頃のエレクトスでは、骨盤の大きさから、生理的未熟児出産が推定されている。何故未熟児出産が生じたかについての定説は未だない。ここでは詳細は論じないが、筆者は第2章で次のように想定した。

　乾燥したサヴァンナでは流早産が多発し、その防止のためにまずは大きな

頭の新生児への選択圧が働いた。しかしそれは直立二足歩行により制約を受ける産道の形態から難産を惹起し、この矛盾解決のために、数十万年にわたる試行錯誤が繰り返されたと推定しうる。結果として、成人の脳容量の増大にもかかわらず、脳容量は類人猿の新生児並みの段階での早産児（＝未熟児）を受け止めて、胎外で育て上げる方向への選択圧が働いた。

　この過程では、一夫多妻行動では対応不可能で、確実に男性が一対一で母子を受け止める形での、核家族的行動が必要とされたと筆者は理解している。

母親の自立出産・自立行動を前提とする父系性家族小集団

　ただしこの段階では、基本的には自立・単独出産が可能であったと筆者は捉える。また新生児は未熟には違いないが、類人猿の新生児並みに、母親にしがみつく力だけは辛うじて持っていて、子をしがみつかせての母親の自立移動も辛うじて可能であったと。それでなければ、肉食獣の闊歩するサヴァンナでの生存はあり得なかったと考えるからである。

　女性の自立出産と自立行動を前提としての未熟児出産の恒常化は、安定的な生命のリレーを可能にし、180万年前にはユーラシア大陸のグルジアやジャワ島に渡り、その後百数十万年にわたって、各地に拡散し生き延びた痕跡を残す。

　山極の言う「ホモの登場した時代」とはこの一連の時期をさし、「類人猿にはないしたたかな社会組織」とは、肉食獣の生息するサヴァンナの、数家族の共同行動を指すのではないかと筆者は理解する。この段階での女性は自立子育て行動を辛うじて保障されていて、あえて母系を指向する必然性はない。従ってその社会組織が山極の言う、父と息子の共存を前提とする小さな父系性家族集団であった可能性が高い。この父系性家族集団が、人類の家族における第二の飛躍であると筆者は判断している。

付記：「母子のために餌を運ぶ男性」という通説について

　ここで「未熟児を抱える母子のために、餌を運ぶ男性の協力が必要になった」との通説に敢えて一言触れておきたい。これは、両性間の分業の発生に関わる重要問題だからである。

　チンパンジーもゴリラも、移動の時は群れ単位だが、餌場では個別採食が基本である。この頃の初期人類の遊動生活もまた、それに類似していたと捉えて差し支えないだろう。

　道端の若い芽や熟した柔らかい果実などはそのままもぎとって口にする。

堅果は、その場で叩き割った石の鋭い角（即ち石器）を用いて、固い殻を割る。殻の中に眠っている柔らかい芽は、植物の明日を準備するためのもので、栄養豊富である。あちこち食べ歩いて腹が満ちたら、水場に立ち寄って喉を潤し、日陰をみつけて休息する。その後再び食べ歩いて、夕方には安全な場所をみつけて寝床を作る。まさにあちこち食べ歩きながら遊動する生活にあって、男性が素手だけで母子の必要な餌のすべてを運ぶことは、基本的に不可能であろう。

個別採食を前提とした死肉あさり

　動物の四肢骨の持ち帰りの痕跡が確認されていて、未熟児を抱える母親のために男性が食料を運んだ痕跡と推定されている。

　しかし、もともと死肉アサリは肉食獣の生息域で行われるから、危険を伴う。ハゲタカやハイエナの動きを観察し、きれいにしゃぶりつくされた「骨だけの獲物」を急いで解体し、とりあえずは各々が手にして持ち運んだと捉えるのが自然である。そして安全な所に落ち着いてから、石器で骨を叩き割って各々が骨髄をすすった光景を、筆者は想定したい。

　この時、出産直後の母子や病人などの一時的避難場所に立ち戻って、餌を分け与えた可能性を、完全に否定するつもりはない。ただそれは特殊な行動であって、一般的には個別採食が基本であったと筆者は捉えたい。

　ちなみに、100万年前のオロルゲサイリでは、象の死体と共に多数の剥片石器と残核が散らばる様が発掘され[10]、その場で大きな石から石片を剥ぎ取りながら解体した「キルサイト」の痕跡と推定されている[11]。そこでは、男性も女性も乳児以外の子どもも、基本的には各々が剥片石器を手に、死体の周りに群がって肉片を採食した様を想定しうる。ここでも、両性間の分業は想像し得ない。ただし、全体を見通した安全確認の必要は言うまでもない。

　従って、この段階での男性に求められたのは、基本的には「餌を集めてくる」ことではなく、肉食獣の生息する開けたサヴァンナでの、餌場探し・採食時・安眠時の、家族全員の生死をかけた移動・行動・生存を保障することにあったと、筆者は理解している。

2-3　アルカリ湖周辺での超未熟児出産と母系性家族集団
短毛化の生存の危機を克服する過程で

　しかし、少なくとも現生人類の女性は、単独で出産・子育てをすることは

不可能な状況に置かれている。筆者は第2章で、次のような仮説を立てた。極度の乾燥状態のアフリカ大地溝帯の高濃度のアルカリ性の湖畔で生じた短毛化の危機を乗り越える過程で、自立出産不能な難産と超未熟児出産を余儀無くされ、それを受け止めて生き延びたと。

　その様な状況下では、文字通り生命をかけての出産に関わる女性には、男性よりも、出産経験のある女性の方が格段に頼りだったことは想像に難くない。

　また、出産時の母子の死亡率が高い状況下では、母が亡くなっても誰かが乳を与えればその子の生存の道が開ける。子を失った母の乳は他の子に与えることが出来る。我が身と我が子の命を託しあえる関係。その関係が、それぞれ異なる出自集団から離脱して、父系性集団に加入して出会っただけの女性たちの間に自然に芽生えるとは言い難い。その様な関係は、幼い頃から共に過ごしてきた姉妹たちの中に芽生えたと捉えるのが自然であろう。そして、その姉妹たちを育てて来た出産・子育て経験者としての母親の存在はかけがえのないものであったに違いない。現生類人猿の中でおばあさんがいるのは人類だけである。

母系性小集団の形成

　第1章でも触れたが、山極は、ナヤール人の母系社会や、ホークスの祖母仮説、鯨類の母系社会の例を挙げながら、「類人猿のような父系の社会であっても、家族どうしが交流すれば、祖母が娘の育児協力をすることも可能になる」と言う。そして、「また、夫の母親が妻の育児協力をすることも考えられる」と言う[12]。

　筆者はその言及を、人類社会が非母系的なゴリラ社会の特徴を受け継いでいるとの考え方に基づき、父系性にこだわっての言及であると理解する。

　しかし、実際問題として、娘のメイトアウトを前提にして遊動生活する非母系的集団では、実母の育児協力は不可能である。一方、現在の父系制を基本とする社会でも、里帰り出産等、実母の援助が一般的に切望されている現実がある。出産時の母子の生命の危険を伴う時期に、我が身と我が子の命を安心して託せるのは、誰よりもまず実母であると捉えることが自然であろう。

　筆者は、現生人類への進化の過程で、従前の核家族的行動だけでは対処しきれず、生命の生産そのものに関わる切実な母系性への指向が生じたものと考える。当然、父系性の家族集団指向と、母系性の家族集団指向とは、根本的に相容れないものであり、葛藤が生じたことは言うまでもない。試行錯誤

の末に、結果として生き延びたのは、母系性の家族集団指向であったと筆者は考える。

　即ち、成熟した娘がメイトアウトするという、類人猿との共通祖先以来何百万年続いてきた習性を捨てて、娘が出自集団に残る方向での選択圧が働いた。結果として息子がメイトアウトせざるを得なくなったと想定される。筆者は、この母系性家族集団の形成が、人類家族における第三の飛躍であると判断する。

母系制移行に関わる男性に課された不本意な難題

　母系性の小家族集団を必要とした現生人類出現の時期には、娘のメイトアウトは一般的ではなくなり、父系性小集団に娘を受け入れるのではなく、母系性小集団に男性を受け入れるという新たな難題が生じていた。

　ここで男性の困惑が始まったと想定しうる。それまでの男性は、女性に対する占有欲に基づいて、集団同士の接触時に女性を誘い、自分の集団に引き入れれば良かった。しかし、目の前の小さな強力な絆で結ばれた母系性集団にどうすれば入り込めるのか。それは、どちらかと言えば男性にとっては不本意な難題であった。これは、「第三の飛躍」の内包していた最大の矛盾であろう。

現生人類の母系性家族集団の痕跡

　20000 年前の砂川遺跡[13]や、19000 年前のオハロー遺跡[14]に残された痕跡は、現生人類の最古の集団は、2 ～ 3 家族、10 ～ 20 人程度の小集団を遊動の基本単位としていたことを示唆している。この小集団が母系的であったか、父系的であったかを知る痕跡は、そこには残されていない。ただ、均一集団としてではなく、家族単位の痕跡として残されている以上、集団婚ではなく、明確な核家族の集合体であったことは確かであろう。

　筆者は、この小集団の典型例として、先述した母娘姉妹を核とし、父母・姉夫婦・妹夫婦・子どもたちからなる、母系的小集団を想定する。この規模の小集団の中では、両性間、兄弟姉妹間、父母⇔子ども、祖父母⇔孫の呼称があれば十分である。そしてこの様な単位小集団同士が遭遇した時には、両性間の新たな出会いがあり、それに必要な呼称が加味される。それだけのことである。

柔軟な集団内分担と分かち合いを前提とした新たな生活の創出

　女性たちは、その強力な母と娘（姉妹）たちの絆で結ばれた小集団に、男性をひきつけて家族を形成し、子を生み育てながら、新たな道を切り開いた。ナイフ形石器を創出して、それを用いて、自然に手を加えて衣食住を発明・確保することによって生き延びる道を。

　植物繊維の利用は、屋根つきの寝具たる仮住まいの「家」と、裸の皮膚を外気温の変動から守る「衣服」を創出した。火の利用は、肉食獣の夜間来襲を防ぐとともに、「調理」技術の習得につながった。調理技術の発達は、生では食べられない物をも消化可能な形に変化させる力を持ち、新たな食料開発につながった。

　そしてそれは、もはや個別採食ではなく、数家族の成員みんなで採集し歩いた食料を、仮住まいに持ち帰り、焚き火を取り囲んで、みんなで調理しながら分かち合う、と言う新しい生活スタイルの創出につながったものと捉えうる。

集団内成員間の、能力に応じての柔軟な分担

　従ってそこにあるのは、男性が食料を採取し、女性が子育て・調理すると言うような両性間の分業ではない。乳幼児や病人へのケアが必要な場合には、誰かが仮住まいに残ることで、それ以外の女性は、男性と共に、年上の子も引き連れて、採集活動への参加が当たり前に可能になる。即ちそこでは、集団内のすべての老若男女の間での、それぞれの能力に応じての、交代可能な、柔軟な分担が行われ得たと、筆者は想定する。

　こうして、現生人類の直近の祖先は、短毛化による生命の危機を乗り越えて、生き延びる道を切り開いた。更にその過程で、新生児の更なる未熟化・無力化の進行と、更なる出産・子育ての困難さの出現に立ち向かい、超未熟児を集団として受け止めて育て上げ、生命のリレーを確保する道を切り開いたのであると。結果として、数十万年にわたる氷期と間氷期の厳しい気候変動の繰り返しの中での試行錯誤を経て、進化の最終段階を乗り切って現生人類に到達したと筆者は捉えている。

▎3　母系制家族小集団 ── 狩漁採集生活段階の遊動単位

3-1　半定住・半遊動生活から定住生活へ

　まずここで、筆者は従来一般的に使われてきた、先史時代を「狩猟採集段

階」と表現する用語に、異を唱えておきたい。後期旧石器時代の日本において
も、死海地溝帯においても、人々は野生植物の採集とともに、動物食にお
いてはどちらかと言えば狩猟よりは漁撈を主としていた痕跡が確認されてい
る[15]。従って筆者は、先史時代一般に使用される「狩猟採集」という言葉を、
基本的には「狩漁採集」という言葉に置き換えて表現する。

半定住・半遊動生活における狩漁採集活動と両性関係

　半定住と遊動を繰り返しながら狩漁採集生活する小集団内では、日々みん
なで協力し合って採集した食物を、みんなで持ち寄って日々分かち合うこと
が当たり前に可能である。例え成熟したメンバーに入れ代わりがあっても、
基本的には何の支障も生じない。

　ウェスターマーク効果[16]を前提にすれば、共に育った兄弟姉妹間には恋愛
感情は生じ難い。成熟した姉妹は、伴侶を異集団からそれぞれ迎え入れて新
たな生命を宿す。成熟した兄弟は出会いを求めて出自集団を離れ、やがてそ
れぞれ新たな集団内に受け入れられる。

　人類の両性関係の成熟には一定の時間が要求される。半定住期間に暖めら
れた恋愛感情の強度によって、遊動時に配偶行動に移行するか、配偶関係を
解消するかの選択が迫られることになる。これらを通じて、集団の再編成が
進行すると捉え得る。

　小集団単位の遊動を前提とする日々の狩漁採集生活段階においては、新たな
配偶関係が形成され、男性メンバーが入れ替わっても、小集団内の日々の食物
の採集と分かち合いが支障なく継続されたと考えて差し支えない。

石器製作専門家の登場 ── 物々交換の開始

　アフリカで10万年前頃には、鋭い殺傷力を持つ槍先方尖頭器とともに、
貝殻ビーズなどが、専門家の手によって製作された痕跡が残されている。日
本でも、後期旧石器時代後半には、渡来人の手によって槍先形尖頭器が製作
された痕跡が残され、更に後期旧石器時代末期には、細石器製作工場と見ら
れる痕跡が各地で発掘されている。

　これらの痕跡は、専門家の手によって製作された石器は、物々交換が開始
されたことを示唆する。そして、当然物々交換は一方向では成り立たないか
ら、石器と交換可能な「物」の出現を示唆する。当初は、たまたま手元にあっ
た、狩漁採集生活で得た「食料」などが「石器」と交換されたと見るのが自

然であろう。

　しかし、一度物々交換が開始されれば、狩漁採集生活の合間に、交換用の「物」を確保する知恵が蓄積される。当初は越冬用に備蓄されていた食物が交換用に転嫁され、やがて交換用の食物自体の貯蔵も開始されたと想定し得る。食物の貯蔵開始は、乾物とか干物の形で、交換用の加工食品、即ち「商品生産」に発展した可能性も十分考え得る。

　そしてまた、物々交換を仲介する「物」も創出されたであろう。交換用石器と共に製作されていた貝殻ビーズなどは、当初は装飾品というよりは交換の仲介物として創出されたのではないかと筆者は考える。それは小さく、軽く、紐でつなぎ合わされて首にかければ簡単に持ち運び可能である。それがやがては、富の象徴として人々の胸元を飾るようになって行ったのではないかと。

　定住化は、生活に必要なものすべてを遊動しながら確保しなくても、不足するものは交換によって基本的に入手可能になった段階でのみ、成立しうる生活形態である。

3-2　食物の貯蔵と分配 ― 誰に分かち誰を拒絶するか

　ひとたび食物の貯蔵が開始され始めると、ここに新たな問題が生じてくる。「過去の家族協働の産物である貯蔵してある食物」を、「今、誰に分かち誰を拒否するか」という問題である。父母のもとに兄弟姉妹が協力して生産した貯蔵食物を前に、両性関係は、お互いの親愛感情だけでは配偶行動に移行できない事情が出現してくるのである。

「妻方居住婚＝婿入り婚」と「通い婚」

　ここで歴史的には、大きく二つの選択肢が出現したと考えられる。
そのひとつは、本人同士の合意だけでなく、家族集団の合意の下に娘が夫を迎え入れる妻方居住婚（婿入り婚）である。これは、狩漁採集段階で築いてきた両性間の親愛関係に類似し、父子関係も確実に保障される。しかし、例え愛する妻との配偶行動を望むとは言え、自立生活能力を持ちながら、妻の家族の協働労働の結果である貯蔵食物の分配を受ける男性の立場は、女性に対する占有欲を前提に行動してきた旧来の習性とは矛盾したものである。

　そこでとりわけ女性を巡っての男性の二つの立場、「兄弟」と「婚」との関係調節が必要とならざるを得ない。次第に姉妹の婚姻に関しては兄弟には

口出しさせないことが要求され、すべての統括者としての親の権威が必要となったと推測しうる。

　兄弟・姉妹間のインセストタブーは、現実の性関係の禁止と言うより、兄弟と姉妹を明確に切り離すために必要とされ、有効であったと筆者は捉える。

　もうひとつの選択肢は、「通い婚」である。夫は夜間に訪妻するだけで、昼間は共に育った兄弟姉妹と共に働き、兄弟姉妹協働による生産物を分かち合って生活する。従って、そこに貯蔵食物が加わっても、なんら問題は生じない。しかし、700万年に渡って人類が必要とし、育み、進化させてきた共同・協働行動に基づく両性間の日常的な親愛関係は、ここでは保障されない。そして、人類の進化を支えてきた父子関係の絆もここでは保障されない。

トロブリアンド諸島の結婚から見えるもの

　マリノウスキーは、「トロブリアンド諸島では、結婚前の男女は決して一緒に食事をしてはならない。この行為は原住民の道徳に反し、礼節にもとるものである。」[17] と言う。そして「われわれの社会では未婚の女子が男と寝室を一緒にすることを不快に思うが、トロブリアンド島では、まさに同じ強さを持って、未婚の女子が男と食事をともにすることに反対する。」と、強調する。

　次いで、結婚の成立について、「全く簡単なことだが、男のところに泊まって、おおっぴらに彼とともに食事を共にし、彼の家に住むという行為がまさに法的な拘束力をもつ[18]」と言う。更に、「女の家族の最初の贈物として、料理されたヤムをバスケットに入れて女の両親から男の家に持っていくことが、結婚の成就を意味する[19]」ことを付け加える。

　そしてそれは、そのまま、ヤム芋の収穫期における妻方の家族からの大量の贈物に連動する。即ち「結婚は妻方の家族に、夫にたいする永続的な貢納の義務を課す。これはその家族が存続する限り、毎年行わなければならない。」という厳格な慣習に連動する。

　マリノウスキーが駐在した当時のトロブリアンドは夫方居住婚（嫁入り婚）であるが、上記の風習は、かつては嫁入り婚ではなかったことを示唆する。即ち、新婦の家に新夫を迎えて、新婦の家族が用意した食事を二人で食べたこと、新たな家族の生活は新婦の家族が保障したこと、などの名残ではないかと。

　ちなみに、古事記には、火の神を生んだのが原因で亡くなったイザナミと、

彼女に会いたいと後を追って黄泉の国に至ったイザナギの間でも、食事に関する会話が[20]登場する。「いとしいわが妻の命よ。私とあなたで作った国は、まだ作り終わっていない。だから現世にお帰りなさい」と言うイザナギ。「それは残念なことです。もっと早く来て下さればよかったのに。私はもう黄泉の国の食物を食べてしまったのです。」と答えるイザナミ。ここでも「どこで食事するか」は、二人の関係を決定的に変えるだけの重要な意味を持っている。

所有関係の芽生え⇒所有物の相続問題発生

　食物の貯蔵の開始は、両性関係の変化を促したけれども、子育てにかかわる母系性の小さな集団を破壊するまでの力は持っていなかった。しかし、貯蔵の量的拡大は、所有関係を芽生えさせ、所有権者の特定に発展し、やがて、所有物を誰に相続するかと言う新たな問題を提起する。生父の存在を知らない段階では、母子関係の明白な母系を辿って子どもに受け継がせるのが唯一の相続方法である。

　しかしそれでは、男性が関与した所有物や所有権がどこに行くのか、男性は関知し得ない。ここで発生するのが、男性が自ら獲得した所有権や共同体内での地位・権力を、「我が息子」に継がせたいという願望である。即ち父系制相続への願望であり、まずは、母系制を利用しながら、母権を吸収して父権を打ち立てていくことへの指向であると捉えることが可能である。

4　父系性相続への願望 ― 家父長制家族の形成過程

4-1　集団追い込み猟から家畜化へ ― プナルア婚家族の形成

遺構から類推される家族の発展段階とエンゲルスの家族論

　藤井純夫は『ムギとヒツジの考古学』で、肥沃な三日月地帯の考古学遺跡から、牧畜と農耕の発生過程を推論する。即ち、狩猟採集段階→園耕農業と追い込み猟→牧畜・農業混合形態→農耕民族と遊牧民族への分離、商品交換・都市の形成への発展過程を。そこには、家族の発展形態に関する重要な示唆が与えられている。

　エンゲルスは、モルガン説を踏まえて、「婚姻家族」の発展系列として、血族婚家族→プナルア婚家族→対偶婚家族→単婚（一夫一婦婚）家族を定式化している。この婚姻家族の発展段階は、最初の血族婚家族を除けば、藤井

の示す肥沃な三日月地帯での遺構から類推される家族の発展段階に見事に対応している。

　プナルア婚家族は園耕農業と集団追い込み猟に。対偶婚家族は牧畜・農業混合形態に。一夫一婦婚家族は大規模農耕と遊牧に。この見事さこそ、エンゲルスの提起する家族の発展段階が、一部地域で見られる特殊な発展段階に対応した説明であることを示している。

二峰性遺構群の出現

　藤井は、前10500年頃（日本で言う縄文時代草創期：筆者註）になると、1件の大型遺構を複数の小型円形遺構が取り巻く形の住居遺構（二峰性遺構群）の出現を指摘する[21]。大型遺構は大規模かつ開放的な構造で、遺物や炉・石臼などの集中する、日常的なスペースと考えられ、農耕への前適応[22]と捉え得る。小型円形遺構とは、遺物や炉・石臼などの希薄な、小規模かつ閉鎖的な構造で、夫婦同居就寝型ではなく、分散就寝型スペースと考えられている。

　そして、二峰性遺構群を基本単位として、その集合体としての定住的な狩猟採集民集落が出現してきたことを指摘する。続いて藤井は、「乾燥地帯では小型円形遺構群が先行し、これに屋外活動スペースの遺構が加わったこと」、その逆に「地中海性気候帯の場合は、開放的な構造で活動痕跡の濃厚な大型遺構がまず先にあり、後から小型遺構が追加されたこと」を指摘している。

集団追い込み猟の発生 ── 両性間分業の発生

　ここで筆者は、男性主体の集団追い込み猟から家畜化への過程を視野に入れておきたい。追い込み猟自体は、崖下に馬を追い落とすなど、50万年前のヨーロッパにその痕跡が残されている。俊敏さと危険を伴う追い込み猟に、妊娠・出産・子育て中の女性が関わることは困難となり、追い込み猟が男性たちを中心に行われざるを得ない必然性が生じたことは十分に想定し得る。それが、女の子たちは母親を手伝い、男の子たちは父親を手伝うという形での、男性と女性の家族内分業の芽生えへとつながったと捉え得る。

　狩漁採集生活では、基本的にはその日に採集した食料をその日に分かち合うことを前提とする。従って、成熟した女性が新たな伴侶を迎え入れたり、成熟した男性が家族から離脱したりしても、狩漁採集活動そのものに大きな支障をきたすことは少なく、それぞれが新たな家族生活を営むことが可能であった。

しかし、父親を核に、幼い頃から見様見真似で手伝いながら育ってきた兄弟たちの追い込み猟集団は、強い結束力が要求される。従って、成熟した「兄弟たち」と「婚」との入れ替えによっては保つことは難しく、瓦解しかねない。ここに芽生えたのが、父親を核とし成熟した兄弟たちがそのまま協力し合う、明確な父系性集団への指向であると筆者は捉えている。

プナルア婚（＝通い婚）発生の必然性 ― 外観上は集団婚

即ち、"集団追い込み猟"は、兄弟間の結束を要求する。一方、子育ては姉妹間の強い協力関係を要求する。生存上の姉妹間の結束と生活上の兄弟間の結束。それを両立させる為に、「姉妹たち」と「兄弟たち」それぞれの集団を単位とした婚姻関係を結ぶ形での、婚姻範囲の規制が開始され始めたと見てよいだろう。

ウェスターマーク効果により、同一家族内で育った兄弟・姉妹間には恋愛感情は生じ難い。とすれば、まずは婚姻関係を近隣の従兄弟たちと・従姉妹たちの間に限定することが開始された。両性関係は婚姻の規制範囲内、即ち「定められた集団内」であれば、必ずしも固定した配偶関係の有無に固執する必要はない。従って、外観上は「集団婚」と捉え得る。

それに伴って、配偶関係を基礎とした家族単位の住居ではなく、個別就寝スペースに通い婚を受け入れる住居が出現した。その痕跡が、藤井の言う小型円形遺構と捉え得る。その状況は、モルガンの言う「プナルア婚状況」に類似する。

それは、生父の存在が認知されない段階であり、二峰性住居の住人は兄弟姉妹を中心とした母系性家族で、子どもは兄弟姉妹の子として育てられる。従ってそこでは、モルガンが血族婚家族を類推したような親族呼称が通用していたとしても不思議ではない。子どもたちにとって、夜間に母のもとに通ってくる男性が生父であることなど知る由もない。

藤井によれば、前8000年頃には、女性による小規模な低湿地園耕農業が始まり、大型遺構内が複室化されて貯蔵・作業スペースの大型化・固定化が見られるが、小型円形遺構はそのままで、二峰性遺構が堅持されていることを指摘する。

狼の狩猟形態と、犬の家畜化について

藤井は、集団追い込み漁は狼の狩猟形態に類似し、狩猟現場での人集団と

狼集団との接近・介入の中で、次第に共生関係が成立し、追いこみ猟の猟犬としての家畜化が始まったと指摘する[23]。

　狼の場合は、集団で追いかけるが、結局は逃げ遅れて群れから離れた一頭の獲物に焦点を絞り、集団でしとめて集団で分かち合い食する。しかし、人間の追い込み猟は、沼地や崖下などに集団ごと追い込むので、食料としての必要最低限の殺傷行為にとどまるとは限らない。従って狼にとっては、人間の追い込み猟に付き合えば、たっぷりとその分け前にありつくことができる。そこに狼にとってのメリットがあり、狼から犬への家畜化の原点があったと筆者は見ている。

　一方狼とは違って、鋭い牙を持たない人間の集団追い込み猟は、獲物を絞るのではなく集団ごと追い込んで殺傷することを意味する。結果として、対象となった動物群の絶滅を惹起する可能性を内包する。ここに、人間生活が動植物の種の絶滅を惹起し、自然の生態系を破壊する行為の原点があると、考えられる。

集団追い込み猟から家畜化へ

　次いで藤井は、「獲物を追い落として殺してから持ち帰る形態からは家畜化は初動しない」と指摘する。「もともと丘陵部に生息していて麦作の害獣となるヤギやヒツジを、前もって囲いを設定してそこへ追いこめば、追い込んでから利用するまでの間に獲物の生存余地が生ずる」。「害獣たるヤギやヒツジたちはそこで平然と草を食み、時には妊娠雌の出産もあり、刷り込みによる馴化が生じて、やがて家畜化へと進行したもの」と。

　ここで重要なのは、藤井の指摘するように、当初の囲いは、集落単位で造られて、追い込み猟からの家畜化は男性集団の協働作業として進展したことである。そのために、園耕による穀物資源は家族単位に分散していながら、動物資源は集落単位の管理・所有下に置かれるというねじれが生じ始めたことであろう。

　そのねじれを打ち破ったのが、男性による農耕と牧畜の混合形態の開始であると藤井は指摘する。囲いを二つ作れば、穂の刈取り後の茎葉の残る麦作農耕地は、そのまま開放的な馴化された家畜の放牧地に転化し得るし、家畜の糞はそのままムギ作の肥料となり得る。こうして女性の手中にあった農耕（園耕）は、男性主導の農耕と牧畜の混合形態へと発展する。

　筆者はここに、エンゲルスが想定した「原始共同体」内での「原始共産制」

【図表】4-1　集団追い込み猟と性別分業の発生

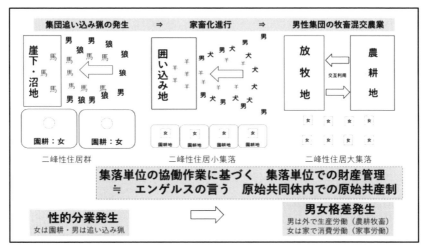

（注：筆者作成）

とは、この段階の「集落単位の共同体」内での「集落単位での財産管理」を指すのではないかと理解する。そして、食料生産・調達のすべてが男性の手中に移り、女性はそれを受け取って家内で消費労働するという形での、明確な両性間の分業が成立した。

4-2　農耕と牧畜の混合形態から遊牧へ ─ 家父長制家族の形成

大型矩形複式住居の出現 ─ 家畜の群れは家族単位の所有

　更に、前5500年頃には、屋内に夜間の家畜の収容囲いを含む大型矩形複室住居が出現する。そして脱穀作業などは耕作地で行われ、昼は耕作地周辺で一日遊牧して夜間は連れ帰る形で、牧畜は家族単位で行われる様になる。

　筆者はここに、完全な家畜化の完了を読み取る。即ち、完全に家畜化された群れは、囲いの中に閉じ込めて放牧しなくても、数頭の犬を引き連れた牧童がいれば、限りなく開放された草原を遊牧することが可能になり、もはや強力な男性集団の協力関係を必要としない、新たな段階に至った。こうして、家畜の群れは、集落単位の共有財産ではなく、家族単位の所有に転化する。

　小型円形単室遺構もまた大型複室遺構内に吸収されて、二峰性遺構群は完全に姿を消した。それは、個別住居から家族住居へのシフトが進んで、分散的な就寝から集中的な就寝への移行を保障する。そしてそれは、青壮年男子

の家族組織への完全吸収を促し、経済の基本単位としての家族がバンド組織から完全に自立したことを意味すると、藤井は指摘する。

　筆者は、この大型矩形複室住居に、対偶婚家族の発生を読み取りたい。

対偶婚家族とは ── 母系性婿入り婚と財産相続の矛盾

　エンゲルスは、対偶婚は「一対の男女の同棲を前提とするが、婚姻紐帯はどちら側からも容易に解消することができる。それでも、一夫多妻と時折の不貞とが依然として男性達の権利である一方、女性達は、同棲期間中はきわめて厳格な貞節を要求され、彼女たちの姦通は残酷に処罰される。子どもたちは母親にだけ属する」[24]と説明する。

　婚姻紐帯の解消の自由や、子どもは母親だけに属するということは、子育てに関する母系制集団が保障されていたことを示唆し、未だ住居そのものは妻方のものであって、対偶婚は婿入り婚であったと理解して良いだろう。しかし、同棲中の貞節要求と姦通の処罰は、紛れもなく私有財産が発達して相続問題が発生し、生父の存在が意識され始めたことの反映と見られる。

　男性主導による家族単位での農耕・牧畜の発達は、土地と畜群の集中的所有に加えて、人間を所有物化した奴隷を生み出し、それらを全て「我が子」に相続させたいと言う強烈な願望を生じさせる。ここに、母系性の家族形態が続く限り遺産相続は母系をたどらざるを得ない状況下で、母系性は明確に桎梏になり始めた。

家父長制下での単婚（＝嫁入り婚）への移行と女性

　対偶婚から単婚への移行は、いずれも生父の存在認知段階にあって、生母に属する子が、完全に「父親」の所有物へと移行することを意味し、同時にその子を産む妻が、「嫁入り婚」を通じて夫の所有物に転化することを意味する。こうして、土地・畜群・奴隷・妻子をすべて所有する父系制の氏族としての、強力な家父長制家族が成立する。

　エンゲルスは、「1846 年にマルクスと私が書いた古い未刊の原稿には、『最初の分業は、子どもを生むための男女の分業である。』と書いてある。そして今日、私はこれにこうつけくわえることができる。歴史に登場する最初の階級対立は、個別婚のもとでの男女の敵対の発展と一致し、また最初の階級抑圧は、男性による女性の抑圧に一致する、と」[25]と記す。

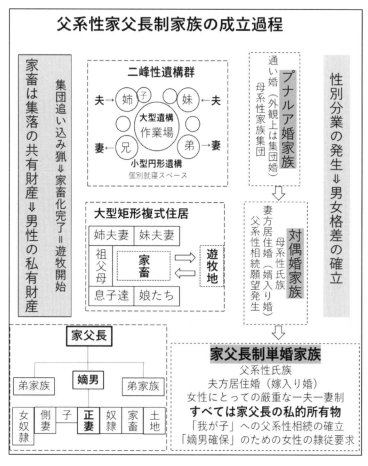

（注：筆者作成）

「核家族」と「単婚家族」は似て非なるもの

　ここで人類が進化の過程で育んで来た親愛関係に基づく「核家族」と、父系性相続問題が要求した夫方居住を前提とする「単婚家族」とは、似て非なるものであることであることを、明確に抑えておく必要がある。即ち、単婚における生父の特定は一般的に非常に困難な課題である。そのために女性には、「娘には処女を」「妻には貞節を」と厳重に要求され、「離婚の制限」を課されて生涯にわたる過酷な制限が加えられる。それでもなお、常に、社会

的に認知された「父親」が「生父」であるか否か、問題視せざるを得ないのである。

そしてもうひとつ重要なのは、父系制家族の成立に伴う夫方居住により、子育てに不可欠な母系性の小集団が解体されたことである。しかし、現生人類の出産・子育ては、単独の女性では困難であり、複数の女性の小集団の存在が不可欠である。この集団は、父系制家族の中では、里帰り出産などの補完形態を伴いながら、嫁と姑・小姑との関係の中に引き継がれた。とりわけ奴隷性を前提とする家父長制家族内では、"正妻と女奴隷（性的奴隷を含む）"の関係として受け継がれたと理解することができる。

4-3 父系性の世界的波及 — 父系性移入と母系性の矛盾

父系性の世界的波及

豊かな森林が保障されても、冬季には凍りつく高緯度地方では、狩猟への依存度が高い。マンモスなど巨大な動物を集団で沼地に追い込んで、衰弱するのを長期間待つ形での追い込み猟も行われたとすれば、当然強力な男性集団を必要としたであろう。そこで発達した家族形態が、シベリアから凍結したベーリング海峡を渡って、モルガンの指摘するアメリカ原住民に引き継がれた可能性はあるだろう。従って、アメリカ原住民の家族形態の発展過程と、死海地溝帯周辺で類似した家族発展形態が見られたことは不思議ではない。

しかし、集団追い込み猟から牧畜への発展を必要としなかった地域では、プナルア婚が発生する必然性は無く、プナルア婚→対偶婚→単婚という発展過程も必要としない。農作業や漁撈活動は家族全員の協働作業が可能であって、明確な両性間の分業は必要としない。私有財産の相続問題が生じても、海や川は誰のものと特定する必要は生じない。農地は家族から家族へと受け継げばいいので、現生人類が獲得した母系性の家族から家族へと相続しても別に矛盾は生じない。

ただし、私有財産制の下での母系性家族では、先述した様に、通い婚であれ、婚入り婚であれ、生来女性に対する占有欲を持つ男性にはなじみ難い形態であろう。彼らが父系性の文明に接触する機会に遭遇したとき、その父系性が新鮮なものに映ったことは想像に難くない。「父権」を「我が子」に継がせたい願望と母系性の慣習、その矛盾を克明に描こうとしたのが、マリノウスキーの『未開社会における性生活』であると筆者は捉えている。

トロブリアンドに見る、母系性と父系性移入の矛盾

　トロブリアンドの男の子は成長するに従って、自分を育ててくれた父は自分と同じ氏族に所属するものではなく、あらゆる義務も拘束も一切が、母との間に結ばれて父から分離していることを教えられる。やがて「母の兄弟の住んでいる場所が自分の村」であり、そこには財産や権利があり、それを受け継いで、そこで嫁を迎えて家族生活を営むことになる[26]。

　しかしそこでの男性は、彼の家族と共に働いた結果としての生産物を、結婚した姉妹の夫に貢ぎ、彼の家族の生活は妻方の兄弟からの貢物で保障される。そして、自らが築いた財産は妻の産んだ「我が子」ではなく、自分の姉妹の子（甥）に相続される。

　この煩雑さは、夫方居住婚形態を取りながら、通い婚時代の慣習が継続されていると捉えれば実に分かりやすい。即ち、実に単純な通い婚における母系性原理に基づく慣習のもとで、住まいと所有権だけが男性に移行したものと理解しうる。

　結果として、トロブリアンドでは、夫方居住婚と言っても、両親の元で育てられた子どもは、成長すれば、息子は母方の村に、娘は嫁入りする形で、実質的には双方とも親元から独立して新たな核家族を築いて行くのである。

　従って、夫方居住婚の形を取ろうと、若者宿によって両性の自主性と平等が保障されれば[27]、親愛関係に基づく核家族生活が保障される。ささやかな相続が母系性を通じてしか行われなくても、それほど大して問題は生じない。妻方の親族による贈物も、母系性家族内の食物の分かち合いの発展形態として、母系性家族間の協力関係を保障するものであり、出産時の母系的な援助を保障し得るものとも捉えることができる。

酋長にのみ許された一夫多妻制＝酋長の権力の経済的土台

　しかし、酋長にのみ許された一夫多妻制は、同じ原理に基づきながら、すべての妻の親族による贈り物が、すべて酋長の所有物になることを意味する。従って、妻の数を増やせば増やすほどその贈り物は膨大な量となる。数十人の妻を迎えれば、数十のヤム小屋が貢納品で満たされ、それが酋長の権力の経済的土台になる。これは、通い婚では不可能で、夫方居住婚でのみ可能な形態である。

　それでいながら、酋長の財産と権力の相続者は、彼の息子ではなく、彼の姉妹の息子（甥）であることが慣習であり、その慣習を破ろうとしても周囲

が許さず、悲惨な事態が生ずる。

　マリノウスキーはそれを念頭に置きながら、母系性と父性愛の矛盾は、特権的な階級にとって深刻なものであること描こうとしているのであると、筆者は読み取っている。即ち、彼らがその母系性をたくみに利用して、財産と権力の集中を図って、父権確立への指向を強めようとしながら、それでもなお母系性が桎梏になっている様を描こうとしていると。

▌5 モルガン→エンゲルスの提起した「集団婚」について

5-1 モルガンが類推した「血族婚家族」

　霊長類学の研究の発展により、結果として人類における「原始乱婚」状況は否定された。けれどもそれをもって、家族形態を進化的に把握しようと試みたモルガンの説そのものを全て否定する必要はないと筆者は考える。その内容は、前節で検証した通りある。

　モルガンは、対偶婚状況にあるイロコイ族の親族呼称から、それ以前のプナルア婚家族を類推した。そして、現実にハワイ諸島にプナルア婚状況が現存していることを確認した上で、そこで通用している親族呼称から、それ以前の段階の「血族婚家族」を類推し、エンゲルスはそれを受け継いだ[28]。

　プナルア婚家族、対偶婚家族は、当時現実に存在していた家族形態であり、前節で見て来た様に、考古学遺跡の状況からも、過去に現実に存在していたことを類推し得る家族形態である。しかし、血族婚家族形態は、モルガンの脳裏で類推された家族形態に過ぎないことを明確に分けて捉える必要がある。

　エンゲルスは、「いま述べた血族呼称制度と家族形態とが今日みられるものと違っている点は、どの子にも何人もの父と母とがいることである。アメリカ式呼称制度（対偶婚前提：筆者註）—ハワイの家族がこれに照応する—にあっては、兄弟と姉妹とは同一の子の父および母であることはできないが、ハワイ式血族呼称制度（プナルア婚前提：筆者註）は、そういうことが逆にきまりとなっていた家族を前提としている[29]」と言う。

プナルア婚＝通い婚における「育ての父」

　筆者は、既に、プナルア婚が通い婚であることを明らかにしてきた。兄弟姉妹が生計を共にする家族を形成する通い婚においては、姉妹の子どもたちは母のもとに通ってくる男性が「生父」であることなど知る由もない。子ど

もたちにとって、母の兄弟たちが「育ての父」である。プナルア婚が発生した初期の頃には、子どもだけでなく大人たちにも、「生父」という認識は発生していなかったと捉え得る。

　従って、上記のエンゲルスの指摘は、「兄弟と姉妹は同一の子の『生父』と『生母』であることはできないが、兄弟と姉妹は同一の子どもの『育ての父』と『育ての母』である」と捉えれば、「ハワイで施行されている血族呼称制度は、そこで実際に成立している家族形態と矛盾するものではない」ことが見えてくる。

　世代間の呼称について言えば、まず母子関係は明白だからそれを基準にすれば、全体が三世代に分かれ、それが共通認識となりうる。子どもたちは互いに兄・弟・姉・妹と呼びあい、自分たちの面倒を見てくれる大人たちを、父・母・祖父・祖母と呼び分ける。この段階の男性は生物学的な我が子の存在を一般的には認識していないから、「育ての父」として、全ての子を「我が子」と呼ぶことに不自然さはない。

女性にとっての、みんな「我が子」

　ここで問題とすべきは、女性は自分の産んだ子を認識し、母子関係が誰の目にも特定されながら、何故全ての子どもを「我が子」と呼ぶのかであろう。ここに筆者は、自立出産が不可能な、生物学的難産と超未熟児出産に直面している女性たちの姿を読み取りたい。文字通り我が身と我が子の命そのものを託し合って子を産み育てる女性たちの姿である。

　即ち、難産・死産、妊産婦・乳児の死亡の多発に際して、お互いの経験を共有し合い助け合い補い合いながら、現生人類への進化の道を乗り切ってきた姉妹集団。彼女たちにとって、胎を痛めた子であろうとなかろうと、全ての子は「我が子」なのである。そして、姉妹にとって、出産・子育ての経験者である実母の存在・援助は貴重であったに違いない。

　ここに、現生人類の曙期において、非母系的家族集団ではない、小さいけれども強力な母娘姉妹を核とする母系的小集団が必要とされ、それが引き継がれてきたことが、このモルガンの記述した親族呼称からも見えてくるのである。

モルガンの類推した「血族婚家族」について

　モルガンの類推した「血族婚家族」とは、「互いの夫・妻の共有を前提とする、直系・傍系を含む兄弟姉妹間のインセストを前提とした集団婚である」と整理し得る。

モルガンは、男性が、妻・兄弟の妻・今日でいう従兄弟の妻を全て「ワーヒー
ナ（私の妻と訳されている）」と呼ぶことから、妻の共有を類推した[30]。しかし、
モルガンが表中に示す 176 種に及ぶ親族呼称[31]によれば、「ワーヒーナ」は、
女性が従兄弟の妻を呼ぶのに使用している呼称でもある。従って「ワーヒー
ナ」を「私の妻」と捉えること自体に無理があり、妻の共有の根拠にはなり
得ない。

　現時点に立てば、モルガンは「通い婚」を知らずに論理を組み立てて、兄
弟姉妹による同一生計家族を、兄弟姉妹間の婚姻家族と錯覚したものと捉え
得る。モルガンの「妻の共有」への固執や、「インセストの有無」への固執が、
正しい類推を妨げたものと筆者は理解している。

5-2　エンゲルスの言う「**本源的家族＝集団婚**」について

　モルガン説を前提に、エンゲルスは、動物からの人間化の過程を、「成熟
した雄の、嫉妬からの解放であった」[32]と捉える。そして、原始状態の本源
的家族とは「集団婚、すなわち、男子の全集団と女子の全集団とが互いに相
手を所有しあっていて、ほとんど嫉妬の余地を残さない形態」のことである
と続ける。

　また、本源的家族の性関係について、エンゲルスは「無規律性交[33]」との
言葉を用いて、「無規律というのは、その後習俗によって設けられた諸制限
がまだ存在していなかったというかぎりのことである」と説明する。そして、
ただしそこでは「むちゃくちゃ乱脈が行われていたわけではない」、「一時
的な個別配偶関係が排除されていたわけではない」と付け加える。

　エンゲルスの説明は、近親や身分や階級によって規制されることなく、別
に集団内の誰と配偶関係を結んでも構わないと言うことと、現時点では捉え
得る。

　しかし、この「無規律」、「集団婚」と言う言葉が独り歩きして、後に「原
始乱婚」という言葉に発展したのだと、筆者は理解する。おりしも、霊長類
学の分野でチンパンジー・ボノボの様な、数十頭の群内の全ての雄と雌との
間の交尾が観察された。それが「原始乱婚説」に結びつき、その根拠とされ
たのではないかと。しかし、人類は核家族を基礎とする行動を必要としてい
たのであって、チンパンジーの様な形態の集団が形成される必然性はないと
判断しうる。

遊動状況の人類の行動単位は、核家族を基礎とした母系性小集団

　遊動状況にある人類の行動単位は、2〜3家族、高々10〜20人の小集団であることが判明しつつある。何の規制もない自然な状況（即ち無規律の状況）では、小集団同士の出会い時に、若者同士の間に恋が芽生えても何の不思議もない。

　越冬地などでは、この様な小集団が集まって100〜150人規模の集団が一定期間生活した様が想定されている。そこで、新たな両性関係が芽生え、発展すること自体は、いとも自然な成り行きであろう。半定住期間を過ぎた段階で、配偶関係が未熟な場合はそこで解消され、配偶関係が成熟していれば新たな核家族が形成される。そして再編された数家族の小集団単位の遊動生活に移行する。このような状況下では、通い婚は不可能である。

　従って、現時点に立てば、遊動状況の集団は、集団自体が定まらないのであり、「集団婚」の想定自体に無理がある。従って、原始状態における本源的家族は、エンゲルスの言う「集団婚」ではなく、「核家族」を基礎とした小集団であると、筆者は明確に捉えている。

インセストタブーについて

　エンゲルスは、モルガンの説を踏まえて、家族の発展段階を、生活資料の生産と所有の発展段階に対応して、婚姻紐帯から近親婚が排除されて行く過程であり、婚姻対象範囲が狭められて行く過程と捉えている。

　山極はインセストタブーについて、「19世紀に社会進化論を唱えた人類学者たちが人間家族の形成にもっとも重要と考えた規範だった」ことに触れる。その上で、「しかし、インセストタブーは実は純粋に社会的な制度だったのではなく、生物学的な現象として哺乳類一般に共通な性質を持っていた」と指摘する[34]。

　近親婚とは、文字通り近親者間の婚姻である。歴史的にはそれを排除するために、近親相姦と呼ばれて忌み嫌われ、インセストタブーが形成されて、刑罰の対象とされた地域もある。生物学的には劣性遺伝の顕在化を防ぐ意味も持つ。

　山極の言う様に、人類の兄弟姉妹たる現生類人猿は、全て成熟した娘がメイトアウトする形で、結果として近親婚が排除されるシステムを持っている。当初は、人類もこのシステムを持っていたに違いない。

　人類が、子の誕生には生物学的父親（以後生父と表現する）が必要であるこ

とを明確に認知するのは、少なくとも家畜の飼育開始段階以降であろう。従って当初は、両性関係と子の出産・生父と子の関係など、全く知らなかったことを念頭に置く必要がある。とすれば、歴史的にはインセストタブーの形成は、生父の存在認知段階、即ち家畜飼育開始段階以降と捉えざるを得ない。

従って、原始状態の本源的家族形態から血族婚家族・プナルア婚家族への移行を、親子間・兄弟姉妹間のインセストの排除過程として捉えるエンゲルスの論理にも無理がある。

▎6 おわりに

6-1 資本制的生産様式が要求する近代的核家族と女性

ヨーロッパにおける資本制的大工業の発達は、エンクロージャーに見られるように、農村の家族をばらばらに解体し、男も女も児童も幼児までも、それぞれを個別に生産現場に引きずり込む形をとりながら進行した。自らの労働力を売る以外には何も持たない賃労働者の出現は、基本的には個人が主体として尊ばれ、男性も女性も基本的には平等であるという思想を生み出した。そしてまた女性は、父系制下の夫の財産の相続者たる嫡男を産むという、歴史的宿命から開放される条件が、基本的には整ったと捉え得る。

しかし、資本制生産様式は、家内労働の中から、商品生産化しやすいものから大工業の場に引きずり出したために、商品生産化し難いものは家族内に取り残された。そのため、結局賃労働者を含む、生命の生産と再生産が保障されずに、社会的混乱が増大した。そして紆余曲折を経て、男は賃労働者として「生産労働」にかかわり、女は「専業主婦」として「消費労働」に関わる形の、新たな近代的核家族形態を必要とするに到ったのである。

専業主婦の社会的生産の場への復帰の条件

商品経済の発展は、生活必需品の商品化とともに、保育・介護施設、学校教育、など、様々なサービス労働商品形態を創出する。今や、すべての労働が商品化された感があり、家族内に取り残されていた専業主婦もまた社会的生産の場に復帰する条件が整いつつある。

しかし現実には、労働商品形態の保育・介護は、核家族内に包含しきれない状況に対する個別・部分的施策に過ぎない。そして、時間換算される労働形態では、全人発達を保障するための全ての需要を賄えるシステムとはなり

難い。

　ここに、建前上は男女平等の学校教育を受けた女性たちが、一歩社会に出ると、未だに、暗黙のうちに子育てと介護が女性に要請されている現実に遭遇するのである。働き続けるために子育てをあきらめるか、子育てのために経済的自立をあきらめるかという両極の狭間で、苦しい選択を迫られ、結果として女性の人格は分断されている。

6-2 母系的子育て小集団の現代的再構築

　第5章で詳述するが、狩漁採集段階の現生人類は、数人の核家族が複数集まって十数人の遊動単位（ユニット）を形成し、それらのユニットが複数集まって最大100〜150人規模の遺跡群を形成している様が明らかになってきている[35]。即ち、核家族と集団全体の間には、数家族単位のユニットが必ず存在している。それは、本章で強調してきた、現生人類が子育てのために必要とした、母と娘姉妹を核とする母系性小集団であると捉え得る。

　翻って現在、核家族が仲介形態を持たずに社会全体と直接接触せざるを得ないという状況にある。しかし、現在においても、その仲介形態なくしては子育てや介護が困難であることには変わりない。少子・高齢化問題は、図らずもそのことを浮き彫りにしているのである。資本制生産様式がもたらした近代的核家族は直接社会と接していることから様々な矛盾を露呈していることを踏まえて、その間を補完する、母系的子育て集団を現代的に再構築する必要があることを提起せざるを得ない。

【注釈】

1　L・H・モルガン著　1877　『古代社会』　青山道夫訳　2003　岩波文庫
2　エンゲルス著　1884　『家族・私有財産・国家の起源』　土屋保男訳　1999　新日本出版社
3　マリノウスキー著　1918　『未開人の性生活』　泉靖一、蒲生正男、島澄訳　1999　新泉社
4　山極寿一著　2012　『家族進化論』　東京大学出版会　p.253
　　「なわばりをもたないゴリラでは、父親と息子が配偶者を分け合って互いに独占的な配偶関係を保ちながら共存することも可能になっている。そして、これは母と娘が同じ相手と繁殖生活を営まないという非母系社会の特徴を受け継ぎ、異なる世代の異性が性交渉をもたないというペア社会の特徴を発展させたものである」
5　山極寿一　前掲書　p.254
6　筆者註：性的二型とは、雌雄間の外形の差が顕著に認められること。単雄複雌群

を形成する霊長類に一般的に見られる雌雄間の体格差は、雌の占有を巡る雄同士の闘いが熾烈で、体格の良い雄が勝ち残る可能性が高く、その遺伝子が引き継がれた結果と見られている

7　山極寿一　前掲書　p.255
8　山極寿一　前掲書　pp.247-252
9　山極寿一　前掲書　pp.352-353
10　ロバート・ボイド、ジョーン・B・シルク著　2009　『ヒトはどのように進化してきたか』　松本晶子、小田亮監訳　2011　ミネルヴァ書房　p.485
11　本論第3章参照
12　山極寿一　前掲書　pp.203-205
13　安蒜政雄著　2010　『旧石器時代の日本列島史』　学生社　pp.112-114
14　藤井純夫著　2001　『ムギとヒツジの考古学』　同成社　pp.30-33
　　死海地溝帯のガリラヤ湖西岸の終末期旧石器オハローⅡ遺跡では、炉跡、ゴミ捨て場、埋葬跡とともに、地面に枝を突き刺したと見られる長径4m程の楕円形の簡単な住居跡が3件確認されていて、ゴミとして残された春〜初夏に実る野生のムギ類と、秋に実る果実から、3カゾク10〜20人ほどの小集団が、少なくとも春・秋の2シーズン居住していたと推定している。動物骨からは、カメ、鳥類、ウサギ、キツネ、ガゼル、シカなどが認められるものの、大量の魚骨（その大半は小型）の存在から漁撈活動の比重が大きく、長期居住の背景には、漁撈活動と野生穀物の利用があったことを指摘している。
15　藤井純夫　前掲書　pp.31-32
16　山極寿一　前掲書　p.146
　　彼（ウェスターマーク）は当時調べられていた様々な民族の子どもの成長から、どの社会でも幼少期に同じ生活環境で一緒に育った異性とは思春期以降に性的な交渉を避けるようになると結論付けた。
17　マリノフスキー　前掲書　p.64
18　マリノフスキー　前掲書　p.73
19　マリノフスキー　前掲書　p.74
20　『古事記』　次田真幸全訳　1977　講談社　p.62
21　藤井純夫　前掲書　p.55
22　藤井純夫　前掲書　p.57
23　藤井純夫　前掲書　pp.64-68
24　エンゲルス　前掲書　p.66
25　エンゲルス　前掲書　p.90
26　マリノフスキー　前掲書　p.18
27　本書第7章参照
28　エンゲルス　前掲書　p.44
　　｜奇妙だ！　ハワイで試行されている血族呼称制度は、そこで実際に成立している家族形態とまたしても一致しなかった。すなわちそこでは、きょうだい〔兄弟と姉妹〕の子どもたちはみな例外なく兄弟たちと姉妹たちであって、彼らの母と母の姉妹との、または彼らの父と父の兄弟との共通の子どもとみなされるだけでなく、無差別に彼らの両親の兄弟全部の者の共通の子どもとみなされる。つまりアメリカ式の血族呼称制度がアメリカにはもはや存在しないがハワイにはまだ実

存しているいっそう原始的な家族形態を前提するものである一方、他方では、ハワイ式の呼称制度は、なおいっそう本源的な家族形態があったことを教えてくれる。われわれは、いっそう本源的なこの家族形態が現存していると証明することはもはやどこでも不可能だとはいえ、しかしそれは存在していたに違いないのである」

29 エンゲルス　前掲書　p.43
30 モルガン　前掲書　p.166
31 モルガン　前掲書　pp.172-179
32 エンゲルス　前掲書　p.51
33 エンゲルス　前掲書　p.52
われわれの知っている最も本源的な家族形態から、それと結びついている近親相姦の観念―現代のものとはまったくちがい、それとはしばしば相いれない観念―をとり去れば、われわれは無規律としか名づけようのない性交の一形態に到達する。無規律というのは、その後習俗によって設けられた諸制限がまだ存在していなかったという限りのことである。だが、それだからと言って必然的に日常の実際の上でむちゃくちゃな乱脈が行われていたということには決してなりはしない。一時的な個別対偶関係が排除されていたわけでは決してなく、なにせ集団婚においてさえも現にその大部分がそのようなものなのである。

34 山極寿一　前掲書　p.156
「インセストタブーは、19世紀に社会進化論を唱えた人類学者たちが人間家族の形成にもっとも重要と考えた規範だった」「しかし、インセストタブーは実は純粋に社会的な制度だったのではなく、生物学的な現象として哺乳類一般に共通な性質を持っていた」「おそらく複数の家族を共同体に組み込む過程で、性交渉を保障される男女と禁止される男女を区別する必要が生じたのだろうと思う。家族の中で夫婦は性交渉を独占し、他のいかなる組み合わせにおいてもそれは禁止されるからである。それが守られている限り、家族はいくらでも大きくなることができ、他の家族と手を組むことができる。」

35 安蒜政雄著　前掲書　p.128

現生人類の日本列島渡来とサケ・マス漁

社会的分業の先行：
性別分業発生の必然性は存在しない

1-1 日本の後期旧石器時代のサケ・マス漁の可能性

サケ・マス漁の可能性

　渡辺仁は、「アイヌの生態と本邦先史学の問題」の中で、明治初期までのアイヌのサケ・マスを主食とする生活の痕跡調査から、先史時代のサケ・マス漁の重要性を示唆する。そして、アイヌのサケ漁に利用する器具や方法は、男性と女性で異なってはいても、その経済的役割は男子に劣らないこと[1]を指摘する。

　谷口康弘は「極東における土器出現の年代と初期の用途」の中で、最終氷期末の16,000年前頃には、日本だけでなく、アムール川流域や、華北・華南などで土器が出現していることを指摘する。そして、とりわけ極東では数が少なく、日常的な煮炊きの道具ではなかったと示唆されることから、極東アジアのサケ・マス漁と土器出現の関連の可能性[2]を論じている。

　安蒜政男は、『旧石器時代人の知恵』の中で、「尖刃形の杉久保系ナイフ形石器は、狩猟用のヤリの穂先だったのか。この杉久保系ナイフ形石器作りの伝統が、東北の河川を遡上するサケの捕獲と関係していたとすれば、尖刃がモリの機能と用途を併せ持っていたとする見解を否定できない」[3]と言う。

　この様に、サケ・マス漁の可能性が論じられながら、日本の後期旧石器時代が狩猟採集時代として語られ続けるのは何故か。そして、各地の博物館や歴史民族資料館などでは、相変わらず古代の主人公は、槍を掲げた男性狩人の姿で描かれるのは何故か。

狩りの痕跡

　安蒜は、ヨーロッパにおいては槍の刺さった動物の化石などが多数発掘され、また洞窟などにも狩にかかわる壁画が残されているが、日本では石器が狩に使われた証拠・痕跡が乏しいことを指摘する[4]。そして、「日本列島の旧石器時代遺跡からは、落し穴以外には、狩猟活動を裏付ける、これといった遺構の発見はない」として、「旧石器時代の落し穴と景観」の図を付記している。

　同図は、岩宿博物館の『岩宿時代』[5]の中では、「初音が原遺跡の陥し穴猟（ジオラマ）」として、「付近から石器が発見されることもなく不明な点が多いものの、狩りをしていた時代であるため、動物を捕るための陥し穴であろ

うという説が有力である」と解説されている。「落し穴以外には狩猟活動を
裏付けるものが発見されていない」にもかかわらず、「狩りをしていた時代」
であるため、「動物をとるための陥し穴であろう」とは、先入観を下にした
推測であると捉えざるをえない。

　「狩りをしていた時代」という大前提そのものを、再検討する必要がある
と筆者は考える。

　一方、野尻湖遺跡などに明確に残されたナウマン象やオオツノ鹿の化石は、
何らかの理由で湖畔にはまった大型動物の、現生人類ではなく、初期人類に
よる解体の場（キルサイト）の痕跡であろうと示唆されている[6]。ここでも、
狩猟の痕跡は確認されていない。

　ちなみに、狩りの痕跡としては、「青森県下北半島の……尻労安部遺跡では、
2万年前の石器と共にウサギの骨が大量にみつかり……巣穴からおびき出す
『威嚇猟』や、わなを仕掛けて捕らえた可能性がある」との報道[7]がある。

1-2 本章の課題と論点

　筆者が、サケ・マス漁にこだわるのは、女性にも、子どもにも、漁への参
加が当たり前に可能であったのではないか、と推測するからである。従って
そこには、両性間の分業は必要とはされなかったのではないかと考えるから
である。

　本章では、明治以前の、サケ・マス漁を生業の基本に置くアイヌの生活を
も参考にしながら、日本の後期旧石器時代のサケ・マス漁の可能性を明らか
にする。

　そして、交易活動を前提とする社会的分業が先行して、両性間の分業が発
生する必然性は存在しなかったことを明らかにする。

　2では、現生人類の日本列島到達時には、既にアシューリアン文化の伝統
を引く人々が存在し、数万年にわたって共存したことを示す。

　3では、後期旧石器時代の区分を追いながら、石器製作者＝使用者の段階
での、サケ・マス漁とのかかわりを考える。次いで、石器製作専門集団と石
器使用者との分離過程で、交換に基づく社会的分業が萌芽を見せ始めたこと
に言及する。

　4では、砂川遺跡の研究から明らかにされたことを踏まえて、現生人類が必
要とする単位小集団内には性別分業発生の必然性はないことを明らかにする。

　5では、北方細石刃文化の流入に伴って、大規模石器・製作地とともに、

少量の初期土器が出現したことをおさえる。そして、極東地域のサケ・マス文化圏で土器が出現したことを踏まえて、製塩のために土器を創出したのではないかと推論する。

6では、交易活動を前提としての縄文時代には、家族総出の生業を前提としての社会的分業が先行し、両性間の分業開始の必然性は発生しなかったことを明らかにする。

2 現生人類の日本列島渡来と、在来初期人類との出会い

日本列島に現生人類が住み着いたのは、化石人骨と旧石器遺跡の発掘状況から40000〜38000年前頃と推定され、後期旧石器時代人と呼ばれている。それは全地球規模においては、リス氷期（ピーク13万年前）後に急速に訪れた温暖な間氷期（ピーク12万年前）を経て、ウルム氷期（最寒冷ピーク2万年前頃）に向う過程にあり、微変動を繰り返しながら寒冷化が進行していた時期に当る。日本列島周辺では、12万年前の下末吉海進（海水準が数10m上昇）から、微変動を含みながら2万年前の海退期（海水準が140m低下）へと進行した。

本州と朝鮮半島を隔てる対馬海峡・北海道と樺太を隔てる宗谷海峡・樺太と大陸を隔てる間宮海峡が、いずれも海水準の低下によって狭まり、冬季の氷結状態も加味すれば、大陸と日本列島が陸続きになっていた可能性も指摘されている。

【図表】5-1　日本における現生人類と初期人類の共存

```
グループAの人々＝初期人類（エレクトスか？　ハイデルベルゲンシスか？）
　　　　前期旧石器文化（アシュール文化の伝統）大型石器と削器・鋸刃状石器
　　　　　　　　　　　　　　　　↓
グループBの人々　GAがGCの文化を取り入れつつ15000年前頃まで生存
　　両者の要素を併せ持つ文化＝初期人類と現生人類の共存を示唆
　　　　　　　　　　　　　　　　↑
グループCの人々＝現生人類（ホモ・サピエンス）
　　　　後期旧石器文化（ナイフ形石器）台形石器・基部加工石刃・局部磨製石斧
```

（注：筆者作成、GA はグループ A の人々、GC はグループ C の人々）

日本における現生人類と初期人類の共存

竹岡俊樹は、『旧石器時代人の歴史』の中で、「現生人類が後期旧石器時代初頭に日本列島に流入した時、日本列島にはアシューリアン文化（前期旧石

器時代文化）の伝統をひく初期人類が既に存在していた」ことを指摘する[8]。そして、「初期人類は他の文化の模倣を繰り返しながら……15000年前ごろまで、ほとんど旧石器時代を通して日本列島内で生き延びたことになる」ことを示唆している[9]。

　愛知県新城市の加生沢遺跡[10]では、10万年前とみられる、チョッパー、チョッピングツール、円盤型石核、ハンドアックス、など大きく重量のある石器が数多く発掘されている。第1地点では大型石器とナイフ形石器との混在が見られ、第2地点・第3地点では大型で重量のある石器のみが見られる。

　岩手県遠野市の金取遺跡[11]では、手の平大の大型打製斧型石器などが発掘されて、3.5〜6.8万年前の中期旧石器と推定されている。

　第3章で触れたように、長野県野尻湖立が鼻遺跡では、38000年以前の地層から、大型の骨角器と共に、ナウマン象や大角鹿など大型動物の化石が発掘されていて、野尻湖人（現生人類以前の人類）による解体跡と推定されている[12]。

3　後期旧石器時代の人々の生活

3-1　日本の後期旧石器時代区分

【図表】5-2　日本の後期旧石器時代区分

```
Ⅰ期　BP40000〜　ナイフ形石器（在地性黒色安山岩など）局部磨製石斧
　　　　　　　　小規模ユニット群　⇔　大規模環状ユニット群（最大150人規模）

Ⅱ期　BP32000〜　ナイフ形石器主体　遠隔地産石材（黒曜石）多用＋在地石材
　　　　　　　　沿河川中・小規模ユニット群

Ⅲ期　BP28000〜　ナイフ形石器主体　在地石材多用　土坑群
　　　　　　　　沿河川小規模ユニット群　⇔　河川共時流域遺跡群（最大150人）

Ⅳ期　BP23000〜　槍先形尖頭器出現（柳刃様・数センチ程度）
　　　　　　　　石器製作者集団と使用者集団分離＝社会的分業と交換の開始
　　　　　　　　住居状遺構出現（竪穴・柱穴・炉・置石・大量の槍先製作痕跡）
　　　　　　　　一般的遺構にはナイフ形石器製作痕のみ、槍先は製品一個か皆無
　＜BP20000年頃　最終氷期最寒冷期＞

Ⅴ期　BP18000〜　細石刃技術（専門熟練職人技）−ナイフ形石器→新石器文化
　　　　　　　　複数産地の多様な石材を集めた、大規模石器・石材製作地が出現
　　　　　　　　用途別石器・複合器の製作（替え刃利用の槍先・石斧・弓矢など）
　　　　　　　　実用を超えた優美な石槍（数cm〜30cm）・木の葉型など
```

（注：筆者作成）

安蒜によると、日本の後期旧石器時代は第Ⅰ〜Ⅴ期に大別されている。その前半は、ナイフ形石器を主体とする、石器製作者＝石器使用者の段階である。後半は槍先型尖頭器とともに、石器製作専門家集団が登場して狩人集団と分化し、交換を伴う社会的な分業の萌芽が見え始める段階である。

3-2 汽水域での生活→汽水域を遡るサケ漁の開始〈第Ⅰ期〉

　アフリカ大地溝帯の、厳しい環境下で進化・誕生した現生人類は、その最終進化の過程で「塩」を生存の必需品とするに至ったと筆者は第2章で考えた。現生人類は海水だけ、あるいは真水だけを飲用してはその生存は困難であることは、誰もが認めざるを得ない事実である。

　従って、内海化した日本海の北端か南端から、陸峡を渡って日本列島に渡来した現生人類は、まずは、太平洋岸と日本海岸の汽水域を辿って生息域を拡大していったと考えうる。そして、その延長上で、再び陸峡を渡って大陸へと移動することはいとも自然であり、大陸と日本列島の地理関係などは意識しないままに、双方向の移動があったと想定しうる。

　とすれば、渡来当初の、汽水域で生活せざるを得ない現生人類の食糧として、やがて、汽水域を遡上するサケが重要な位置を占める様になったことは、疑う余地がないだろう。サケの遡上を追って川を遡れば、支流の合流する浅瀬などでの産卵期のサケは、狩猟よりも確実に、安全に、大量に捕獲できる。

3-3 マスの溯上を追って ― 黒曜石との出会い〈第Ⅱ期〉

　日本列島内では、現生人類の痕跡はやがて海岸沿いから内陸部へも及び、35000年前には、信州産の黒曜石が関東平野で石器として使用され始めたことが判明している。黒曜石はガラス質の非結晶性の細やかな細工のしやすい性質をもち、現生人類のふるさとのアフリカでも重用されてきた石材の一つである。

　信州の黒曜石産地八ヶ岳は、現在は、新潟から溯る信濃川、駿河湾から溯る富士川、そして遠州灘から諏訪湖を介して溯る天竜川などの支流が、更に網の目のように細かく分かれながら沢筋を溯って集まってくる地帯である。関東の黒曜石産地高原山も、銚子から溯る利根川や、鹿島灘から溯る那珂川の支流が集まってくる地帯にある。もちろん旧石器時代の川が現在と同じ流路をたどるとは限らないが、類似した川筋が山地から広く流下する様は想像しうる。

サケは比較的河川の下流の、支流との合流地近くの浅瀬で産卵する。河川をどこまでも遡り、支流上流の急流を経て、沢筋にまで遡って産卵する魚は「マス」と総称される。支流や沢筋には、当然山地を形成する岩盤が削られて崩落した岩や石が転がっている。その中には、黒曜石の様な均質で柔軟な石も混在していて、そこで石器を製作し、石材として持ち帰ることも想定し得る。

　安蒜は、「旧石器時代人には、石器の使い手としての狩場内での周回移動と、石器の作り手としての狩場と石材原産地間の往復移動とが、ともに不可避とされていた」[13] と言う。しかし筆者は、第Ⅱ期に、遠隔地産の石材で作られた石器が、関東平野などで見つかるのは、わざわざ石材を求めて産地と狩場とを往復したと捉える必要はないと考える。

　春から夏にかけて、若芽や山菜を摘みながら、マスを追いかけて各地から川を溯ってきた人々は、山地で出会い、最適な石を沢筋で拾いながら、石器を製作しつつ交流する。秋には別れて、その石を石器素材として携えながら、秋の木の実を採集しつつ、川に沿ってサケの産卵場所まで下る。そして、そこで冬の食料を蓄えながら越冬し、石器製作に励む。この期に、遠い産地の黒曜石が、関東平野へと運ばれる道筋はここにあり、黒曜石が広範な地域で多用され始めたのは、彼らの川筋に沿っての生活圏内での自然な成り行きであったと、筆者は捉える。

アイヌのコタンから見える先史時代の生業と住まい

　アイヌでは、サケ・マス漁の合間を縫って、シカ猟が行われ、それは食糧として貴重であるばかりでなく、なめして防寒性の皮衣として利用されていた。猟そのものは男性主体でも、女性は本住居とシカ小屋を往復して運ぶなど、家族総出で行われた。

　また、夏には浜コタンに家族中で出かけて、海産物を採取する。

【図表】5-3　季節に応じてのアイヌの生業と住まい

```
春〜夏　マス小屋（上流マス産卵場付近、家族行動）
　↑　　　　　　　　晩秋〜初冬・早春　クマ小屋（男性のみ）
秋・冬（越冬期）基本住居（サケ産卵場付近）⇔シカ小屋（家族行動）
　↓
夏　　浜コタン（河口付近）海産物採取（家族行動）
```

（注：筆者作成）

これに対して、クマ猟は男性の仕事であり、晩秋から初冬、早春の時期、即ちクマの冬眠中の初期か終期に、クマ小屋を拠点に行われる。

渡辺仁は、これらのアイヌのコタンや小屋の分布を明らかにした上で、先史時代の人々の活動場所について、佐久の事例を挙げて、その類似点を指摘している[14]。すなわち、生計活動の根拠地である大遺跡地は、本邦の環境下ではサケ産卵場がまずあげられると。そして、散在遺跡地としては、沢沿いの住居を示唆する遺跡はマスの沢漁の可能性があり、尾根や斜面にある石器のみの遺跡は、狩猟活動を主とする生態ゾーンであると。

これらを踏まえて、筆者は、河川を遡上するサケやマスを追って生活する人々の痕跡が、第Ⅱ期以降に河川共時流域遺跡群（川辺のユニット群）として残されたと判断する。

アイヌに見るサケ・マスの漁撈と塩分確保

かつて下末吉海進期には海だった堆積地帯を流れる川は緩やかで、汽水域は時には数十 km に及び、サケの遡上域にほぼ重なっていたと推測しうる。しかし、マスを追って上流へと遡るには汽水域を離れなければならず、塩分を何処で確保するかとの難問が生ずる。

一般的に、アイヌの製塩についての言及は殆どなく、アイヌは塩を必要としなかったとの説さえある。しかし筆者は、渡辺が示す資料から、基本住居としてのアイヌコタンの分布は、汽水域付近にあることを読み取りたい。

加えて、浜のコタンの存在が示すように、殆どの家族集団が夏季に海岸漁に出かけている。そのことから、塩分の付着した海藻類を大量に持ち帰ったことをも想定しうる。従って、その海藻類を携帯してマス漁などに出かければ、とりたてて「塩」そのものを意識しなくても、自然に塩分の必要量を摂取し得たのではないかと推定できる。

3-4 最寒冷期の生活と住まい ―竪穴住居の起源〈第Ⅲ期〉

サケ産卵場付近の住まいと在地性の石材による石器製作

しかし、最終氷期のピークに向けて日本列島の寒冷化進行の過程では、高山は氷河に覆われ始め、黒曜石の産地に近づくこと自体が困難になり、在地性の石材を使った石器製作が主流を占めるのは、自然の成り行きと捉え得る。

サケの産卵場付近に基本住居を構え、その上でマス小屋、シカ小屋、クマ小屋、浜コタンを配置して、季節・状況に応じて拠点を移しながら生業を営

むアイヌの人々の生活は、遊動生活と言われてきた旧石器時代の厳しい自然環境下で生き延びた人々の生活を、別の視点から見つめなおす必要を感じさせる。

　安蒜は、「旧石器時代の遺跡をキャンプと呼ぶことは、適切ではない。定住することなく移動を繰り返す旧石器時代人にとって、どの住まいも決して仮の野営場所ではなく、本拠地と出先といった区別をつけがたい、縄文時代の竪穴住居にも当たる、狩猟と採集の拠点だったと考えるからに他ならない」[15] と言う。

　少なくとも冬季には野外での活動は困難で、狩の獲物を追ってあてどなく移動するような生活は不可能であろう。とりわけ冬眠できない人間は、越冬できるだけの住まいを確保しなければ、氷期の日本列島で生き延びることはできなかったはずである。そのためにどんな住まいを必要としたのか。

　宇佐美智和子は、復元実験を踏まえて、夏は涼しく冬は暖かいアイヌの伝統民家チセが、地熱の特性を見事に利用することにより保障されていることを指摘している[16]。もちろん、旧石器時代に、アイヌのチセのような住居はなかったとしても、それに代わる知恵と工夫が必要不可欠だったと推測し得る。

初音が原遺跡の土孔群は本当に落とし穴？

　静岡県東部の箱根山麓や神奈川県の三浦半島などでは、今から約27000年前の地層から土孔が数多く発見されている。

　本章冒頭で触れた初音が原遺跡[17]では、直径約1.4m、深さ1.3mの円形の土坑が60基確認されている。三島市は、これらの穴は墓や貯蔵穴ではなく狩猟のために設置されたものであると説明し、群れを成して大規模に移動するシカを、対象獣有力候補として挙げる。

　静岡県河津町宮林遺跡では、28000年前とみられる、直径1.15～1.70m、深さ0.50～1.10mの円形と楕円形の土坑6基が密集して発掘されて、「狩猟のために動物を追い込んだ落し穴とみられる」、と町教委により説明されている。

　言うまでもなく落とし穴は、勝手に、あるいは追い込まれて穴に落ちて、自由に動けなくなってしまった獲物に、最後の止めを刺すことを容易にするものである。従って、殺傷力に優れた槍を掲げて追い立てなくても、労少なく、安全に獲物を確保できる仕掛けである。

　しかし、小さなナイフ形石器しか持たない第Ⅲ期初頭の人々が、それだけの穴を掘るのは大変な労力を要したに違いない。27000～28000年前と言え

ば、最終氷期の最寒冷期への突入期にあたる。数万年の年月を経てもなおその原型を残すだけのしっかり掘られた大規模な土坑群は、本当に動物捕獲のための「落とし穴」だったのだろうか。

冬眠動物の巣穴から学んだこと

　筆者は、陥し穴猟は、冬眠中の動物や、巣穴で睡眠中の夜行性動物にヒントを得た狩猟法ではないかと考える。そして、巣穴の中の動物の捕獲は、もうひとつ、重要なヒントを人々に与えてくれたに違いない。氷点下が続く厳寒の最中でも、巣穴の中は比較的暖かい！

　アフリカ大地溝帯内で現生人類が創出した家は、どこででも手に入る干草のベッドに、太く頑丈な植物繊維で屋根をかけたものだった。日本列島に到達した現生人類も当初は干草のベッドと簡易な屋根の下で安眠をとったに違いない。

　しかし最終氷期の最寒冷期に向かい始めて、南方から受け継いできた簡素なイエや寝具では、生き延びられないほどの寒さに襲われ始めたことが想定される。格好の住処たる天然の洞窟は数に限りがある。

　暖を取るには焚き火で十分だと現在の我々は思いがちである。しかし、宇佐美智和子は、焚き火は暖かければ暖かいほど上昇気流を発生させて、下部から冷気を誘い込む対流を引き起こす。ごく低温では焚き火すら燃えあがらずにくすぶるだけと、指摘している。

　比較的温暖な伊豆半島一帯に、氷期の越冬地として人々が集まってきたとしても、そこでさえ、氷期の冬の寒さは厳しいものだったに違いない。

　耐え切れない外界の寒さの中で、巣穴の中の暖かさを体感したことのある男性は、凍える乳幼児のために地面に穴を掘ってあげたと推定したい。そしてそこに干草を敷き詰め、干し草を掛け、穴の上を屋根で覆ってあげたと。

　宮林遺跡の土坑群は、「落とし穴」ではなく、氷期を生き延びる「巣穴状の寝床」だったと筆者は捉えたい。6基の土坑群のサイズの異なりは、子どもから大人まで家族全員が、それぞれに辛うじて体を横たえるだけの大きさがあると見て取れる。冬季を生き延びるための住まいとすれば、どんな労力をかけても、掘り進めたに違いない。

　初音が原の土坑群も、「落とし穴」ではなく、「巣穴状の寝床」と、筆者は捉える。どんなに労力をかけても100基の穴を掘れば、100人が生き延びることが出来る。とすれば、その屋根覆いに工夫を加え、隙間風を防ぎ、断熱・

保温性に優れたものへとの試行錯誤が始まる。竪穴住居の起源はここにあるのではないかと筆者は推定する。

3-5　石器製作専門家小集団の出現と交換の開始〈第Ⅳ期〉

　安蒜によると、第Ⅳ期には、黒曜石を用いた槍先形尖頭器（ナイフ形石器の数十倍から千倍の手間を要する）が出回り始める。そして、狩をしながら石材原産地と狩場を往復する1ユニット程度の石器製作専門家集団と、近在地産の原石から石器を作りながらも遠隔地産の槍先形尖頭器を手に入れて狩場内を周回する狩人集団とへの分化が始まり、この頃には石器製作専門家集団用の堅固な造りのイエが出現している[18]。

　霧ヶ峰黒曜石産地の、鷹山第一遺跡S地点では、径10mを超える巨大なブロックの中に、とてつもなく膨大な量の槍先型尖頭器や、素材用剥片・残核とともに、原料とされた円礫・角礫などが大量に残されていた。これらのことから、ここでは、原石から加工された相当数の槍先形尖頭器の完成品・半完成品・素材用剥片が搬出されたことが推定されている。更にこの地点では、深度に差のある三基の礫群が発掘されて、屋内に一基の礫群を持つ堅固なイエが三度建て直されていたと推測され、長期定住が示唆されている。

　一方、関東平野の田名向原遺跡では、径10mのブロックとぴったり重なる、二つの炉跡と12本の柱穴を示唆する堅固な住居跡が発掘されている。ここでは、原石の礫を打ち割った跡は見られず、半完成品もなく、素材用の剥片も少なく、槍先形尖頭器の出土量が際立っている。それは、槍先形尖頭器の素材用剥片や半完成品を搬入し、完成品へと仕上げる作業が行われていたと推定されている。しかも、その8割を占める黒曜石の産地は、長野県下の霧ヶ峰・北八ヶ岳、神奈川県下の箱根と湯河原、静岡県下の柏峠、栃木県下の高原山など、関東・中部の全域に及ぶことが、指摘されている。

破損品の修理から見えるもの ― 物々交換の開始と対価の支払い

　更に、田名向原遺跡には、基部だけあるいは先端部だけの、多数の破損品が多いことが確認されている。狩りの最中に折れ、先端部は獲物の体内に、基部はヤリの柄の中に、それぞれ留まったと安蒜は想定する。

　石器製作者集団は、狩人集団が持ち込んだ先端部のないヤリのうち、修繕が可能ならば柄についたまま穂先を再生し、不可能な場合には柄も一緒に新品と取り換えた。これの対価として、先端部を体内に残す獲物が狩人集団か

ら石器製作者集団の手に渡った。それも一因で、ばらばらの先端部と基部だけが、住居状遺構に残った。そうだったとすれば、石器製作者集団は、石器作りに専念したことはもとより、ヤリの保守点検にも大きく係わったと考えられる[19]と。

　筆者はここに、物々交換と社会的分業の萌芽の痕跡を読み取る。ただ槍先型尖頭器は、一般的に多用されたわけではないことに留意する必要がある。

4 砂川遺跡に残された石片が語るもの

4-1 過去・現在・未来を繋ぐ実に計画的な石器製作

　20000 年前頃の砂川遺跡は、現在の埼玉県所沢市狭山丘陵山際の台地に位置する。安蒜によると、砂川遺跡群 A 〜 F 地点のうち、A・F 地点は 15m × 60m 程度の広さの中に隣接し、数 m 径程度の範囲に石片などが集積して石器製作場所と推定されるブロックが 6 箇所（A 地点 A1・A2・A3、F 地点 F1・F2・F3）確認されている[20]。

　砂川形石器は、原石から剥片をはがしながら石器製作を見越しての石核を作り、その石核から次々に素材剥片を剥がし、その素材剥片に手を加えて石器に仕上げ、最後に残殻が残る。これらの作業が同一場所で行われれば、逆にそれらすべてを集めて繋ぎ合わせることで、もとの原石の復元が可能であり、原石単位での個体識別が可能になる。

　しかし、砂川遺跡 A・F 地点から発掘された 769 点の石片は、66 個体の個体別資料に識別されたが、その中には原石→石核→石器・残殻の一連の過程をすべて含む個体別資料はひとつもなかった。そのことから、石器製作者たちは遊動生活の途上にあり、原石・石核・既製石器・素材剥片を持ち込んで、そこで石器製作しながら短期間定住生活し、去る時には石核・既製石器・素材剥片を持ち出した、と推定された[21]のである。

　しかも持ち込まれた 12 個の石核が消費し尽くされて 12 個の残殻として残され、持ち込まれた 18 個の原石は全て加工されて 18 個の石核として持ち出されたという、過去・現在・未来を繋ぐ実に計画的な石器製作が行なわれていたことが推定されている。

　この様に、気の遠くなるほど膨大な量の、残された石片の状況分析により、旧石器時代の様子が以下の様に、次々と明らかにされてきたのである。

刺突形と切截形のナイフ形石器の使用者

　安蒜は、遺跡に残されたナイフ形石器は刺突形と切截形とに大別され、その比率がほぼ2対1であると指摘している[22]。そして、遺跡に残された破損した石器の接合状況から、接合可能な切截形の破損現場は住まいであり、接合できずに片割れだけが残る刺突形の破損現場は住まいではなく狩場であったことを指摘している[23]。

　そのことから筆者は、切截形は主に衣服制作などに関わる植物繊維利用のためのもので、基本的には使用者＝女性と捉えたい。しかしそれなら刺突形は使用者＝男性と捉え得るのかといえば、それは早計であろう。

　安蒜は既製石器のブロック間の転送＝譲渡の痕跡を指摘している。筆者はそれを、石器製作能力が未熟な少年少女たちの手にも石器が握られていたことを意味すると捉えたい。従って、刺突形の使用者は少年少女をも含めての（男＋女）と捉えることが出来る。すなわち、男・女ほぼ同数の存在を前提にすれば、刺突形と切截形の2対1の比率は、その使用者としての（男＋女）対（女）の比率に合致すると、筆者は捉える。

　砂川遺跡は第Ⅳ期に相当するが、槍先形尖頭器は残されていない。生死をかけて大型動物の狩猟に挑む男性に主たる食糧を依存する集団よりは、各々が刺突形石器を手に、小動物や魚を捕らえる集団の方が、狩に伴う危険を最小限にとどめて集団の瓦解を防ぎ、結果として生き延びる可能性が高かったのではないかと、筆者は推定する。

　すなわち、この時の砂川では、関わり方には両性間に相違はあっても、それはそれぞれの置かれた状況に応じての分担であって、「男は狩猟に、女は採集に」という様な明確な性別分業は成立していなかったと考えられる。

4-2 現生人類が必要とする遊動小集団の基本単位

　また石器製作の癖などから[24]、ブロック毎の石器製作者はA1に2人、A2に2人、A3に3人、F1に1人、F2に4人、F3は0人と推定されている。そこに、ブロック毎に簡素な屋根を想定すると、平均して石器製作者3名にそれ以外の1〜2名を加えて5名程度のカゾクが想定される。そして、石片や、石焼き・石蒸しに使う礫群、骨や木を加工する彫器の残存状況からは、（A1・A2・A3）（F1・F2・F3）がそれぞれ生活単位としてまとまって、Aユニット、Fユニットが想定されている。

　それらのことから、A・F地点それぞれ3件のイエが並び、3カゾク15名

程度の集団が、旧石器時代の生活を共にする最小単位集団（ユニット）であろうと推定されている。

　更にA・F両ユニットは互いに独立していながら、両ユニット間に同一原石の分割・転送の痕跡が残されていることから、両ユニットは同時に存在し、独自生活を営みながらも協力関係があったことも推定されている。

オハロー遺跡と砂川遺跡の類似性

　藤井純夫によると、19000年前頃の死海地溝帯のガリラヤ湖西岸の終末期旧石器オハローⅡ遺跡では、地面に枝を直接突き刺したと見られる長径4mほどの楕円形の簡単な住居跡が3件確認されている。そして、3家族、10〜20人の集団が、ナイフ形石器を用いて、野生の穀物を利用し、漁撈活動しながら、半年ほど生活していたと推定されている[25]。

　砂川遺跡は20000年前、オハローⅡ遺跡は19000年前と、あまり時期を違えず、最終氷期の最寒冷期（20000〜16000年前）の初期に出現した日本と死海地溝帯の遺跡の状況。それは、もちろん個々の違いはあるのだが、数人単位のカゾクが3件程集まった10〜20人程度の小集団を基本単位として、様式3のナイフ形石器を手に、短期定住化していたという類似点を持っている。

【図表】5-4　現生人類の遊動集団の基本単位

（注：筆者作成）

それは、20万年近く前に出現した現生人類の誕生過程で形成してきた生活形態が、両地域には未だ色濃く残り、余り形態を変えずに継続されてきた可能性が高く、その意味で、現生人類が必要とする小集団の基本形であると筆者は捉えたい。両地域特有の文化的な差異が出現するのはその後である。とりわけ死海地溝帯を含む肥沃な三日月地帯で、明確な性別分業が開始された様は第4章で明らかにしたので、ここでは論じない。

付記

　野口淳は、砂川遺跡の解説書[26]の中で、安蒜の上記の推定を膨らませて、石器製作者を青・壮年男性として槍を手にした大柄な姿で、女性と子供として素手の小柄な姿を付け加えて図示している。「石器のつくり手は、すなわち使い手でもある。つまり、ナイフ形石器を装着した槍をもつ狩猟者であろう。三人の狩猟者を中核とした五人の集まりとは『家族』ではないか」と。

　しかし筆者は、「石器製作者＝狩猟者＝男性」の根拠は不明であり、この様な安易な図示が、「男は狩猟に、女は採集に」という幻を人々の心底に残すのではないかと考える。

4-3 ユニット小集団内に性別分業発生の必然性はない

ユニット小集団内での分担・協働体制の痕跡

　安蒜は、石器製作作業の展開段階を前半と後半に分け[27]、A3ブロックでは前半にはブロックが存在したか否かも不明だが、後半にはどのブロックよりも多い石器製作作業が行なわれていることを指摘している。

　一方、F3ブロックでは、前半のブロック自体の存在は明白だが、後半段階では石器製作作業が衰退し、しかも前半・後半段階を通じてナイフ形石器が一点も見当たらないことから、ブロックの増加と減少、増設と廃絶を論じている。

　ただ筆者は、廃絶寸前と言われるF3ブロックには、Fユニットの礫群（石焼・石蒸しの痕跡）があることから、石器製作能力は衰えつつある高齢者が、ユニット全体の調理の采配を振るっている様を想定する。

　石蒸しとは素材を大きな葉に包んで焼けた石の熱を利用して蒸し焼きにすることで、この段階では、調理ではナイフ形石器は必需品ではない。従って、例え個々の高齢者の盛衰があり、石器の痕跡は薄くても、それを超えてのF3ブロックのFユニット全体における重要な位置を筆者は読み取る。

高齢者が、採集・調理をしながら、乳幼児の面倒を見れば、若い母親が狩
漁採集活動に安心して関われたことは想像に難くない。時には介添えを要す
る出産や産婦の養生の場となり、病人や怪我人の手当てや休息の場となり、
その高齢者が弱れば、乳児を抱える母親などがその責務を引き継ぎながら介
護に当たる。

　またその場には、採集してきた植物繊維が持ち込まれて、その加工技術が
経験豊かな高齢者から若い母親・娘たちへと伝授された可能性がある。ここ
にあるのは、可能な限り食糧採集者を増やし、集団全体の生活を支えるため
の、女性集団内の臨機応変の柔軟な分担・協力体制と言えよう。石器製作の
痕跡の薄いF3ブロックは、調理の場であり、出産の場であり、保育の場で
あり、介護の場であり、作業の場であることの象徴と筆者は理解している。

ユニット集団内に性別分業発生の必然性はない

　両性関係がどの様な形を取ろうと、大人たちは分担・協力し合って集団内
の全ての衣食住を計画的に確保しながら、全ての子どもを「我が子」と呼び
育てる。子どもたち全ては互いに兄・弟・姉・妹と呼び合い、大人たちを「お
父さん」「お母さん」更に「おじいさん」「おばあさん」と呼びながら、見様
見真似で生活技術を学び成長する。祖父母は孫たちの面倒を見ながら、豊か
な経験に基づいて分担した作業をこなしつつ、その智慧を次の世代に伝授す
る。どこかが欠ければ、誰かが補う。それが砂川遺跡のユニット集団内の、
実に柔軟な、臨機応変に交替可能な、老若男女間の分担・協働体制として総
合的に理解することができる。

　そしてそれは、現生人類がその誕生過程で苦悩しながら創り上げてきた、
生命の生産と再生産に関わる分担・協働体制を、色濃く引き継いで来たもの
であると言えよう。従って、女性は子育て・介護しながら狩漁採集活動に関
わることが当たり前に可能であり、「性別分業」発生の必然性はこの場では
なかったと明言し得る。

5 北方細石刃文化の流入と土器の出現〈第Ⅴ期〉

5-1 大規模石器・石材製作地の出現と初期土器

　第Ⅴ期には、細石刃器文化（新石器文化）が流入して、弓矢の利用が始ま
り、黒曜石原産地での大規模な石器作りは衰退して、遠隔地からの原材料搬

入を伴う大規模石器・石材製作地が出現する。

　細石刃とは、幅5mm程の、剃刀の刃のような薄く鋭い小さな石器で、弓矢の先に装着し、木枠に並べてはめ込むなど、様々な用途の大型の複合具の制作を可能にする技術である。しかも、かけた刃の部分だけ取り換えるという替え刃の技術を駆使すると、少ない石材で大量の石器に利用できるという利点もある。

　そしてこれらの細石刃とともに、実用を超えた優美な石槍（数cm～30cm）や木の葉型の尖頭器などが遺跡内に大量に残されるのも、この期の特徴である。

　谷口は、神子芝（長野：筆者註）・長者久保（青森：筆者註）文化と呼ばれるこれらの尖頭器や細石刃とともに、日本最初期の土器が発掘されていることを指摘する。すなわち、最初期の土器が、数は少ないけれども日本海側と太平洋側を問わず青森から長崎まで[28]、に発掘されていることを。

　次いで谷口は、最終氷期真只中の16,000年前頃の極東地域で、最古の土器が出現したことを踏まえて、土器の出現期を「縄文草創期」との言葉でくくることの限界を指摘して、「初期土器群」との呼称を提示している[29]。

【図表】5-5　初期土器群の時代区分

```
1期 BP16000頃～ ＜最終氷期末寒冷期＞
    無文土器出現 遺跡数出土量僅少・少容量・使用頻度低
    日本海・太平洋岸を問わず 青森から九州まで分布
    北方的用途 極東地域サケ・マス文化圏で出現？
    北方系細石刃石器群の分布伸張＝サケ・マスの南下に伴った？
2期 BP15000頃～ ＜ベーリング・アレレード期（比較的温暖期）＞
    隆起線文系土器 遺跡数・出土量増加 大容量も出現
    南方的用途 中国南部で出現？
    薩南諸島・南九州 堅果加工用石皿・磨石、ドングリ貯蔵穴が出現
    落葉広葉樹林の発達・北漸とともに日本列島南西部から東北部へ
3期 3a BP13000～ ＜新ドリアス期（再寒冷期）＞
    爪形文・円孔文・押圧縄文土器 土器保有量減少、土器の薄手軽量化
    3b BP10000頃～ 温暖化急進
       BP6000年頃 縄文海進ピーク
    多縄文系土器（回転縄文土器）
```

（注：筆者作成）

初期土器群出現の時代区分と北方文化との関連

　そして、谷口は、年代特定は難しいにしても、アムール川下流域のオシポフカ文化に類似することから、広域に亘り長期間に亘って交流があったことを示唆する。

　その上で谷口は「シベリア内部に発生した北方系細石刃文化が日本列島を含めてアジア東北部の広範な地域に拡散した理由を、北太平洋沿岸の豊富なサケ・マス資源に目をつけた人間集団の動きとみる仮説」について触れる。そして、「細石刃文化の後半には、削片系細石刃石器群が分布を南に拡大する現象が見られ、北方系細石刃石器群の分布伸長の背景にサケ・マスの南下が想定されている。このような状況の中から土器が出現してくる事実は、単に土器製作の伝播の可能性を示すだけでなく、使用法を理解する上でも重要な意味を含んでいる…」と述べている[30]。

5-2 極東地域サケ・マス文化圏での土器出現

　アムール川は沿海州の北部に河口を持ち、広大な流域を蛇行しながら、モンゴルのウランバートルやその北方のバイカル湖の近くまで遡る大河で、人類の移動の痕跡を残し、日本人の渡来ルートの一つと数える説もある。

　日本の様な海岸線に囲まれた地帯と違って、大陸の大河に沿ってマスを追って遡ろうとすれば、食糧の確保もさることながら、まず生存上直面するのは塩分の保障だったことは間違いない。それを解決し得た小集団のみが、大河沿いの往来が可能であったと捉え得る。日常的な煮炊きではなく、それでいて煮沸に使われた痕跡[31]を残す最古期の土器は、塩分の確保にかかわって必要とされたのではないかと筆者は判断している。

　一般的に液体を持ち運べる容器としては、皮袋、ひょうたんなどが、古来より知られている。しかし、サケ・マス漁との関わりからは、皮は入手しがたく、ひょうたんは南方性の植物で、氷河期の極東での入手は不可能と見られる。

　粘土は、乾燥するとひび割れるが、水分を含むと自らの結晶内に水を取り込んで膨張することで、水を通さなくなる不思議な性質を持つ鉱物である。筆者は、まずは、植物繊維で編んだ篭の内面に粘土を貼り付けたりして、マス漁に出かける時に汽水などを持ち運べる容器としたのではないかと想像する。たまたま、焚火の傍などにおいて、篭は燃えてしまった時に、粘土部分だけが化学変化を起こして変身した器が残されていた可能性がある。

土器の制作技術

　ひとたび粘土の器を焼けば変身することを知れば、次に望まれるのは如何にそれを再現するかであろう。成形された粘土製品を、割れないで焼きあげる為には、均質な扱いが不可欠で、徐々に暖めながら内部の水分を飛ばすいぶし焼などの前段階、炎でくるむ本焼き、熾火を利用しながら徐々に冷ましていく後段階など、様々な工夫が要求される。そのためには、それぞれの燃やし方に応じての最適な樹種の選択も大事である。更に、製作過程で割れないために、粘土を選び、混ぜ物を選び、粘土の練り方、寝かし方、成形の仕方、乾かし方、……、を探り当てる試行錯誤が始まったであろう。

　後期旧石器人は、試行錯誤を繰り返しながら、既にそれだけのことをこなしうる能力を持っていた。現在の我々とは、知識の蓄積は違うけれども、新たなことに遭遇した時にそれに立ち向かう能力の質は、我々と同等またはそれ以上なのである。

　火に強く、水を漏らさない新たな容器は、やがて煮沸をも可能にする。しかし、土器製作技術は熟練を要し、非常に貴重で、限定された重要な用途に限定されたに違いない。最終氷期の真っただ中で、細石刃や尖頭器の大規模製作地で出現した最初期の土器は、塩分確保のために、海水を煮詰めて運んだ可能性を筆者は第一に想定している。それは、石器製作専門家小集団における、遠隔地への自由自在の移動を保障したものであると。

製塩技術について

　縄文時代早期には定住跡が海岸を遠く離れた内陸部にも確認されているが、塩分の保障がなければ内陸部での定住は困難である。日本には岩塩層の存在は一般的に確認されていないが、塩化物泉の存在は結構知られているので、内陸部での仮住まい・定住化はまずその付近に始まったと考えるのが自然であろう。

　例えば、代表的な旧石器遺跡が多い野尻湖周辺には塩化物泉の湧出箇所が現在多々確認できる。従って、遊動期の旧石器人の滞留場所から、定住地へとスムースに進展した様を想定しうる。前記高原山の周辺にも塩原など「塩」に関係のある地名が多い。しかし汽水域を超えて、或いは塩化物泉の周辺を離れて、人々が行動し生存域を広げ定住化へ移行するには、意識的な「塩分補給」の手立てが必要である。

　日本での製塩の痕跡は縄文海進期（5000 年前頃ピーク）の霞ヶ浦周辺で

製塩土器（薄手の土器で海水を煮詰めた痕跡が見られる）が最古のものとして確認されている。ここに、海岸直近部の塩が内陸部に運ばれて、内陸部の採取物などとの交換が開始されたことが類推される。

6 交易活動を前提とする縄文文化

6-1 定住化がもたらしたもの

　やがてかつての川辺の遺跡群でも、半定住化を経て、礫群のブロック内への取り込みや炉の備えが進み、ユニット集団が個々の家族毎に自立する造りの竪穴式住居が登場し始めて、定住化が進行した。そして、河川流域遺跡群のひとつひとつが、それぞれの遺跡単位にムラ化し始め、13000 年前頃の日常的土器製作に始まる縄文時代へとつながって行く。

　岡村道雄によると、縄文文化を象徴する「土器」を女性が制作した痕跡は、岩手県御所野遺跡に残されている[32]。

　「石ぞく」は、細石器を利用しての弓矢の出現を意味する。縄文以前から行なわれていた落とし穴猟は、縄文時代になると落とし穴の底に先端が尖った杭を数本打ち込むようになって、捕獲効率や殺傷力が高められた。時には100kg に及ぶ獲物は、捕獲場所で解体し、肉や毛皮とともに、シカの長い四肢骨や角、イノシシの牙なども骨角器の素材として持ち帰られる[33]。

　三内丸山遺跡では、石器運搬用のポシェットの痕跡と見られる布片が出土されて、木の棒を立てて組み立てた簡素なアンギン編み機による織布が行なわれ、布性の衣服（貫頭衣）が登場していることも推定されている。

　一方岡村は、縄文人は、集落周辺だけで自給自足の生活を送っていたわけではなく、活発な交易活動が行なわれていたことに触れている[34]。

　交易の範囲は、食材・塩は 30 ～ 40km 圏。石斧・石棒は 50 ～ 100km 圏。そして南海産貝製品は 1000km を超えることもあり、石器・石材は海の向こうの朝鮮半島や沿海州・サハリンにも及ぶ。とりわけ石器の原材料調達から製作・貯蔵・供給システムは「手工業」と言ってもいいほどで、水陸双方の交易ルートを用いて、活発な生産・流通ルートが発達していたらしいと推定している。

手工業的な干し貝加工・木の実の加工跡から見えるもの

　浜辺に近い低地に、ほぼきれいな貝殻だけが厚く堆積し、多くの焚き火跡

を伴う貝塚が各地に残され、干し貝加工場と推定されている[35]。

　東京都の中里遺跡は、マガキとハマグリの互層堆積が低地の浜辺に沿って東西 1km、幅 100m、厚さ 4m に及ぶ大規模なものである。その周辺には、底に粘土を貼って周囲を枝で枠の様に囲った長軸 1.6m 短軸 1.3m 程の浅い窪地が数箇所見られ、窪地の底にはマガキの殻と焼けた円礫が残る。

　このことから、季節を違えて、別々の浜からマガキとハマグリを大量に採取してきて、焼いて高温となった円礫を海水の浸る窪地に投げ入れて沸騰させ、そこで貝をゆでて口を開かせ、剥き身をとる施設だったと推測されている。

　縄文土器に水を張り、焼けた円礫を投入して沸騰させて、栗の実をゆで、貝の口を開かせ、食材の煮炊きをする。家での調理法を、そのまま屋外の工場に発展させる発想を持ったのは、土器を創り調理に携わる女性だったと捉え得る。しかし、海人・海女の言葉を連想するまでもなく、貝の採取や剥き身の工場生産は、家族総出で分担・協働しながら行なわれたことは想像に難くない。

　また土器の利用は、木の実をゆでるなどに加えて、長時間かけてドングリや栃の実などのアクを抜いて食用化することを可能にし、安定した主食の確保に果たした役割は大きい。

　山形県の押出遺跡では、5800 年前の炭化したクッキー[36]が発掘されている。

　岩手県遠野の綾織新田遺跡では、出現した大型住居内に数多くの二列に並んだ炉跡が見られ、大量のパンやクッキーを焼いた跡と推定されている[37]。

　岡村の指摘する活発な交易活動を前提にすれば、これらの手工業的な食用加工品が、乾物などとともに、交換の場に持ち込まれたことは想像に難くない。

6-2 家族総出の生業を前提とする社会的分業の先行

　家族総出で採集された海の幸、山の幸が、家族総出で加工されて、交易品として遠隔地まで運ばれ、交易の中心都市の形成を促し、その生活を支える。ここには、明確な社会的分業の進行が見られるけれども、明確な性別分業は見当たらない。

　これらのことから、縄文時代には定住地＝家を基点として、両性間の分担が発展しつつも、砂川遺跡に見られた様な集団内の柔軟な分担・協働体制が、基本的には引き継がれていて、性別分業は発生しなかったと捉え得る。

　この縄文期の交易経済の最大の弱点は、加工される原材料が、豊かな自然の恵みそのものであったことであろう。温暖な縄文海侵期には、海も間近に

あり、木の実も豊富だったが、縄文末期の寒冷期の再来は、海水面を低下させて海を遠ざけ、森林層を変化させて、豊かな交易活動の根底を揺るがすに到る。縄文の都市は衰退して、人々は自給自足的生活を復活させながら生き延びたのかもしれないと筆者は推測している。

6-3 アイヌにおける母系と父系の関わり方

日本列島に稲作文化が導入され、弥生時代に入って以降も、北海道では、縄文文化が継続し、続縄文文化として発展してきたことが知られている。

瀬川清子は『アイヌの婚姻』[38] の中で、聞き書きの形を取りながら、明治維新政府により給与地が与えられ、長子相続制度が普及させられる以前の家族・両性関係を類推している。

瀬川はまず、「アイヌの社会では婚姻によって一対の男女が共同の家を創設し、その家で夫として妻として生活することは他と変わりはない」とおさえる。その上で、「男子は男系の祖印を象徴するイトッパの伝統を、女子は女系を象徴するウプショルクツ（下紐）の伝統を持ちつづけ、その二つの平行線が夫妻共同の家を貫いて」いることに触れる。そして「イトッパは父から息子に、ウプショルクツは母から娘たちに継承される」[39] と記す。

アイヌのコタンは母系性家族小集団 — 基本住居の主は女性

サケ・マスを主食とするアイヌの基本住居（ポロチセ）は、サケの産卵場付近に建てられる。娘が成長するとポロチセの近傍に娘用の小さな小屋（ポンチセ）が建てられ、娘はそこで生活しながら男性を受け入れる。結婚して子を産み、家族が大きくなればポロチセに建て替えられる。

つまり、ポロチセは子育てしながら家族が生活する場であり、その中心となる女性＝母親が暗黙の主なのである。そして、その主が亡くなると、「女はあの世でも家が要るから」と、そのチセは家財・食道具と共に焼かれ、主と共に見送られる[40]。

この経過からして、3戸程度の家でまとまるアイヌのコタンとは、母と娘達のポロチセの集まりであり、それぞれが独立した家族生活を営みながらも、互いに協力しあい助け合いながら、子育てしつつ生活する場であることが見えてくる。

言い換えれば、子育ての場の主は女性でなければならず、集落は母系でなければ生き延びることが出来なかったのである。それは、かつて厳しい氷期

を生き延びた人類の知恵が、脈々と受け継がれてきた形態であると捉えることができよう。

母系性と父系性の柔軟な対応 — 熊小屋とクマ祭りは男性

　一方男性は、父から受け継いだイトクパ（刻印）を共有する父系のシネイトクパに属し、父親のクマ小屋で共にクマ猟をし、勇壮にクマ祭りをした上で、肉を分配する。冬眠中に出産した母子熊を春先に捕獲した際には、子熊だけは連れ帰って小屋を造って育て上げる。そして、一〜二年後にみんなで祝って神様に返すと言うイヨマンテも、男性の祭りである。父親の死後はそのクマ小屋を息子が受け継ぐ。

　この様に、母系と父系はそれぞれ明確に区別され、男性は母と同じ母系のシネウプソルの女性との結婚は禁忌されていて、結果として近親婚は排除されている。従ってアイヌでは、嫁と姑・婿と舅と言う関係は、基本的に日常生活上は存在せず、老いても、基本的には娘が母の老後を、息子が父親の老後を見ることを基本に、臨機応変・柔軟な対応が自然であった。

7 おわりに

　死海地溝帯に見られたムギ作に始まる園耕は、家の周囲で食材そのものを手間隙かけて生産するもので、必然的に女性の行動範囲は狭められざるをえない。その結果として安定した主食が得られ、危険を伴う男性集団の追込み猟を可能にし、性別分業を発生させたと捉えることも出来る。

　集団追い込み猟が、やがて牧畜へと発展し、私有財産を相続する嫡男の確保のために、女性の隷従が要求された経過は第4章で述べた。

　それに比べて、縄文の女性は、土器の制作・利用により、野生の木の実をそのまま主食化したのであって、その採集のためには家族総出で野山を駆け回る必要があった。栗の栽培が始まっていたにしても、収穫の状況は野生の木の実採集に類似する。サケ・マスの捕獲もまた、家族総出の参加のもとに行われた。

　従って、「家族総出の協働活動を前提とする交易活動の発達は、社会的分業を先行させて、性的分業が発生する必然性は存在しなかった」と明確に捉えうる。

　ここに、死海地溝帯と日本の女性の、決定的な違いがあり、性別分業が発

生するかしないかの分岐点があったと、筆者は判断している。

【註釈】

1　渡辺仁著　1963　「アイヌの生態と本邦先史学の問題」　人類史 zz.LXX11-1　昭和 39 — Ⅵ　p.11
2　谷口康浩著　1963　「極東における土器出現の年代と初期の用途」　N11-Electronic library Service　pp.39-43
3　安蒜政男著　2013　『旧石器時代人の知恵』　新日本出版社　pp.206-210
4　安蒜政男　前掲書　pp.149-150
5　岩宿博物館　2017　常設展示解説図録『岩宿時代』　p.78
6　野尻湖調査団著　2011　『野尻湖人を求めて』　野尻湖ナウマン象博物館
7　「出土品が語る海峡往来」　YOMIURI ONLINE　2017.11.20
「青森県下北半島の……尻労安部遺跡では、石器と共にウサギの骨が大量にみつかり……。ウサギは夜行性で、昼間に捕まえる動物ではない。巣穴からおびき出す『威嚇猟』や、わなを仕掛けて捕らえた可能性がある。……。歯の科学的分析から、このウサギ（寒冷地にいるユキウサギではなくノウサギ）が生息していた時代は 2 万年前。当時は平均気温が現在より 7 〜 8 度低く……。北にある下北半島は厳しい寒さだったとみられ、ウサギは毛皮を確保するために重宝された可能性がある。」
8　竹岡俊樹著　2011　『旧石器時代人の歴史』　講談社　p.114
前期旧石器時代に遡る可能性のある石器群と後期旧石器時代初頭の石器群には三つの種類がある。
一つは台形石器、基部加工石刃、基部加工剥片をもたず、多面体石器、円盤状石器、ハンドアックス、クリーパー、チョッパー、チョッピングツールなどの大型石器をもつ石器群（グループ A と呼ぶ）。もう一つは、そうした大型石器に加えて、局部磨製の斧形石器と、台形石器（基部加工剥片、基部加工石刃に代わることがある）をもつ石器群（グループ B）。そして三つ目は、多面体石器やハンドアックスなどの大型石器をもたず、多量の台形石器（基部加工剥片・基部加工石刃・ペン先形石器に代わることがある）と、端部加工剥片と局部磨製斧形石器によってなる石器群（グループ C）である。
9　竹岡茂樹　前掲書　p.192
10　愛知県新城市ホームページより：遺跡は標高 90m の高位段丘へ続く段丘上に広がる。広さは約 5000㎡ に及ぶと考えられている。南隣の中位段丘には旧石器時代から縄文時代草創期にかけての萩平遺跡が、北隣の高位段丘上には旧石器時代の萩平段の上遺跡がある。……。ナイフ形を含む小型石器群と、大型の重量のある石器群との関係について、今後検討する必要がある。
11　宮守村教育委員会『金取遺跡発掘調査報告書』1986　宮守村教育委員会
12　野尻湖調査団　前掲書　pp.36-39
13　安蒜政男　前掲書　p.63
14　渡辺仁　前掲論文　pp.20-21
15　安蒜政男　前掲書　pp.103-107

16 宇佐美智和子 「アイヌの伝統民家『チセ』」 SOLAR CAT 1999 Winter No.37

「昔の生活が営まれていた冬のチセは、外気緩衝空間（風除室・物置・作業場・入口を兼ねる）と母屋からなるチセ全体を雪で厚く断熱して、それが解けない程度の微弱継続薪燃焼をすることによって、床造りした土間床が、夏からの熱を蓄えている大地（夏中土間で火を焚き続けて蓄熱する：筆者註）と熱的に一体になっていたと推定されます。圧倒的に放射熱の優勢な温熱環境を形成していたため、雪が解けない程度の低い室温にもかかわらず、常に一定温度以上の体感温度を得られる住まいになっていたわけです。

屋根も壁も笹葺きという、断熱性能が期待出来ない住まいを、その住まい方によって、大地の恵みに支えられた見事な暖房空間にさせることができたのは、命に関わる体験を通じて得られた伝統の知恵をアイヌの人々が伝承してきたからです。」

17 三島市役所 「旧石器時代の落し穴 初音ケ原遺跡」 平成23年 広報ミシマ 6月1日号

落し穴は、丘陵の左右の谷頭を結ぶように横断して三列の配置が見られます。東西95m、南北170mおよび、未確認のものを含めると百基を上回る穴があるようです。それぞれの形は円形で、下部がバケツ状、上がラッパ状に開き、直径140cm、低部径61cm、深さ130cmが平均の大きさです。見つかった地層は今から27000年前の堆積とされています。

これらの穴は丘陵を横断する配置や石器を伴わない空間領域にあることから、墓や貯蔵穴ではなく、狩猟のため設置されたものと考えられます。対象獣は明確ではありませんが、穴を掘削するために大変な労働力を投下し、なおかつそれに見合うだけの収穫が期待されているとすれば、それは群れをなし、比較的多量に捕獲できる動物であったはずです。春と秋に山地と平地を大規模に移動するシカなどが有力候補でしょう。

18 安蒜政男 前掲書 pp.126-132

19 安蒜政男 前掲書 p.130

20 安蒜政男 前掲書 p.57

21 安蒜政男 前掲書 p.57

22 安蒜政男 前掲書 p.61

23 安蒜政男 前掲書 p.160

24 安蒜政男 前掲書 pp.90-93

25 藤井純夫著 2001 『ムギとヒツジの考古学』 同成社 pp.30-33

筆者註：藤井純夫によると、紀元前17000年頃の死海地溝帯のガリラヤ湖西岸の終末期旧石器オハローⅡ遺跡では、炉跡、ゴミ捨て場、埋葬跡とともに、地面に枝を直接突き刺したと見られる長径4mほどの楕円形の簡単な住居跡が3件確認されている。そして、3家族10～20人ほどの小集団が、少なくとも春・秋の2シーズン、あるいは、春から秋への半年間居住していたと推定している。

大量の魚骨（その大半は小型）の存在から、漁撈活動の比重が大きく、長期居住の背後には安定した漁撈活動と野生穀物の利用があったことを指摘している。

また、「各種の幾何学形細石器は、有蹄類動物などの狩猟具或いは植物性食物の収穫具として用いられたと考えられる」としていて、少なくとも石器＝狩猟具という単純化はしていない（pp.30-33）。細石器は食料の収穫具だけでなく、植物繊

維の収集・利用過程でも利用されたであろう。

　オハローⅡに代表されるマスラク文化（20000〜18000年前）の特徴は、終末期旧石器文化で盛行したマイクロビュラン技法が未だ用いられていない（p.33）とされていることから、ここで言う幾何学形細石器とは、明らかに様式4（槍先形尖頭器）や、様式5を代表する細石器とは異なり、様式3を代表するナイフ形石器と捉えて差し支えないだろう。

26　野口淳著　2009　『武蔵野に残る旧石器人の足跡・砂川遺跡』　新泉社　p.45
27　安蒜政男　「砂川遺跡における遺跡の形成過程と石器製作の作業体系」　pp.121-122
28　谷口康浩　1963　「極東における土器出現の年代と初期の用途」　N11-Electronic library Service
　　大平（青森）、壬（新潟）、後野（茨城）、前田耕地・多摩（東京）、寺尾（神奈川）、宮が谷（京都）、泉福寺（長崎）など。
29　谷口康浩　前掲論文　pp.34-38
30　谷口康浩　前掲論文　p.47
31　谷口康浩　前掲論文　p.46
32　岡村道雄著　2008　『縄文の生活史』　講談社　p.156
　　「ここでは、ムラはずれを流れる小川に面した斜面を、効率良く横から掘って粘土を採掘していた。竪穴住居内の石組み炉の脇から、女が食料の加工や調理具として使った石皿やスリ石、今日の鍋・釜にあたる粗製の土器が発見されることが多いが、それらとともに粘土も発見されている。炉端の脇の女の座に粘土が用意され、女が土器を作っていたことがうかがい知れる。土器には女性のものと考えられる指紋が残されていることもあり、また、現代の民族例でも女性が作っていることが多いので、縄文土器も女が炉端で作り、露天で焼かれていたと考えられる。」
33　岡村道雄　前掲書　p.69
34　岡村道雄　前掲書　pp.200-202
35　岡村道雄　前掲書　p.203
36　置賜文化フォーラム　2019.2.14　「押出遺跡と縄文クッキー」
37　遠野市立博物館　2003　『綾織新田遺跡』　遠野市立博物館　p.16
38　瀬川清子著　1972　『アイヌの婚姻』　未来社
39　瀬川清子　前掲書　p.171
40　瀬川清子　前掲書　pp.142-151

第6章

日本の性別役割分担意識の形成過程

アンコンシャス・バイヤスが何故浮遊し続けるのか

1 はじめに

1-1「一億総活躍」と女性

　かつて、一億総活躍国民会議は、「一億総活躍社会の実現に向けて緊急に実施すべき対策 — 成長と分配の好循環の形成に向けて — 」を公表した[1]。

　「若者も高齢者も、女性も男性も、障害や難病のある方も、一度失敗を経験した人も、みんなが包摂され活躍できる社会それが一億総活躍社会である」という言葉自体は、誰もが望むことである。

　しかし、その背景にあるのは、「少子高齢化の進行が、労働力供給の減少のみならず、将来の経済規模の縮小や生活水準の低下を招き、経済の持続性を危うくする」という認識である。そして「労働参加率の向上」、「生産性の向上」、「経済の好循環の強化」などの言葉が並べ立てられる。しかも「三世代同居・近居」を安全弁としながら、「介護ロボット」で介護人材不足を補い、考え付くあらゆる施策を並べ立てて、「希望出生率1.8％」、「介護離職ゼロ」を目指すと語られる。

一億総活躍から連想されるもの

　そんな内容を包含する「一億総活躍」とは、戦前の「国家総動員」や「産めよ、増やせよ」を思い起こさせる。そしてまた、資本主義発生過程のヨーロッパでの「エンクロージャー」を連想させる。囲い込まれた農場から追い出されて家族がばらばらに解体されながら、資本制生産の場に吸収されていった歴史を。老いも若きも、男も女も、子どもも幼児までも、その一人ひとりが賃労働者として、工場労働の場に引きずり込まれて行ったことを。さらにまた、「一億総働き」をあおりたてるその奥には、安価な労働力としての外国人労働者の受け容れ願望も見え隠れする。

　高々10年前の男女共同参画白書[2]では、「我が国は固定的性別役割分担意識や女性の能力に関しての偏見が根強いことや、過去からの経緯などによって、現状では男女の置かれた社会的状況において個人の能力、努力によらない格差があることが考えられる」と記されていた。その根強い偏見や意識が払拭されないままに、女性が「一億総活躍」に取り込まれる時、何が起きるのか。

日本における「性別分業」と「性別役割分担意識」

　歴史を振り返れば、日本における明確な性別分業は、上層部を除けば、武家の「男は禄を食み、女は奥を取り仕切る」形に始まる。そして明治維新以後、資本主義の発展に伴って出現した近代的核家族下での、「男は賃労働し、女は家事労働する」という新たな形で徐々に庶民の間に浸透した。しかし、それが一般的に成立したのは戦後の高度成長期であり、つい数十年前のことである。

　しかも資本主義が必要とする性別分業は、その発展過程で生ずる一時的過渡的なものであった。専業主婦が1975年をピークに減少するのに反比例して、未婚・晩婚・高齢出産などの社会的問題を伴いつつ、女性の働き方が流動化したのである。出産育児期に専業主婦となりながら、その後パートに出る兼業主婦が増加し、結果として、明確な性別分業自体は消滅しつつある。

　にもかかわらず、何故日本では未だに「性別役割分担意識」や「女性の能力に関しての偏見」が、根強く問題視されるのか。それは他でもない。現在の資本制システムが、低賃金労働者としての大量の兼業主婦のパート労働を必要としていて、「性別役割分担意識」はそのために極めて有効だからではないのか。

　しかも、それをテコにして大量の非正規雇用者を生み出し、男性労働者の労働条件を引き下げ、家族を破壊し、全ての人が総働きしなければ生きて行けない条件を作り出しつつある。その意味で、現在では、「性別役割分担意識」は、女性だけでなく、男性の働き方をも規制するだけの力を持つに到っている。

明治民法 ── 資本制システムが要求する家父長制的家族制度と良妻賢母教育

　明治維新を経て、西洋文明が「進歩的なもの」として移入されながら、明治民法では家父長制的家族制度が取り入れられた。幕藩体制が葬り去られ武家社会が消滅したにもかかわらず、何故、武家社会に典型的な女性の隷従を前提とする家父長制的家族制度が、「明治民法」に取り入れられたのか。

　川島武宜は、『イデオロギーとしての家族制度』の中で、明治民法が果たした役割のひとつとして、「長男単独相続制は、農家の二・三男をまったく無一物で都市の労働市場におしだしつつ、しかも彼らの生存の最後の保障として農村の親あるいはアニの財産を維持するという仕組みで、日本資本主義に特有な低賃金を保障した」[3]と言う。

　資本制システムが要求する労働者の安定供給・確保のために、農村の家父長制形成が必要とされた、との指摘は重要である。この「法」のもとに、農

村の家内労働に支えられた家族が変質しながら、日本の資本主義は発達しつつ、植民地獲得・帝国主義戦争へと行き着いた。しかもそれが破堤した戦争末期前後には、戦火に焼け出され困窮した人々の疎開や買い出し受け入れ先として、農村に残された家父長制家族は、改めて重要な役割を果たしたのである。

　「法」に規定された家父長制的家族制度は、農村のみならず全ての家族に強制され、必然的に嫡男確保のための女性の隷従を要求する。そのために「良妻賢母思想」が必要とされた。

　深谷昌志は『良妻賢母主義の教育』の中で、「端的にいって、筆者は良妻賢母を日本特有の近代化の課程が生み出した歴史的複合体とみなしている。すなわち、ナショナリズムの台頭を背景に、儒教的なものを土台としながら、民衆の女性像からの規制を受けつつ、西欧の女性像を屈折して吸収した複合思想である」[4]と言う。

1-2 本章の課題と論点

　本章の課題は、日本の「性別役割分担意識」の形成過程を明らかにすることにある。そして、それが資本主義の発展と共にどの様に生き延びて、現在どのような役割を果たしているかを明らかにすることにある。

　2では、日本古来の素朴な両性関係が、皇統の父系性願望により変質していく過程を捉える。次いで、江戸時代に「男は禄を食み、女は奥を取り仕切る」形の性別分業が確立した様を、貝原益軒の「教女子法」を基に明らかにする。

　3では、益軒の理念を離れて、「嫁の心得もどき」の部分だけが強調された「女大学」が、手習いの形で幼い女児にまで刷り込まれたことに触れる。ついで、女大学類似書などを手掛かりに、「良妻賢母思想」が醸成された過程を探る。

　4では、まず武家社会の崩壊にもかかわらず、武家社会に必要であった家父長制家族制度が明治民法に取り入れられたのは、資本制システムが要求する低賃銀労働者安定確保のためであったことを考える。そして「法」と「教育」により、すべての女性の隷従が求められ、下々まで浸透し始めたことを明らかにする。

　5では、初期の資本主義が要求する「夫は外で稼ぎ、妻は家事労働する」形の性別分業は、日本では高度成長時代にピークを迎えたに過ぎないことを示す。ついで、女性の働き方の流動化に伴い、性別役割分担意識は、低賃金のパート労働者の安定確保に極めて有効であり、そのために利用されている

ことを明らかにする。

6では、近代的核家族の下での子育てと経済的自立の困難さにより、分断された女性の人格同士がいがみ合うという悲しい現象が進行していることを考える。そして、現象的には高等教育期間と生物的出産適齢期の重複にあることを捉え、子育てしつつ学ぶ場の確立を提起する。

7では「ママリアの一員であるサピエンス」としての、女性の全面発達を取り戻すために、女性自らがその道を切り開いて行くことを展望する。

2 日本における両性関係と性別分業

2-1 古来の日本における両性関係

古歌から感じ取る日本古来の両性関係

日本では古来から性関係はおおらかであり、厳密に夫婦関係を定めない妻問い婚が一般的であったとの説が根強くささやかれてきたが、意外とその根拠は明白ではない。時として引用される古事記や源氏物語は、皇統を中心に繰り広げられる世界の物語であって、一般的な両性関係を反映したものと捉えるには少々無理がある。そのあたりを、まずは万葉集に収録された東歌や防人の歌、小倉百人一首から探って見たい。

〈東歌〉
　奥山の　真木の板戸を　とどとして　我が開かむに　入り来て寝なせ
　汝が母に　嘖られ吾は行く　青雲の　出で来我妹子　相見て行かむ
〈防人の歌〉
　葦垣の　隈所に立ちて　我妹子が　袖もしほほに　泣きそし思はゆ
　我が夫なを　筑紫へ遣りて　愛しみ　帯は解かなな　奇にかも寝む
〈百人一首〉
　難波江の　葦の刈根(仮寝)の　一夜ゆえ　身をつくしてや　恋ひわたるべき
　由良の戸を　渡る舟人　舵を絶へ　ゆくへも知らぬ　恋の道かな

東歌や防人の歌は、公地公民下での民衆が自らの生活の中で詠んだ歌である。東歌では、夜這いを待ち望む娘の気持ちや、娘の母親に咎められて悄然と出て行く若者の姿などから、若い二人の恋心がしのばれる。防人の歌では、我が夫⇔我妹子と慕い逢う二人の、遠く引き裂かれる悲しみがそのまま伝

わってくる。これらの歌の恋焦がれ合う姿からは、強固に結ばれた両性の情感が、素朴に、しかもおおらかに表現されていることが感じ取れる。

　一方、百人一首の歌は主として宮廷の歌会で作られたものである。とすれば、宮廷内には、この様な、「一夜の出会いに身を焦がす想い」を「文化的」と捉える風潮が広がっていた様が伺える。

古事記の世界の歌垣から読み取れるもの

　歌垣とは、元来農村社会で、春の種まきや秋の収穫の後などに、豊作を祈り、神を祭って、飲食したり舞踏したり歌を戦わせたりした行事であったが、次第に農耕との関係を離れて、歌のやり取りによる求婚の機会となって行った。

　古事記[15]の冒頭近くには、「生むことやいかに」「しかよけむ」とのイザナギとイザナミの会話が記されている。そして、それに続く古事記の世界では、権力者が地方征討に赴きながら、その地の美しい娘の差し出しを求める際に、歌垣が用いられた様が数多く描かれている。古事記で使われる歌垣とは、まさに、「私の子どもを生んで下さい」との申し入れである。そして、歌垣を残すことで、生まれてくる子どもは皇統の子どもであることが保証される。

　当時の豪族は母系性原理の下にあって、生まれた男の子は当然娘の属する母系性家族の中で育てられる。しかし成長すれば、遠く離れた父系の皇統を継ぐ者となる。そして、豪族は娘の差し出しを介して、皇統との親族関係を深めながら、それをその地での権力強化に生かして行く。皇統は、各地の豪族の娘を介して各地の豪族を従えながら、その強化された豪族の力の上に乗って、大和の国全体の支配体制を固めていく。母系性原理の上に乗って、それを巧みに操りながら、父系性権力を確立していく、実に見事な手法であると捉えざるを得ない。

養老律令と「有婦七去」

　東歌や防人歌の「我が夫⇔我妹子と慕い合う世界」と、百人一首の「一夜の逢瀬に恋焦がれる世界」。この二つの世界を隔てる力を探るために、当時の様子を簡単に年表的にたどっておきたい

　630年〜894年：遣唐使の派遣、645年：大化の改新、701年：大宝律令制定、710年：平城京遷都、〜712年：古事記編纂、〜713年：風土記編纂、718年：養老律令制定、〜720年：日本書紀編纂、〜759年　万葉集編纂

この流れの中で、とりわけ女性にとって重要なのは、大宝律令（701年）には無かった漢代の「有婦七去」が、養老律令（718年）の「戸令七出条」として取り入れられたことである[6]。古事記の端々に滲み出る父系性への願望と、父系性家父長制家族を前提とする「有婦七去」への願望が、上述した二つの歌の世界を隔てた力ではないかと、筆者は捉えたい。

関口裕子は『日本古代婚姻史の研究』の中で、唐律令と養老律令の妻妾規定の比較の上に、「七出条」が「唐令」とほぼ同文であることを指摘する。その上で、当時の日本の、「国家権力による儒教的家父長制イデオロギーの強制持ち込みと、在地における家父長的家族秩序・道徳の未成熟」という状況に触れる。そして、「嫡妻制は嫡子制とセットに持ち込まれた」ものであり、「養老律令に書かれた妻妾規定は唐の妻妾の社会的状態の表現」であって、「当時の日本では妻妾未分化状況にあった」ことを指摘している。

ちなみに、「有婦七去」とは、妻離縁に関する七か条、即ち「父母に従わざるは去る。子なければ去る。淫なれば去る。嫉めば去る。悪しき疾あれば去る。多言なれば去る。窃盗すれば去る。」のことである。

関口の指摘のごとく、「七出条」は、当時の日本の社会状況には馴染まず、律令制の崩壊と共に消え去った。そして、1000年を経た江戸時代になって、貝原益軒の「七去の法」として、その後の日本で知られるようになったのである。

女性の「やきもち」が、何故問題視されるのか

倭国伝は、母系性と類推される邪馬台国では、「女性はやきもちをやかない」[7]と記す。一方、父系制が類推される夫余の国では、「男女の姦淫、夫人のやきもち、みな死刑にされる。特に女性のやきもちによる罪をもっとも憎み、死刑に処した後、屍を国の南の山上に並べて曝し、腐るまで放置する」と記す。何故姦淫だけでなく、これほどに「やきもち」が問題視されるのか。

確実な父系性の嫡男確保の為には嫡妻が必要でありながら、嫡妻だけでは嫡男が確保されるとは限らないのは、父系性の最人の矛盾である。ここに、正妻には厳重な貞節が要求されながら、正妻以外の女性（妾）の存在が社会的に必要とされる。そして、妻・妾が身分的には厳然と区別されながら、正妻には「妾」の公認を求め、妾に対する正妻の嫉妬は厳罰に処される必要が生ずる。

2-2 「夫は禄を食み、妻は奥を取り仕切る」
── 兵農分離による「武士の妻」の出現

　日本における母系性原理は根強かった。平安貴族でさえ、まずは妻問いを経て妻方居住（婚入り）し、個人に与えられる官位を得てから、妻方から独立して夫中心の家族生活を営む形態が一般的であった。明確な夫方居住婚（嫁入り婚）が成立するのは武家社会においてである。

　しかしその後の歴史を辿っても、上層部を除けば武士と農民の間には厳然とした区別があったわけではない。平時は畑仕事をしながら、一旦事あれば鍬を武器に持ち変えて主君の下に駆けつけるのが、大半の武士の姿であった。

　そしてその妻は、残された家族と共に畑仕事を続けながら、夫の無事を祈り、その帰りを待った。不幸にも夫の戦死の知らせを受けても、悲しみの中に田畑を耕しながら、家族の生活を支える主体として女性は働き続けたのである。例えそこに「嫁」という言葉があったとしても、夫婦は柔軟に家内労働を分担・協働し合う家族の中にあった。従って、一般庶民の間では、妻・妾問題など無縁の存在であった。

　戦国の世を経て、秀吉による太閤検地が実施されて、一地一作人としての「百姓」化が試みられ、人掃令により兵農分離・農商分離が企図された。

　江戸期に入り、武士が農村から切り離されてご城下に集められた結果、武士の妻も、農民的な家内労働の重要な担い手としての地位から離脱させられる。それは「夫は禄を食み、妻は奥を取り仕切る」形での、性別分業に取り込まれざるを得なくなることを意味する。即ち、夫の稼ぎなくしては生きられぬ身となって、夫に従属せざるを得ない形で、妻の社会的地位が貶められたのである。

2-3 貝原益軒の女子教育の理念

　貝原益軒（1630 〜 1714 年）は、81 歳で、わが国最初のまとまった教育論と言われる『和俗童子訓』を著している。益軒が生きた時代は、幕藩体制が安泰化しつつある過程にあった。諸産業や交通の発達により都市が発達し、町人の経済力が増大しはじめる。そして、貨幣経済が人々の生活に浸透していく中で、武家の生活困窮が表面化し始める時期でもある。

　益軒は『和俗童子訓』で、全体としては武士の子（男子）の随年教育を論じているのだが、四民（士農工商）・女子をも視野に入れての早期教育の必

要性に触れていることは貴重である。「およそ、人となれるものは、皆天地の徳をうけ、心に仁・義・礼・智・信の五性をむまれつきたれば、其性のままにしたがえば、父子、君臣、夫婦、長幼、朋友の五倫の道、行わる。」[8] と。

とりわけ女子教育については「教女子法」を別筆し、父母の手による随年教育の必要性[9] とその内容を説く。それらは、曹大家[10] の「女誡」を下敷きにしての「敬順」、「女の四行（婦徳・婦言・婦容・婦功）」などの説諭とまとめうる。

その中で益軒は、初期の教育は男子と同等のものを教えるべきと明言する[11]。臣の立場から君臣のあり方（臣従）を説いた書（四書五経）と、女性の立場から「婦」のあり方（夫への忍従）を説いた書（女誡）の双方を、女子にも原文で読ませるべきとの理念は貴重である。ただし、その内容が、「いにしえ、天子より以下、男は外をおさめ、女は内をおさむ」を前提にしたものであることは、当時の武家社会を前提にすれば、やむを得ないことであったと、筆者は理解する。

女の職分としての「紡ぎ、織り、縫う」労働の位置

益軒が説く「婦功」や「女の職分」の中身は、もともとは農民の家内労働の中から農作業を分離したに過ぎないものであった。とりわけ益軒が強調する「紡ぎ、織り、縫う」労働は、益軒が「天照大神みずから神衣を織りたまい」と指摘する様に、太古の昔から女性が担い・引き継いできたものである。ちなみに、筆者は、その起源は現生人類の進化の過程に遡り、わが子の保温の為に植物繊維を利用したことにあると捉えてきた。

しかし江戸中期においては、その「紡ぎ、織り、縫う」労働が、社会的には既に家内工業化し始め、やがてマニュファクチュアへと発展していく過程にあった。そしてその生産物が呉服屋の棚に商品として並び始め、それらの奢侈品の購入などが武家の生活の困窮を招き始めていた時期である。

そのことを視野に入れて考えれば、益軒が質素倹約・奢侈のいましめを説きながら婦功を強調することは、妻の労働によって困窮を切り抜けることを求めるものである。それは、見方を変えれば、商品生産労働に対置する妻の家内無償労働の萌芽とも言えよう。

嫡男確保のための妻の役割と「七去の法」

武家社会の性別分業による妻の地位の相対的低下と時を同じくして、家督

相続者たる嫡男確保のための「妻の役割」が強調され始める。そして「お家」安泰のために、「家」と「家」を結ぶ絆としての婚姻関係が、下層武士層まで浸透していく。ここに、「正妻」の形式的な位置が高められつつ、妻の忍従の下に「妾」が公然と必要とされるという、父系性の矛盾が表面化してきたのである。

　かつて、家父長制未成熟の段階では、妻に対する離縁の理由など何の意味も持たず、養老律令では単なるお飾りとしての外来思想に過ぎなかった「七出条」。それが、1000年の時を経て、安泰化する武家社会の家父長制単独家督相続制度維持のために、益軒の「七去の法」として修正されながら蘇ったと言えよう。言い換えれば、上層部のみならず、少なくとも武士階級に一般的に及んだという限りにおいての、日本における家父長制的秩序確立の追認である。

良き嫁＝お家のために忍従する婦

　武士とて文武両道が求められる江戸中期にあっては、直接的な刑罰や強権的な離縁はなじまない。穏やかに家父長制的秩序を維持・継続する為に、益軒は、「お家」の為に忍従する「婦」を求め、その教育の必要性を説く。

　一方益軒は、全体として「父母」の子に対する教育を強調するが、子育ての主体者としての母の姿は見えないままでありどこにおいても触れていない。子育てにかかわる言葉は、家内で衣食住を整えるための雑多な「婦の職分」を並べ立てたうちのひとつとして、さりげなく書かれているだけで¹²、全編中、他にはまったく見当たらない。

　それは、「子」は、妻が産んだ子か否かにかかわらず「お家の子」であって、子育ては家内労働全般の中にあり、婢（使用人）を含む、家族全体の柔軟な役割分担の下にあったことの反映であった。

　要するに、武家の女性に求められるのは、文句を言わずに、従順に家政を取り仕切る「良き嫁」であって、「良き妻」でもなければ「賢い母」でもない。

2-4 益軒の理念を離れた「女大学」の成立 ─ 女児の手習い

　益軒の没年直後（1716年）に、『女大学宝箱』が他人の手により出版されている。益軒は「教女子法」の中で、「女子の嫁する時、かねてより父母の教ゆべき事、十三条あり」として、嫁としての心得を、娘に諭す調子で事細かに書いている。この、随年教育の一コマに過ぎない十三条を主体として、

他の部分を若干加味しながら、分かりやすく 19 条にまとめられたのが、「女大学宝箱」である。即ち、「男子と同等に」・「古書の引用」などの益軒の理念を省いた形で書かれた書が、その後「女大学」とか「貝原益軒の女大学」と言われて来たのである。

　石川松太郎は、「要するに『女大学』（享保版女大学）は、益軒以外のだれかが、『女子を教ゆる法』あたりを参酌しながら、よくいって自由、悪くいえば気ままに編集した教訓書と結論せざるをえないのである」[13] と、言い切っている。

　こうして「教女子法」は、益軒の理念を離れて、「嫁する娘に与える嫁の心得」もどきの部分だけが『女大学』に変身した。そしてそれは、女子の教科書・教訓書と化し、様々な「女大学類似書」が出版されて、女児は幼い時から手習いの手本としてその内容を刷り込まれてきたのである。

▌3 西洋文明移入による「良妻賢母思想」の醸成

3-1 進歩的思想として移入された「西欧文明における女性像」

　明治維新以降には、文明開化的な女性観の影響を受けて、新たな女大学類似書が登場する。その内容に入る前に、明治維新時に、進歩的な思想として移入された西欧文明における女性像を、次の二点を前提に見ておきたい。

　第一は、西洋文明の基底にあるキリスト教は、神の下の両性の平等を説くが、新約聖書と共に旧約聖書も「聖書」として扱っていることは、紛れもない事実である。従って、その冒頭で男性を支配者、女性はその助け手と規定し、「男性が生計稼得し、女が子を産み育てる」という性別分業が、神の罰として規定されていることを、視野に入れておく必要がある。

　第二に、当時の西欧諸国は産業革命を経て、初期の資本主義の発生過程でばらばらに破壊された家族を、再編制し直している過程にあった。すなわち、資本主義化から取り残された雑多な家事労働を、一手に引き受ける「専業主婦」の存在を前提にする、近代的核家族の形成期にあった。

　言い換えれば、人間の平等・男女同権が謳われながらも、明確な性別分業が社会的に必要とされている段階にあった。ちなみに、法の下での両性の平等と自由競争による女性の解放を説く、J・S・ミルの『女性の解放』[14] の出版は 1868 年である。そして、大工業の発展により女性は家事労働から解放されると説く、エンゲルスの『家族・私有財産・国家の起源』の出版は

1884 年である。

　明治維新により、多くの日本人が直接目にした、来日外国人男性に随伴する夫人の多くは、高い教育を受けて知性的であったかもしれない。レデイファーストの風習などは、「女大学」に縛られる日本の女性と比して、それを女性の地位の高さと取り違えたとしても無理はない。しかし、夫婦同伴での来日は、その大半が「夫が稼ぎ、妻は家事労働する」形の性別分業下にあったのである。

ミッションスクールの「シスター」と女子教育

　また、女子教育の分野で移入された、ミッションスクールの外国人女教師たちの多くは、「シスター」と呼ばれる修道女であった。「生涯独身で、処女を守り、神に身を捧げることを誓う聖女」のみが「神の罰としての産みの苦しみから解放されて、男性と同等の学問が許される」というキリスト教の伝統。彼女たちの男性と同等に自立して生きる姿は、現在、経済的自立と男性と同等の活躍の場を求めて、結婚せず、子育てしない道を選択する女性の存在に類似する。

　彼女らの知性が、日本人の女性観に与えた影響は大きなものがある。しかし、当時の西洋本国での一般女性は、神の罰としての根強い性別分業意識の土台の上に、核家族の下での男性への隷従を強いられ、貧困と飢えに苦しんでいた。

　それらを念頭において、以下、明治以後の女大学類似書について見て行こう。

3-2「女大学類似書」から読み取る、「良妻賢母思想」の醸成過程

「紡ぎ、織り、縫う」労働 ─ 手工業→機械製大工業へ

　高田義甫の「女訓」(1874 年) は、一見掴みどころがなく、見聞きした目新しさを「女大学」という土台の上に散りばめた感がある。

　しかし、和式の養蚕・糸繰り・手旗織り・布さらしなどの図と、西洋式手動糸巻き・足踏みミシン、蒸気織布・紡績工場の様子、西洋布さらしの図などを、挿絵として対置している[15] ことは興味深い。益軒の「婦功」の中に強調された「紡ぎ・織り・縫う」労働。それが、手工業から機械制大工業へと発展し、家内労働の担い手だった女性が、「女工」として資本制生産様式の中へ取り込まれていく姿が、「目新しい」ものとしていち早く「女大学」を飾っていたのである。

ちなみにこの書出版の２年前（1872年）に富岡製糸工場が開業している。文明開化は、男女平等とか、自主・自由とかの言葉よりも、もっと直接的に、女性の身近な生活を変えるだけの影響力を持ち始めていた様が伺える。

　もう一つ注目すべきは、「小児を養育するは母の重き職なり」と明言し、13項目に渡って具体的に細々と、育て方を記していることである。それは単純な西洋礼賛と受け止められるが、その内容はさておくとして、西洋では一般的には、近代的核家族下での子育てが、母親によって担われている実態の反映と見ることができる。

日本臣民としての男女同権論・東洋思想からの「賢母」・「内助」

　自由民権運動の士土居光華は、「文明論女大学」（1876年）で、日本臣民としての男女同権論[16]を展開する。その論理は、神の下での両性の平等という論理に類似し、その後の良妻賢母思想の土台となる論理の萌芽として注目に値する。

　1880年には、萩原乙彦の「新選増補女大学」が出された。その最終節に「古より『豪傑は、賢母に生る』と云い伝う。孟子己来世々の英士が母は大概賢き物也」[17]として、東洋思想からの「賢母」が引用されているのは興味深い。

　1882年には西野古海の「新選女大学」が著されるが、ここで特筆すべきは「内助」[18]である。「同権とは、男は外を務め財産を謀る、之を男子の権という。女は内に在りて、夫を助け家政を営む、之を女子の権という」と。

日本の良妻賢母思想の独自性

　これらの流れの中には、儒教的な主君⇔臣民・夫⇔妻　と言う形での直線的な主従関係が、公的には巧妙に隠蔽されていく様が読み取れる。そして西洋文明を取り入れながら、夫と妻の自由平等な水平関係を底辺にして、それぞれが主君（天皇）と臣従関係を結ぶという、三角形の関係に置き換えられていく。

　すなわちそこで要求されるのは、国家の為に子どもを産み育てる「母」と、夫に対する内助を前提とする「妻」である。しかも臣民としての女性の強調は、必要とあらば勤労動員に励み、銃後を守ってお国に尽くす、という女性像をも包含しうる。ここに「良妻賢母思想」へと発展していく萌芽が読み取れる。

　深谷昌志は、『良妻賢母主義の教育』の中で、日本の良妻賢母の思想としての独自性を次のようにまとめている[19]。

「儒教的女性像は、両性間の支配─被支配関係を明確にし、女性の視野を家庭内に限定している。この点で、支配の主体を隠蔽し、女性の国家的な貢献を重視する良妻賢母といちじるしい対比を示している」。

また、「女性の社会的（国家的）な役割を認めたのは、日本在来の女性像にかけるところであり、西欧思想の影響が感じられるが、欧米では血縁集団内での感情と国家に対する忠誠とは明確に識別され、両者の融合は考えられない」。

さらに、「性的な役割行動の分化は、民衆の女性像の特色をなすものであるが、民衆の女性の関心事は家庭─およびそれを取り巻く地縁共同体─内であって、国家的利害に結びつくことはなかった」。

そして、「わが国のナショナリズムが、ウルトラと呼ばれ、欧米や東洋のナショナリズムとは異質のものであるように、良妻賢母も、日本の近代化が生んだ得異な思想なのである。」としめくくっている。

4 明治民法と家父長制的家族制度

4-1 明治民法制定と女性

明治維新後、一時的な欧化の夢が覚めた時、産業革命を経て、対外的には植民地進出・争奪を進めながらも、国内の貧困・労働運動に苦しむ西洋列強諸国の姿が見えてきたはずである。そして、列強と渡り合いながら資本主義の発展を志向し、どの様な国づくりをして国力を高めるかは重要な課題であった。それを模索する過程で、時の政策担当者たちは、西洋国内の現実を、支配層のみならず、労働者の家族や女性の状況についても、十分に見聞きし研究したことは想像に難くない。

1890 年公布のフランス風の自由主義的民法は、様々な論争を経て、96 ～ 98 年にドイツ風の修正民法として公布された。その中の「家族法」では、戸主を頂点とする形で家父長制的家族制度を取り入れて、基本的には父系制・長男単独相続が優先された。そして、一夫一婦制を前提にしながら、婚姻・養子縁組・居住についての戸主の同意を必要とした。更に「婚姻期間中に妻が産んだ子は夫の子と推定する」として、嫡出子（婚内子）の親権を男性が独占し、婚外子を「私生児」と定め、重婚・姦通は禁止された。

しかし実質的に嫡男を確実に保障するためには、婚外子の認知が認められ、「法」内には明記されない「妾」の存在が、社会的には認知されざるを得ない。

従って、これらの状況を全て飲み込んで大らかに家政を営む「忍従の妻」が、暗黙の了解として「法」の下に女性に求められ、実質的には、君⇔家父長（＝戸主）⇔夫⇔妻と言う形での、直線的主従関係が志向されるに至る。

こうして、益軒の説く「七去」に対する妻の対処法が、形を変えて求められ、「女大学」がそのまま女子教育に取り込まれ始めたのである。

福沢諭吉の「女大学評論・新女大学」

修正民法公布直後の1899年、福沢諭吉の『女大学評論・新女大学』が出版される。「新女大学」では、まず実母の母乳育児の必要性と夫の育児分担を説く。出産育児の大変さを、自分もかかわるべき問題として公言した意義は大きく、現在の核家族下での難問に繋がる指摘であることは、注目に値する。

続いて、「極端を論ずれば、兵学の外に、女子に限りて無用の学なしと云う可き」、「殊に我輩が日本女子に限りて是非とも其の智識を開発せんと欲する所は、社会上の経済思想と法律思想と此の二者に在り」との明言も貴重である[20]。

一方「女大学評論」では、自由平等な一夫一婦制を前提に、「女大学」を貫く「男尊女卑」思想批判が繰り広げられて、斬新ではある。しかし、諭吉が、益軒の「和俗童子訓」の巻五としての「教女子法」を批判の対象に選ばず、「女大学」しか視野に無く、枝葉末節の言葉を捉えての批判に労を費やしていることは残念である。

とりわけ、「民法」の「離縁に関する規定」を盾にして「七去」を批判している[21]のは、諭吉は「民法」と「七去」の共通項としての「家父長制的秩序維持」を見抜けなかったことを意味する、と理解せざるを得ない。

4-2　何故この期に家父長制的家族制度が必要とされたのか

もともと日本では、父系性の長男単独相続制度は武家に必要な制度であって、庶民に必要なものではなかった。それなのに、幕藩体制は完全に破壊されて、武家そのものが姿を消した段階で、何故この様な「民法」による、家父長制的家族制度が必要とされたのか。

川島武宜は、『イデオロギーとしての家族制度』の中で、「要するに、明治民法の家族法は、現実の家族秩序をそのまま維持することを目的とするのではなくて、むしろそれを、より権威主義的に変容すること、そうして、それを通して絶対主義的『臣民』のパーソナリテイを作るための訓練機関をつく

ることを目的としていたと認められる」[22] と指摘している。

　更に、川島は、「長男単独相続制は、恐らく、寄生地主および中間自作農層の財産を保全することによって、明治以後形成された農村の階層構造の財産的基礎を保障するという機能をもった」こと。さらに、「長男単独相続は、農家の二、三男をまったく無一物で都市の労働市場におしだしつつ、しかも彼らの生存の最後の保障として農村の親あるいはアニの財産を維持するというしくみで、日本資本主義に特有な低賃金を保障した」ことを指摘する。

明治民法における家父長制家族 ― 安定した男性労働者層の確保

　ここに、明治民法の家族法における家父長制は、守旧的なものではなく、家族秩序を権威主義的に変容させるためのものであったことが見えてくる。即ち、資本制的生産の発展のために、安定した男性労働者層を確保するという明確な目的を持つことが。そしてその上に、政治権力の基礎地盤としての農村に新秩序を作り出すために創り出された、積極的な意味を持つものであることが。

　初期の資本制的生産の発展を支えた「女工」は、低賃金の使い捨て労働力扱いが社会的には可能であった。彼女らは基本的には嫁や嫁入り前の娘であり、夫や親の庇護下にあって、前近代的な年季奉公の名残の枷で縛られていたのである。しかし、二、三男を農村から押し出して、安定した都市労働者として継続的に確保するためには、完全な使い捨て労働者化はなじまない。社会不安の増大に繋がりかねないからである。

　一日の労働で疲れ切った労働者が、疲れを癒し明日への活力を保障するために、家内労働の分化が未熟な当時の状況では、こまごまと衣食住を整えてくれる「だれか」が必要である。社会的には未来の労働力としての「子ども」を育てる必要もある。ここに、一人前の労働者として働き続けるための「家族」が必要になる。「夫は賃労働に、妻は家事労働に」、という形での性別分業を前提とする、「近代的核家族」が形成され始めたのである。

農村における家族の変質と女性

　一方農村では、「法」の下に強力に形成されつつある家父長制的家族制度の下で、法的には戸主の下の大家族制形態が形成されていく。しかし実質的には二・三男夫婦は都会に去り、長男夫婦が舅姑と同居するスリムな家族が増加した。

農村の女性は、近隣協力し合ってきた女性集団の規模も縮小されて、農作業のみならず家内労働の負担分も増加する。その上に、嫡男確保のための舅・姑・夫への従属を要求され、「女大学」の教えに縛られ、「性別役割分担意識」が刷り込まれ始める。こうして、農作業や家内労働の重要な担い手でありながら、「農家の嫁・戸主の妻」としての忍従の道へと追い込まれ始めたのである。

　こうして、旧石器時代の狩漁採集生活、縄文時代の家族総出の採集・加工生活、弥生時代の稲作農耕の移入以来、農民が当たり前に受け継いできた家内労働形態が、最後の砦である農村でも急速に崩壊し始めた。そして、家族間の柔軟な臨機応変に交替可能な分担・協働関係の変質に伴って、親愛関係に基づく両性関係もまた変質し始めた。それでも、海女稼ぎの女性たちの存在する志摩の農村には、戦争末期にも「寝屋」が残っていたことを、川島は指摘する[23]。

4-3　現在の日本の婚姻制度と父性

　明治29年（1896年）の法律を引き継いだ現在の民法[24]では、「妻が婚姻中に懐胎した子は夫の子と推定する」と明確に規定する。そしてそれを「婚姻の成立の日から200日を経過した後、または婚姻の解消もしくは取り消しの日から300日以内に生まれた子は、婚姻中に懐胎したものと推定する」と補足する。法による「推定」とは、子どもの戸籍上の父親の「特定」に他ならない。

　300日規定は、離婚後の出産における、前夫の嫡出子としての入籍要求の名残である。200日規定は、農村などで行われていた足入れ婚[25]などに対応して、妊娠の確定後の入籍を法が認めることである。裏返せば、例え事実上結婚して家内労働の重要な担い手として数年過ごしても、子どもが出来ない嫁は離縁しても戸籍を汚さない（痕跡を残さない）ということの名残である。

　200日規定は現在の「出来ちゃった婚」に対応しているとも捉え得る。

離婚・再婚に関わる規制

　次いで「女は、前婚の解消又は取消しの日から六箇月を経過した後でなければ、再婚をすることが出来ない」との条項と、その例外規定として、「女が前婚の解消又は取り消しの前から懐胎していた場合には、その出産の日から、前項の規定を適用しない」がある。「離婚前に懐胎していた可能性のあ

る前夫の子」を出産してしまえば、それ以降の再婚禁止の必要はない。実に現実的である。

　要するに法が暗に求めるのは「嫡出子」の確保であり、婚姻関係に関って生まれる子は「夫の子」なのである。従って、前夫と新夫双方の「子」を混乱なく確保するためには、それを産む女性に対する規制が必要なのである。「胎は借り物」に過ぎないことの名残を、現在の法が明確に示しているのである。

「嫡出子」へのこだわり＝「懐胎日」へのこだわり

　法の「妻が婚姻中に懐胎した子は、夫の子と推定する」は、第8章で詳述するが、マサイ族で見られる「婚姻関係にある妻の産んだ子は夫の子である」に類似する。ただ、そこで決定的に違うのは、マサイ族では血縁関係を問題にしていないことである。

　出産日は誰の目にも明らかで、疑いを挟む余地はない。しかし、父と子の血縁関係の特定は非常に困難な問題である。それでもなお父系性がその特定にこだわるからこそ、法は、「血縁関係の可能性を持つ子」を保障するために、懐胎日にこだわり、難解な種々の例外規定を必要としたのであろう。

　女性に対する規制は、子どもをも規制する。明治民法では、父性推定された子は「嫡出子」、推定されない子は「非嫡出子」として明確に区別されてきた。「嫡出子」と言う言葉自体は、現在の法からは消え、「子」となったけれども、100年以上も前に原型が作られたこの法の精神が、現在も生きているのである。

　300日規定に触れる子どもの出生届を巡って、前夫の子としての提出を拒んだために戸籍を持たない子が出現するなど、現在でもしばしば問題になっている。100年前ならいざ知らず、現在では、離婚後の妻が生んだ子を戸籍に受け入れる話など、男性にとっても迷惑な話であろう。前夫の嫡出否認訴訟、新夫を相手取っての強制認知訴訟など、救済策が採用され始めてはいるが、根本的解決ではない。法そのものの検討が必要であろう。

付記：嫡出推定制度の見直し

　時事通信（2022/02/01 21:27）は、法制審議会（法相の諮問機関）の親子法制部会が、1日、妊娠・出産時の婚姻状況などに基づき子の父親を決める「嫡出推定」制度を見直す民法改正の要綱案をまとめたことを配信している。「離婚・再婚後に生まれた子は原則、現夫の子と推定する。女性の再婚禁止期間も併せて撤廃。」など。

300日規定そのものの撤廃ではなく、女性が再婚していることを前提とした例外規定に過ぎないなど、問題点はあるものの、一歩前進と評価し得るであろう。

5 日本では「性別役割分担意識」が何故根強いのか
― アンコンシャス・バイアス浮遊の可能性

5-1「夫は外で稼ぎ、妻は家事労働する」形の性別分業の成立

家内労働と家族共同体

近代以前には、衣食住の確保は、母系制小集団内での柔軟な役割分担を伴う共同労働に始まり、ごく特殊な上層階級の家族を除けば、基本的には自給自足的な家内労働の形で行われてきた。

家内労働は、家族の成員すべてが、家族全体の生活に必要な衣食住を確保する過程になんらかの形で関わりあう、家族内の共同労働であり、老若男女それぞれの能力に応じての自然な分業を前提とする、集団的な労働であった。もちろん家内労働の中心的な担い手は働き盛りの者たちだが、労働の主役の位置を若い者に譲った年寄りも、長年培った生活の知恵を伝えながら、働ける限りは家族の重要な構成員としての役割を受け持っていた。

出産は、産婆を迎えに走り、湯を沸かして、家族みんながはらはらしながら元気な産声を待ち望んだ。死者を悼み弔うこともまた、悲しみの中に家族全員の手で行われた。文字通りゆりかごから墓場まで、家族共同体内のすべての成員の生活と命は、家族全体の共同労働によって支えられ、守られていたのである。

子どもたちもまた、見様見真似で大人を手伝いながら、やがて家族の一員として年齢に応じて労働に関わり、大人へと成長していくことが保障されていた。家業の世襲が前提とされているため、好むと好まざるとにかかわらず、毎日の生活そのものが自然な労働教育の場であり、社会関係の学習の場であった。

家業の世襲を前提とする家父長制下での女性は、嫡子確保のために、身分的には男性に従属する位置にあった。しかし庶民の間では、女性もまた家内労働の中心的な担い手の一員であり、家族内の重要な位置を占めていたのである。

家内労働の分割 ― 対価の支払われる労働と支払われない労働

　資本主義的な生産様式が発展し始めると、「家内労働」の中にあった糸つむぎや機織りなど、「商品生産化」し易い部分から工場生産の場に引き出されていく。それに伴って、「労働」の対価は「賃金」として「労働者個人」に支払われて、家族共同体は解体されていく。

　しかし家内労働のすべてが商品生産の場に組み込まれたわけではない。同じ家内労働の中にあった、炊事・洗濯や子育て・介護など商品生産化しにくい部分は家族内に取り残されたままであった。商品生産を基本とする資本主義的な生産様式は、結果として家族共同体内にあった「家内労働」を、対価の支払われる「生産労働（賃労働）」と、対価の支払われない「非生産労働（消費労働）」へと分割したのである。家族内に取り残されたままの消費労働は、ここでは「家事労働」と呼ぶ方が分かり易いかもしれない。

　長時間労働で疲れきった労働者が、家に帰って手間のかかる家事労働を自分でこなすことは困難である。また資本主義的な生産を継続するには、今目の前で働いてくれる労働者だけでなく、次世代の労働者を産み育てることも必要である。そのために、「結婚」して「無償で家事をこなしてくれる妻を持つ」ことが一人前の男性労働者の基本的な条件となっていく。そして、一人前の労働者の労働の対価は、労働力の生産と再生産を実質的に保障するための「妻の存在」を暗黙の前提にして、支払われるようになる。

「夫は外で稼ぎ、妻は家事労働する」形の性別分業が成立

　こうして、「夫は外で稼ぎ、妻は家事労働する」と言う形での性別分業が成立し、「専業主婦」が誕生した。生産労働から切り離された「専業主婦」の務めは、子どもを産み育てながら家事労働をこなすことにある。そして、社会的には「夫の扶養家族」と位置づけられ、家庭内では、夫に対する従属関係に貶められて行く。核家族という閉鎖的な空間内で夫に逆らえば、「俺が稼いで食わしてやっている」との意識を持つ夫からのドメスティックバイオレンスに発展することも稀ではない。それでも、子どもを抱えて自立して生活する術を持たない妻は、じっとがまんして泣き寝入りするしかなかったのである。

5-2 専業主婦は一時的・過渡的存在形態

　生産労働から切り離されたのは妻だけではない。子どもはもちろん高齢者

も病人も、男性労働者の「扶養家族」として核家族に組み込まれていく。専業主婦に限らず、失業や就職難で雇用関係から排除された人は、当然労働の対価を受け取ることは出来ず、どんな素晴らしい能力を潜めていても、自立した生活は保障されない。それは、労働を提供した個人に対価が支払われる、という資本主義の仕組みの中では当たり前のこととして受容されて来た。

　資本主義の発達と共に、衣服・食材・寝具など、生活必需品のほとんどが「商品化」された。現在では、調理・洗濯・掃除なども社会的な関係の中に入り込みつつある。資本主義が生み出す「商品」は、各部門の専門的な知識や技術を駆使して生産されるので、素人の主婦の手ではとても太刀打ちし難い。従って、家事労働の社会化の可能性が進めば進むほど、雑多な労働の吹き寄せとしての家事労働の価値は相対的に貶められ、それに伴って「専業主婦」の社会的な地位もまた貶められていく。

専業主婦は一時的・過渡的な存在形態

　現時点で振り返ってみれば、専業主婦とは、家内労働が分割されつつ資本主義的生産労働に組み込まれていく過程で出現した、一時的・過渡的な存在形態に過ぎなかったのである。

　人と人との直接的な関わりを必要とするために賃労働化しにくく、最後まで家庭内に取り残されていた「育児」は、働く女性の増加による切実な要求に押されて、保育所や学童保育所が一般化し、「介護」は、医療施設や介護施設で行われるケースが増加している。

　社会化の前提となるサービスには必ず労働の提供が必要であり、当然労働は時間に換算されて報酬が支払われる。しかし、無償の愛と犠牲を前提にした家族の介護では支えられなくなった労働は、時間換算して報酬を支払うべき労働に置き換えるのは難しい。現実問題として、量的にも質的にも置き換えきれない部分が、核家族内に依然として取り残されて、とりわけ女性の肩にのしかかっているのである。

新たな労働形態　　短時間の労働で、充実した私生活を保障する

　専業主婦は 1975 年頃をピークとして、「主婦のパート」として労働の場に引き出され始めた。しかし、子育てと家事を抱えながら働く「兼業主婦」は低賃金に甘んじるしかない。何の保障も無い不安定な労働条件で働く主婦のパート労働者の増加は、やがて一般的な低賃金の温床の役割を果たし、労働

者一般の非正規雇用化の推進に作用した。そして、その結果として、一般的に労働条件を引き下げながら、社会的格差の拡大に寄与したのである。

　しかし、この「短時間の労働によって、家事や育児と両立させながら働く」という形態自体は、新しい働き方を提起したという意味では、画期的なことである。女性に限らず、すべての人間が、短時間の労働で生活の糧を手に入れながら、充実した私生活を送ることが保障される可能性を内包する原初的な形態である。

5-3　日本では「性別役割分担意識」が何故根強いのか

　武家社会における、儒教的倫理規定を取り入れた「性別役割分担意識」は、武家における明確な「性別分業」という土台の上に形成された。しかし、明治維新後の「性別役割分担意識」は、一般庶民における「性別分業」という土台が未成熟のままに、「旧来思想」と「外来思想」の複合体としての「良妻賢母思想」として強制された。

　従って、明治以後の女性には、まず「法」と「教育」によって強力に醸成された「性別役割分担意識」が、家父長制と資本制が要求する二重の枷として絡みあいながらかけられた。そしてそれを後追いする形で、資本制システムが要求する核家族における「性別分業」が徐々に進行したのである。

　しかも、資本制システムが要求する性別分業自体は、高度成長期をピークとする一時的過渡的なものであった。それ故、「性別役割分担意識」が現実の性別分業形態に根付くに十分な時間すら持てないまま、あっさりと土台が消滅したにもかかわらず、強力に醸成された「意識」だけが残された。その残存意識は、現在は大量の低賃金パート労働者確保に極めて有効として、意図的に温存されている。

　すなわち、明確な性別分業の土台の上に生じた「性別役割分担意識」は、土台としての性別分業の止揚によって消滅するはずである。しかし、明確な土台未成熟のままに心底に植えつけられた「意識」は、根が無いままに、公共的なよそおいをもって、都合よく自由自在に補強され、様々な錯覚と偏見を生じさせながら、浮遊し続ける可能性を持つ。ここに、日本特有の「性別役割分担意識」の根強さの一因があると筆者は捉えている。

「性別役割分担意識の刷り込み」── 社会教育・学校教育の持つ底力

　何故、「性別役割分担意識」のみが浮遊し続けるのか。ここに「教育」の

持つ底力を感じざるを得ない。

　武家社会の崩壊と共に形成された「良妻賢母思想」の子どもへの刷り込み
は、学校教育の発生と共に始まった。そして、高等教育の男女別学によって
補強されて、その子の中に一生生き続ける。さらに、彼らすべてが親や教師
となって、社会教育・家庭教育を通じて、次世代に受け継がせていくだけの
力を持つ。

　戦後、家父長制的家族制度は「法」から姿を消し、学制が改革されて、少
なくとも公立小中高での男女共学が実施されたはずである。しかし、戦後教
育で育つ世代は、建前上は男女平等でありながら、戦前の教育を受けた大人
たちに囲まれて、「女の務めは嫁に行って子を生み育てること」に形を変え
た刷り込みを、日常的に受けざるを得なかったのである。

　それはちょうど、戦後復興を促す資本主義の発展と共に、長男単独相続制
が廃止されて、農村自体の崩壊が進行しながら、都市労働者が急増する時期
にあたっていた。残存する「良妻賢母思想」は、核家族の専業主婦の確保に
貢献する形に変質しながら、高度成長期を迎えることになったのである。

男性への刷り込み

　男性は「嫁を迎えてはじめて一人前」と言われ、「妾を持つのは男の甲斐性」
との言葉さえ生きていた。一般的な男性は、必ずしも妻に自分への隷従を強
いることを意識していたわけではないのかもしれない。しかし、幼い頃から、
周辺が発する女性に対する言葉は、鏡の反射の様に男子にも映し出される。
すなわち、「性別役割分担意識」が、当たり前のこととして男性にも刷り込
まれる。

　女性たちは、否応なしに「性別役割分担意識」の強制下にあって、苦悩し
ながらも、自らの問題として解放を求めざるを得なかった。しかし、男性に
刷り込まれたものは、どちらかと言えば好都合で、男性自身が敢えて駆逐す
る必然性はない。そんな男性の言動は、知らず知らずに女性に重圧を与え、
隷従を求め続ける可能性が潜んでいる。現在の社会が一般的には男性中心で
あって、その中に「性別役割分担意識」が濃厚に浮遊しているのは、紛れも
ない事実である。

戦後教育を受けた女性たちの選んだ道

　この「女の務めは嫁入りして子どもを生み育てること」、を刷り込まれて

育った世代の女性たちは、それへの反発をばねに、様々な生き方を選択し始めた。

　理解し合える伴侶を得て、社会的な活躍を継続した女性も現れた。彼女らは、一部実家の母などの助けを得ながら、夫の協力も得て、自分たちの力で共同保育の場を創出し、子育てしながら活躍し続ける道を切り開いた。

　けれども大半の女性は、核家族内での専業主婦への道を選ばざるを得なかった。彼女らはそこで、夫の稼ぎに頼らなければ生きられない身である現実を、否応なしに思い知らされた。そしてまた、彼女らは子供たちの教育資金などに迫られながら、子育てが一段落した段階で、働きに出ることを選択せざるを得なかった。すなわち、主婦のパート労働の先駆けとして、低賃金労働者として、労働市場に引きずり込まれ始めたのである。

　一部の女性は、周囲への反発をばねにして、男性と対等に生きる道を開拓し始めた。しかし彼女らと男性の間には一線が引かれて、社会的な評価は厳しいものがある。この問題は、キリスト教における「シスター＝修道女」の存在に類似する。つまり、「処女を守って神に仕えることによってのみ、エバの犯した罪に対する罰としての『結婚』から逃れて、男性と対等に学問ができる（許される）」という問題に。ただしシスターはあくまでもシスターで、牧師にはなれない。

　このシスターの、独立・自律女性の理想像が、フェミニズムに一定の影響を与えたことは否定できない。彼女らは、結婚を愚かなものと捉えて、結婚からの解放を望み、エリートコースに乗るには結婚しない道を選ぶ。しかし、用意されたエリートコースには必ず天井がある。だから、頭打ちになると、専業主婦の愚かさが足を引っ張っていると、矛先が下？に向けられる。悲しい現象ではある。

資本制システムの下には男性も女性も平等である

　しかし、父系制は直接的に男性に対する女性の隷従を必要とするが、資本制システムが要求するのは女性の隷従それ自体ではない。低賃金労働者の安定確保のために、役に立つものなら何でも良いのである。「性別役割分担意識」のもとに大量に生み出された安価な兼業主婦のパート労働は、一般的に大量の非正規雇用者を生み出しながら、正規雇用者の労働条件を引き下げるために重要な役割を果たした。そして、家族破壊を伴いながら、「家族総働き」せざるを得ない状況が進行している。

その意味で、資本制システムの下には男性も女性も平等である。それは同時に、人々が足を引っ張り合う、生存競争の世界である。「一億総活躍」と言う言葉は、それを赤裸々に表現し始めたものとも言えよう。

　振り返ってみれば、明治維新以後70年余に渡って醸成され刷り込まれてきた、資本主義が要求する「性別役割分担意識」は、戦後70余年に渡ってその時々に対応し変質しながら生き延びて、現在に至ってなお生き続けている。かつては女性を規制する役割を果たしてきたその「意識」が、女性を規制することによって男性をも規制し始めている現在、その「意識」の下に両性が縛られ続けるのか、それとも両性協力しながらその「意識」を跳ね除けていくのか、その選択が両性に迫られている。

アンコンシャス・バイアスとは何か

　西欧の性別分業と性別分業意識は、「神」の名の下に正当化されてきた歴史を持つ。前近代的性別分業が、近代的性別分業に置き換わっても、その底には「神」の与えた言葉が生き続けてきた。従って、西欧のフェミニズムは、「神」と言う抽象的な存在を、奇しくも具体的な対象と捉えて、ジェンダー平等を指向することが可能であった。

　しかし、日本の性別役割分担意識は、まさに「意識」そのものとして移入されたために、具体的には捉えどころがないのである。従って、性別分業自体は止揚されても、資本制システムが必要とする限りは、アンコンシャス・バイアス（無意識の偏見）と言う形で浮遊させながら、巧妙に利用され続ける可能性を持つ。

　従って、アンコンシャス・バイアスという耳慣れない言葉に惑わされることなく、無意識の偏見を意識化し、その偏見の持つ歴史的意味を具体的に捉えて、日本におけるジェンダーギャップ解消への力に高めていく必要があると、筆者は考える。

▎6　資本制システムがもたらす女性の人格の分断

6-1　近代的核家族のもとでの子育てと経済的自立の困難さ

　現在の女性にとって最大の不幸は、資本主義がもたらした近代的核家族の下では、子育てと経済的自立の両立が困難であることだと、筆者は捉えている。そんな状況下で、ともすれば経済的自立を求めて子育てをあきらめざる

を得ない女性と、子育てのために経済的自立をあきらめざるを得ない女性とに分断されている。

「性別役割分担」に類似する現象が、女性同士の人格的分断となって表出している。すなわち女性の人格が「サピエンス（知恵ある人）に昇格したかに見える女性」と、「ママリア（乳房類）として貶められているかに見える女性」とに分断されている。そして、分断された人格同士が、互いに反発しあい、いがみ合わされている。

この問題について京都市民大学院の池上惇氏よりメールを頂いた。ここに一部抜粋の上、転記することをお許し願いたい。

【ここで、わたくしが注目したいのは、日本女性が、相互に激しく対立させられ、男性との生存競争以上の、激しい生存競争に晒されていることです。女性同士の憎しみあいともいえる状況は、欧米に追い付き、追い越すために、女性にエリートコースを準備し、女性の力量を引き出しながら、男性を支えさせる形を取っていました。和魂洋才の男女差別版ですね。これは、戦後、アメリカ流の、プラグマティズムとも同調し、日米同盟は、日本女性同士を戦わせる戦略によって、『女性の力量に依存しながらなお、差別を継続するシステム』を構築したのではないでしょうか。

私共の世代は、保育所運動を経験していますから、ここで、働く女性と、男性との、共通の目標ができました。そのさい、大事なことだと思ったのは、保育所は、共同保育づくりから始まり、それを、公営にしながら、公益法人による民営をも含めて、『男性国家に頼らず』、民間運動主導で進められたことです。ここでは、専門職者と、男女がともに、我が子と、地域の子供たちを、協力し合って育てる新たな体験が生まれました。祖父母もみんな協力して、『家族みんな』で、子育てをする習慣が再生したのです。

当時、労働運動など、革新活動が、この方向に同調し、保育を契機として、労働時間の短縮、自由時間の確保、最低賃金制度の充実などが伴っておれば、時代が大きく変わったと思いますが、『保育運動は女子供の活動』という方々が多く。

改革の機を逸した、いまでは、保育所が不足しても、国家や国家の奨励する事業者に依存して、女性が自ら男性とともに、保育所をつくる力量、家族同士の、学びあい、育ちあいの機会が失われました。これが家族の解体にもつながり、一部の女性エリートだけが男性社会に奉仕する形態が再

生したのです。

　ここに、女性の大学進学率が男性を上回っても、'雇用均等を口実とした、欧米から学んだと称する、女性の深夜労働' など、人権無視の法律が成立したのです。労働法制の改悪が進みました。

　女性エリートへの道と、女性過労・健康破壊への道が再整備され、女性同士を闘わせる仕組みが再生強化されました。これにつづく、規制緩和論や、非正規雇用増大の傾向も、女性だけでなく、男性自体が生存競争に巻き込まれてゆく形態です。】

6-2 高等教育期間と出産適齢期間の重複

　思春期とは、女性の発情期の喪失という、人類進化の傷跡を癒しながら発展してきた、人類独特の両性関係の形成・成熟期間である。しかし現在では、生物学的出産適齢期である 20 歳前後の期間が、高等教育期間と重複して、思春期における発達が学校教育の中では学業における邪魔ものと扱われがちである。結果として出産が生物学的適齢期から社会的に排除されている。

　両性関係に関わる自然な文化資本の継続は遮断され、商業主義的な無責任な性情報の氾濫の中に、個人がぽつんと存在するような現在の社会的人間関係。その狭間にあって、思春期の真っただ中で、思いもかけない妊娠に戸惑う少女たちの存在。誰にも相談できずにトイレで産み落とすという悲しい報道は、氷山の一角に過ぎないことを、深刻に考えるべき時期に来ている。

　筆者は、現在、「ママリアの一員であるサピエンス」としての、女性の全人的な発達を保障すること、を妨げている最大のネックが、現象的には、高等教育期間と生物学的出産適齢期間が完全に重複していることにあると理解している。即ち、20 歳前後のその期間に二者択一の選択を強いられた結果が、その後の生活スタイルを実質的に規定することになるのである。

　そして、その結果として、その影響は女性の人格の分断として、終生継続されざるをえないのが現状である。この状況を打破するためには、出産適齢期間は生物学的な制約を受けざるを得ない以上、高等教育の有り方について、捉えなおす必要があると筆者は考える。

子育てしつつ学ぶ場を！

　人類の出産が、生物学的には自立出産不能な難産で母胎の負担が過度に重いことから、一時的には教育期間の中断はやむを得ないことである。しかし、

人生100年と言う時間的スケールから考えれば、それは高々数ヶ月に過ぎない。超未熟児として出生する新生児の乳児期もまた、母親の負担は大きいが、それは、母親一人がすべてを背負うべき問題ではない。父母・祖父母・家族間協力・社会的協力を前提とすれば、子育てしつつ学ぶことは十分に可能なはずである。

　子育てしつつ学ぶ場が開かれれば、子育ての経験を生かしながら学びを深め、新たな生きがいの場を求めることが可能になる。つまり、女性の人格が分断される必然性は消滅するはずである。その意味で、池上惇氏の「学習社会の創造」[26] や十名直喜氏の「働・学・研」の理念[27] は、とりわけ女性にとって重要なものだと、筆者は考える。

▎7 おわりに ─ 新たな活路を切り開く力

　人類の女性は、とりわけ現生人類に到達する過程では、短毛化の進行による生存の危機を乗り越えるために、それまでの父系性集団に見切りをつけて、子育て集団としての母系制社会を自らの手で創り上げた。そしてそこに男性を引き付けて、子を産み育てながら命を繋いできた。人類の男性もまた「進化の傷跡」を癒し、両性間の齟齬を埋めながら、母系制家族の一員となり、家族全員の生活を力強く支えてきた。人類の女性と男性は、共に協働しつつ、進化の最終段階を乗り切って、現生人類に到達したのである。

　池上惇氏の言われる「保育所を作り出す力量」、それを筆者は「現生人類の女性が男性の力も引き付けながら母系制の子育て集団を作り出した力」に重ねて捉えたい。どんな困難に対しても、それを乗り越えるだけのものを、人類の女性は、探り当てながら進化してきたのである。

　翻って現在、女性自身が自らを「ママリア」と「サピエンス」に分断していがみ合うのは、あまりにも悲しい現実である。現生人類の一員である我々は、進化の過程で身につけてきた、どんな状況でも、そこに新たな活路を切り開いて行く基本的な力を持っていること、を自覚したい。そして、「ママリアの一員であるサピエンス」としての、女性の全面発達を取り戻すために、あなた任せではなく、女性自らがその道を切り開いて行くこと提起したい。現生人類としての女性自身が、それだけの力はもっているのだ、との自信を持って。

【註釈】

1　一億総活躍国民会議　「一億総活躍社会の実現に向けて緊急に実施すべき対策」
　　2015.11.26
2　内閣府編集　「男女共同参画白書」　2013　勝美印刷　p.50
3　川島武宜著　1959　『イデオロギーとしての家族制度』　岩波書店　p.11
4　深谷昌志著　1998　『良妻賢母主義の教育』　黎明書房　p.11
5　次田真幸全訳註　2012　『古事記』　2012　講談社学術文庫
6　関口裕子著　1993　『日本古代婚姻史の研究』　ハニワ書房　pp.203-213
7　藤堂明保、武田晃、影山輝国全訳註　『倭国伝』　2010　講談社学術文庫　p.42
8　貝原益軒著　1710　『養生訓　和俗童子訓』　石川謙校訂　2001　岩波文庫
9　貝原益軒　前掲書　P.5
10　石川松太郎編　『女大学集』　1977　平凡社　p.9
　　後漢の女流文学者（班昭　？～116年）。後漢の女流文学者。和帝の詔により、
　　兄の班固が未完のままに遺した『漢書』を補修完成した。また、皇后・貴人の師
　　となって『女誡』七篇をあらわし、校正の女子教育思想に大きな影響を与えた。
11　貝原益軒　前掲書　p.6
12　貝原益軒　前掲書　p.9
　　「女は、人につかうるものなれば、……。舅姑のために衣をぬい食をととのえ、
　　わが家にては、夫につかえてたかぶらず、みずから衣をたたみ、席を掃き、食を
　　ととのえ、うみ、つむぎ、ぬい物し、子をそだてて、けがれをあらい、婢おおく
　　とも、万の事にみずから辛労をこらえてつとむる。是れ婦人の職分なれば……よ
　　く家をたもつ。」
13　石川松太郎　前掲書　p.311
14　J・S・ミル著　1868　『女性の解放』　大内兵衛、大内節子訳　1957　岩波書店
15　石川松太郎　前掲書　pp.84-86
　　「おりぬいのことは、これまで皇国におこなわれしものもあり。また近ごろは、
　　西洋に留学女性をつかわされ、学び得たるものありて、その工みに於ける、一人
　　にして百人の変わりをすべき蒸気仕掛けのものなどあり。またこれを縫うも甚だ
　　工みなるものにして、しばしのほどに数人の縫うかわりをなすものなり。その機
　　械のさまは、図にてしめすべし。」
16　石川松太郎　前掲書　p.122
　　「女性は男性と同等であるから、私有財産権をもつ。ゆえに婦人は夫を主君とす
　　るのではなく、夫の主君は即ち婦人の主君である。日本臣民として、女性は男性
　　とひとしい権利を持つ」「女性が子を産んで育てるのは、男性が兵役に服するの
　　にひとしい。一国の盛衰が子育ての良否によるのは、欧米近代国家の例に徹して
　　明らかである。」「貴賎富貴、男女をとわず、近代学校にはいって新しい知識技
　　芸を身につけ、治産昌業・立身出世して、国家の発展につくさねばならない」
17　石川松太郎　前掲書　p.167
18　石川松太郎　前掲書　p.199
19　深谷昌志　前掲書　pp.13-14
20　石川松太郎　前掲書　p.252
21　石川松太郎　前掲書　p.218

22 川島武宜　前掲書　pp.8-10
23 川島武宜 前掲書　pp.256-275
24 尾崎哲夫著　『ミニミニ六法』　2012　自由国民社
25 筆者註：嫡子を産んで始めて妻の座が与えられるのが足入れ婚であり、「嫁して三年　子なくば去る」と言われ、子を生めない嫁は離縁されるのが当たり前で、生産手段の世襲を前提とする農村などでは一般的に行われていた。
26 池上惇著　2020　『学習社会の創造』　京都大学出版会
27 十名直喜著　2020　『人生のロマンと挑戦「働・学・研」協同の理念と生き方』社会評論社

第7章

男性と女性の
人間的成長を目指して

両性間の齟齬の克服と
性暴力の根絶のために

1 はじめに

1-1 性暴力の根源 ― 排卵の隠蔽を巡る両性間の齟齬

　宮地尚子は、『性的支配と歴史』の中で、現在世界では五人に一人が、日本では7.8％の女性のレイプ被害の経験の統計数値を示す[1]。そして精神科医の立場から、レイプ・トラウマ症候群の長期間にわたる深刻さと、学術の場で性暴力を取り上げることの困難を指摘し、性暴力は重い問題であることを強調する[2]。

　宮地の言うように、女性、とりわけ日本の女性が「性」を語るのは感情的には非常に厳しい状況下にある。しかし、だからこそ、現象的な重さをはねのけるためにも、性暴力の根源を、冷静に、科学的に捉えることが求められよう。

　そのためには、性暴力が人類の生命の生産を保障する「性」そのものに関わる以上、生物学や人類進化の過程にも視野を拡げる必要がある。それによって、性暴力が、女性と男性の人間的成長を支えてきた、社会的システムの進化の過程で生じてきたことを、明らかにすることができる。

排卵の隠蔽を巡る両性間の微妙な齟齬

　長谷川真理子は、『人は何故レイプするのか』の解説の中で、レイプの原因について言及する。「私は、人間でレイプが生じることを始めとする多くの性的現象は、雌（女性）が発情の明確な兆候を示さなくなったこととリンクしていると考えている。……レイプの原因の中心には、排卵の隠蔽がある……」と[3]。

　ダイアモンドは『セックスはなぜ楽しいか』の中で、「ヒトの場合、排卵は隠されており、それを宣伝するようなシグナルは現われない。……。ヒトのセックスはたいていの場合、妊娠するには不適当な時期におこなわれ……、ヒトは受精のためではなく、もっぱら楽しむために性交するのである」[4]と言う。

　「排卵の隠蔽」の捉え方を巡る、長谷川とダイアモンドの間にある齟齬は、人類の女性と男性の間に存在する微妙な齟齬の存在を象徴するものではないかと筆者は感じている。

性暴力の根源は何か

　宮地の示す「五人に一人はレイプ被害者」という数値は氷山の一角に過ぎ

ず、現実にはほとんどの女性が頭の片隅に性暴力の危惧を意識せざるを得ない状況にさらされている。それに対し、男性は、時には自分の行為が性暴力であることすら意識しないままに、日常的におおらかに性を楽しんでいるかに見える。この両性間の齟齬が、性暴力の頻発を招いているのではないかと筆者は考える。

　両性関係を豊かなものにするためにも、性暴力の根源を明らかにするためにも、このような齟齬はいつ、どこで、何故生じたのかを解明する必要がある。

　山極寿一は『家族進化論』の中で、「人類の女はホルモンの支配を受ける生理的な周期性をもちつつも、その表現様式を自由に操れるようになったのである」[5]と言う。そして、「人類の女に発情徴候が発達しなかったのは、女がちがう方法で男をひきつけることを始めたからである。……。複数の家族がまとまって暮らす共同体のなかで、人類の女は環境条件によって媚態をふりまく必要にも、性交渉を封印する必要にも迫られたと考えられる」[6]と大局的な解釈を示す。

1-2 本章の課題と論点

　本章の課題は、山極のこの解釈を解きほぐしながら、筆者のささやかな知見を加えつつ、両性関係の進化を辿り、性暴力の根源を明らかにすることである。

　2 では、人類の女性の発情期の喪失（＝排卵の隠蔽）は、浸水状況下で、離乳後の子どもの生存を保障するために生じたことを明らかにする。そしてそれが、男性の性的強制への誘惑を惹起し、女性は産む性としての主体性と能動性を喪失する契機とならざるを得なかった状況を解明する。

　3 では、人類が最終的に到達した素晴らしく文化的な性行動の特徴は、「短毛化」の危機に際して、母系的集団に男性がどう関わるかという難題を解決する過程で、第二次性徴を発達させながら、創出されたものであることを明らかにする。

　4 では、財産相続のために志向された父系性家父長制の構築課程で、「父性」特定のために、進化の過程で創出してきた文化的な両性関係が破壊されたことを、羊飼いと牛飼いを比較しながら明らかにする。そしてその過程で「性的強制」が「性暴力」に「進化」しながら、その被害がより過酷なものに転じたことに言及する。

　5 では、大人に見守られながら、両性間の自主的な恋愛関係を成熟させて、

スムースな結婚への移行を保障する「場」について考える。

　6では、性暴力の進化と、性暴力が被害者にもたらす影響を考え、改めて、人類の女性の発情期の喪失を、現時点でどう捉えるかを考える。そして最後に、両性間の齟齬の克服と性暴力の根絶を目指しての展望を考える。

｜2 女性の発情期の克服による両性の人間的成長

2-1 排卵の隠蔽が性的強制を惹起する必然性

哺乳類一般の持つ発情期と交尾のシステム

　哺乳類の雄は自分の遺伝子を雌に託し、雌は自分自身の遺伝子と雄の遺伝子を受容して、新しい生命を産み出す。情欲（生殖欲）は基本的な欲求であり、この情欲の発動（即ち発情）が妨げられると、生命の生産が不可能になり、生命を次世代に受け継ぐことは出来ない。

　一般的に哺乳類の雌では、卵胞の成長と排卵の周期的反復に伴い、交尾可能な生理的状態（＝発情状態）が周期的に繰り返される。これを発情期と呼ぶ。

　山極は、「交尾の多くはメスの誘いによって起こる。オスは行動的指標や、おそらく匂いによってメスの発情を知る。性皮が腫脹する場合は、オスは発情徴候を示すメスに接近して交尾を誘う」[7]と言う。

　このことから筆者は、まず雌が発情し、それを感知した雄が発情して、交尾が成立するのが哺乳類の一般的システムであることを読み取る。

人類の女性の発情期の喪失＝排卵の隠蔽

　ところが人類の女性は、生理的には哺乳類としての周期的な排卵機能は持ちながら、外的に発情徴候を示さない。それだけでなく、排卵期に連動する発情期そのものを持たず、排卵期そのものの自覚を持たない。つまり人類は、哺乳類一般が持つ「排卵期に連動するメスの発情を感知したオスが発情して、交尾が成立し生命が生産される」というシステムそのものを持たない。

　現在の女性は、基礎体温測定等により自らの排卵期把握は可能である。しかしそれは、1924年に発表された荻野久作の「女性の排卵期は月経の前12〜16日である」、との学説を起点とする近代の科学によるものであり、生来の生物的自覚とは本質的に異なる。

排卵の隠蔽が男性の性的強制を惹起する必然性

長谷川は、女性の発情について、「排卵が隠蔽され、女性の発情状態は外からは不明となった。では、女性はいつ『発情』するのか？　一部の学者は、『つねに発情可能になった』と書くが、少しニュアンスが違う。『発情するかどうかは、時と場合の微妙な手がかりによる。そして、それは排卵周期とは関係がない』と言うのが正確な表現だろう」[8] と言う。

次いで長谷川は、排卵の隠蔽がレイプを惹起する必然性について、「排卵周期と関係なく、しかも、女性の側から一方的に決められる微妙な状況変化によって、性行動が可能になるかならないかが決められる……。そこで、全てを無視してレイプに至る、という選択肢が出てきたのだろう」と明言する。

性的強制は、生命を次世代につなぐための有力な選択肢として機能

一般的に言えば、雌が発情の兆候を示さず、その結果として雄が発情しなければ、生命の生産は不可能である。しかし、人類の女性は発情の兆候を示さなくても生命を産み出し、人類は進化し続けてきた。とすればその過程では、長谷川の指摘する様に、発情の兆候を示さない女性に対して、男性が「全てを無視してレイプに至った」可能性が想定される。

昼行性の真猿類は例外なく雄が雌より大きな体を持つ。大柄な男性による性的強制に対し、小柄な女性はそれに体力的に太刀打ちし難い。従って、例え女性にとっては不本意な被性的強制であっても、たまたま排卵期に重なれば確実に受精へとつながる。その結果として、生命の生産が継続してきた可能性も想定される。

即ち、男性による「性的強制」は、生命を次世代につなぐためのひとつの有効な選択肢として機能した。それ故、性的強制は消滅の方向には淘汰されずに、数百万年にわたって引き継がれて来たのであろう。ここに「排卵の隠蔽が性的強制を惹起する必然性」があり、この問題の深刻さがあると言えよう。

人類の男性と女性の性的特徴は、ペア社会の特徴に合致する

複数の雌と群れをつくる種での雄の繁殖戦略は、同性との競合に勝ってより多くの雌と子孫を残すために、身体の強さで競うか、精子の生産能力で競うかという二つの道に分かれる。前者は性的二型顕著な単雄複雌群（典型例ゴリラ）に、後者は乱交状況を呈する複雄複雌群（典型例チンパンジー）になりやすい。

山極は「人間の女が発情徴候をまったく示さないのはペア社会の特徴と合致している」とおさえ、「しかし、何故男の造精能力はゴリラより高いのだろう」との疑問を呈する。具体的には山極は、チンパンジーに比べて、精子の密度は低いが、精液の量が多いから、人間の男性の射精で放出される精子の数は、チンパンジーの四分の一から半分に達することを指摘する[9]。そして、「人類は社会や文化によってペアの永続的な結合を強める方向にも、乱交を許容して精子競争を高めるような方向へも変異の幅をもっているということができる。」と結論する。

　しかし筆者は、山極の指摘する精子密度の低さは、精子競争を否定するものであると捉える。一方、精液の量の多さは、直立二足歩行時に生ずる、精液そのものの膣外への漏下による減少を補うために生じた適応である、との解釈も可能である。従って、精子競争を必要とするほどの乱交状況は想定する必要がない、と筆者は解釈する。すなわち、基本的には人類はペア関係を必要としていたから、発情徴候も精子競争のための造精能力も発達しなかった、と理解する。

　その上で重要なのは、ペア社会の雌は発情徴候を示さなくても、排卵期には主体的に雄を誘い交尾を成立させているのに、人類の女性は男性を誘う主体性を喪失したのは何故なのかを考えることである。即ち、産む性としての主体性・能動性と引き換えにしてまで、排卵期の自覚を喪失したのは何故なのかを。

2-2　浸水状況下での子どもの生存を守るために

人類の女性はどこで発情期を喪失したか

　第2章で明らかにしたように、人類が直立二足歩行を始めたステージは、乾燥状態にありながら、遠方からの大量の流入水により生じた低地の分断された浸水林地帯であったと、筆者は想定した。

　もともと浸水状況下での直立二足歩行においては、性皮はあまり目立たない位置にある。しかも、目立つほどの腫脹は直立二足歩行の障害になるから、性皮による発情兆候が発達しなかったのは自然な現象である。

　しかし、外的な発情兆候の消滅と、内的な排卵期の自覚の喪失は異次元の問題である。筆者は、浸水状況下で、離乳後の子どもを抱えた女性にとって、発情期は子どもを守り育てるために障害となったのではないか、と想定する。そこで、子育て行為を優先して、発情期における性交渉を拒絶したのではな

いかと。

類人猿の雌の持つ子育てのサイクル

　一般的に現生類人猿の雌では、受精・妊娠期間に停止した排卵機能は、数年間の授乳期間を経て、子どもの離乳によって回復される。そして発情期の再開により新たな雄との関係に入り、新たな子育てのサイクルが始まる。離乳後の子どもは、母親との密着生活から突き放されて、群れに守られながら、見様見真似で食物を探し、自分のベッドを作り、自立への道をたどり始める。

　人類の祖先の女性も、当然そのサイクルを持っていたはずである。妊娠・出産・授乳から解放された数年ぶりの行動の自由。発情期を再開した女性は、地上が安全であれば離乳した子どもを突き放して男性に誘いをかける。そしてそれを察知した男性が発情して、性交渉に進行するのが自然の成り行きであろう。突き放された子どもは、一時的に母親から離れる不安に耐えれば、安全な地上では自由に動き回ることは可能で、その生存は基本的には保障される。

浸水状況下で、新たな生命の誕生を選ぶか、目前の幼児の生存を選ぶか

　しかし浸水状況下では、突き放された小さな子どもの単独行動は、例え一時的であれ非常に危険である。発情期を迎えた女性は、脅える子どもを突き放すことが出来ずに戸惑ったであろう。次世代の子どもを産み育てるための発情期の機能が、折角ここまで育て上げたわが子の生存を脅かすという矛盾。発情を自覚しながら、本能のままに男性を選ぶか、発情欲求を自制して子どもの生存を守るか、苦しい選択を迫られる厳しい状況が想定される。

　男性もまた、発情期の兆候を示しながら戸惑う女性と、脅える子どもを前にして、困惑したであろう。たまたま遭遇した見知らぬ母子であれば、邪魔になる子どもだけ追い払うか殺してしまえばいい。しかし、戸惑う女性がその男性が行動を共にする家族の一員だとすれば、女性の傍らで脅える子どももまた、いつも自分の後をついて回り、夜は近くに木の枝葉をたわめてベッドを作って寝ている子どもである。男性もまた、女性の発情期の兆候を感知しながら、それによって喚起された自らの発情の欲求を優先させるか、その欲求を自制して子どもの命を守るか、苦しい選択を迫られたことが想定される。

　それは、ぎりぎりに追い詰められた状況での厳しい選択である。両性の発情欲求を優先すれば、新たな生命の誕生は保障されるが、目前の子どもの生

存は保障されない。これを繰り返せば、いくら新たな生命が誕生しても、子どもが大人へと成熟する道が閉ざされ、生命のリレーが遮断される。

　湧き上がる発情の欲求を自制し、子どもと共に安全な場所へと行き着いたペアのみが、その子どもの生命を守り抜いて、次世代へと繋ぎ得たのではないか。

授乳終了後も発情期の再開を見ない女性の出現

　辛うじて安全な所にたどり着きほっと一息ついた時には、既に女性の発情期の兆候は消え去っていた可能性が高い。その様な状況下で、一度湧き上がった発情の欲求を苦悩しながらも完全に自制し通した男性は、子育てに参加し続け、家族を守り続けた状況が想定される。

　ここに、人間的な理性と無私の純粋な愛の原点があったのではないか。そしてそれは、後に、我欲・性欲を自制する習慣を身に着けることが人間的成長につながるとの認識として定着し、哲学的・宗教的な思考の発達へとつながったものと捉えうる。

　一方、男性の自制心が未熟な場合には、我慢に我慢を重ねてきた欲求の発露を求め、女性に性交渉を迫った状況も想定される。すでに発情状態にはない女性は困惑しても、大柄な男性から逃れることは難しい。ここにホルモン支配を脱した女性の「受容性の幅の拡大」と、人格的成長なき男性の「性的強制」の原点があると捉えうる。

　異常な環境下ではホルモンバランスが崩れ、授乳終了後も発情期の再開を見ない女性の出現も想定しうる。それは、離乳直後の子どもの危険状態での放置を回避し、子どもの生存に有利に働く。結果として種の保存のためには、数少ない子どもを育て上げることを優先し、新たな生命の誕生を断念する、即ち授乳終了後の発情期の再開を見ない方向に進化圧が働いたと考えられる。

2-3　発情期の克服と新たな両性関係の模索

子殺しの克服

　たとえ通常は一夫多妻の家族を形成しても、水難時に男性が助けうるのは高々一組の母子に過ぎない。残りの複数の母子は見放されると身動きが取れなくなり、水中に取り残される可能性が高い。そんな時、つかず離れずひっそりとついて回って隙を狙っている男性がいたとしたら……。闘わなくても女性を獲得できるチャンスである。後での性交渉が保障されるとすれば、子

どもを殺して女性の発情期の再開を促すという手順もいらない。

　その男性の手が、「子殺し[10]」ではなく「子助け」の手として差し伸べられれば、子どもは水難から救われて生き延びる道が開ける。女性にとっても、水難後に求められれば受け入れることによって、新たな保護者確保の道が開ける。

　女性の発情期にこだわらないことが、子どもの生存率を高めるだけでなく、女性にも男性にもメリットがあるとすれば、「ホルモン支配による発情期」の克服、即ち「排卵期の自覚の喪失」への淘汰は、もはや自然の成り行きと言えよう。

人間的な父性の発達と性的二型の未発達

　子殺しを前提とした単雄複雌群とは違って、水難後の新たな関係の中では、子どもはその男性の遺伝子を受け継いでいるとは限らない。しかし、子殺しをしなくても女性との性交渉が保障されたことで、男性は女性を介してその子どもとの関係を築くことが可能になる。これが、ゴリラの「父性」とは違う、人類独特の「父性」、即ち遺伝子授受の有無に関わらない、「育ての父」の起源であると筆者は捉える。もちろん両性間の協力関係が継続すれば、次に生まれてくる子どもはその男性の遺伝子を受け継ぐ可能性は高い。

　水難によって家族は再編されていく。限られた緑の森では、一夫多妻・一夫一妻・単身男性等々、様々な形態の家族同士の接触機会も増えたに違いない。当然、男性と男性との間での、女性を巡っての闘いも起きたであろう。しかし、ゴリラに類似した群とは確実に異なる何かが、ここで働き始めた。

　ゴリラの雌は核雄の傍にいれば安心して子育てが出来、離乳後の子どもたちの成長も保障される。核雄がしっかり守ってくれるのである。しかし、一度水難時に男性から見放された経験を持つ初期人類の女性は、確実に愛を持って一対一の対応をしてくれる男性を求める様になったと想定し得る。

　それは、女性を巡る男性同士の闘いにも影響を及ぼしたはずである。牙状の犬歯を使って死闘を繰り返していては、結果的に生存する個体数の減少を招く。男性同士の間で、排他的に女性を独占するのではなく、互いの配偶関係を認め、許容し合いながら共存する気持ちが芽生えたと推察し得る。やがて犬歯の衰退が始まり、体格における性的二型の顕著な発達も見なかった、と筆者は理解している。

新たな両性関係の模索

　発情期という生理状態に拘束されない両性関係にあっては、多かれ少なかれ男性による性的強制は否めず、女性が発情状態（＝性交渉可能な生理状態）にない状況下での性交渉は恐怖と苦痛を伴う。暴力的な性的強制によって両性間の良好な関係を継続することは困難である。

　やがて、女性の発情期の克服に際して、人類は性的強制以外のもう一つの選択肢を探し当てた。即ち女性の姿態に触発されて発情した男性が、両性の合意の下で、女性の苦痛を緩和し、愛情を高めながら性交渉するという、新たな道の模索である。

　排卵期に連動しない性交渉は、必ずしも受精に結びつくとは限らない。ランダムな性交渉によってもなお受精を確実にするためには、その頻度を高めることが有効であろう。両性間の信頼関係を前提とした性交渉は、互いの性的な快感を共有し合うことによってお互いの信頼感を深め、絆をより強めることによって、性交渉の繰り返しを可能にする。

女性の「産む性としての主体性と能動性」の喪失

　結果として、発情のきっかけを女性の発情期に求められずに苦悩しながらも、性的主導権を握った男性は、日常的に「快楽の性」を求めることが可能になった。それは同時に、人類の女性は生命を産みだす性でありながら、性交渉における主導権を持ち難いことをも意味する。即ち、結果として、生命の生産における「産む性としての主体性と能動性」を喪失したことをも意味するのである。こうして人類はホルモン支配から脱して、人類特有の社会的・文化的な両性関係を創出しながら、生命の生産を継続しつつ、進化してきたものと筆者は理解する。

▎3 魅力的な姿態とコミュニケーションの発達

3-1 モリスの言う、「裸のサル」の性行動の特徴

　モリスは『裸のサル』の中で、「われわれの種の性行動は、次の三つの特徴ある段階を経過する」と指摘している[11]。すなわち、「つがいの形成、交尾前の活動、および交尾であって、必ずとはいえないが、ふつうこの順番に起こる」と。正確を期すために、少々長くなるが、以下に引用しておこう。

「つがい形成の段階はふつう求愛と呼ばれるが、動物の標準より著しく長く、しばしば数週間から数ヶ月もつづく。……。それは恐怖と攻撃と性的誘引の葛藤を含む試行的な相反感情的行動によって特徴付けられる。相互の性的信号が十分強ければ、神経過敏とためらいとは次第に減少してゆく。」

　「このつがい形成期の大部分は公の場でおこなわれるが、それが交尾前段階にはいると、プライバシーが求められ……。これらが交尾前期の動作の間に相手に与えられる性的刺激であって、これによって交尾がおこなわれるのに十分な生理的興奮がもたらされる。」

　「一般に交尾の段階は交尾前段階よりもずっと短い。オスは大部分の場合二・三分で射精という終局的行為に達する」。「人間以外の霊長類のメスは、性行為の際、クライマックスを経験しないらしいのだが、裸のサルはこの点で特異である。もしオスがもっと長く交尾をつづけていると、メスもついには終局的な瞬間、即ち爆発的なオルガスムの体験に到達する。これはオスのそれと同様に激しく、かつ緊張を解くもので、射精という明らかに異なる点をのぞけば、すべて生理的に同一なものである。メスの……それに達するまでの時間は、交尾開始から 10 ～ 20 分の間である。」「パートナーの双方がオルガスムを体験したあとは、ふつう消耗と弛緩と休息と、それにしばしば眠りの期間がくる。」

人類が最終的に到達した素晴らしく文化的なシステム

　モリスの言うこの三段階の過程は、人類の女性がホルモン支配に基づく発情期を喪失したことを前提に展開されている。それは、男性と女性が、両性間の微妙な離齬を解きほぐしながら、時間をかけて、ていねいに女性の発情状態（＝生理的性交渉可能状態）を作り出して行くことから開始される。そして、微妙な両性の差を調整しながら、互いに最高の段階に達するという、人類が最終的に到達した素晴らしく文化的なシステムと捉えうる。

　ここで、女性の発情状態を作り出すシステムでモリスが強調するのは、裸の肌と肌との接触による効果と、人類独特の第二次性徴の果たす役割である。ここに、進化の過程で、人類が「短毛化」により裸の肌を露出した時期や要因との関係を考える必要性を示唆される。

3-2 第二次性徴の発達とコミュニケーション

短毛化の危機と母系性小集団の形成

　モリスは、「毛の生えた狩猟性ヒトニザルから裸のサルへの転換に作用した決定的な要因」、を狩猟仮説に基づいて説明している[12]。しかし、狩猟仮説そのものはすでに否定されている[13]。ただし、それに代わる短毛化の起源についての定説は未だ確立されていない。

　筆者は第2章で、「短毛化」の進行のステージはアフリカ大地溝帯内のアルカリ湖周辺であったとの仮説を立てた。そして、短毛化の危機を乗り越える過程で、母と娘姉妹を核とする母系性小集団が形成されたと想定した。即ち成熟した娘は、男性との出会いをきっかけに出自集団を離れるという類人猿時代から持ち続けてきた非母系的習性を捨て、メイトアウトせずに母の元に残るという新たな選択をしたものと想定した。

人類に特有な思春期スパートについての男女差

　山極は、人類に特有な思春期スパートについての男女差を、「男の子と女の子に違う淘汰圧がかかったことを示唆している」、として次の様に指摘している[14]。

　まず、「女の子の場合は性ホルモンの分泌後、成長が加速するにしたがい、体つきが女の特徴を示し始めるが、初潮を迎えるのは成長速度がピークに達して下降し始めてから一年後、おとなの排卵頻度が達成されるのはピークから四年以上たってからである」と。それに比して「男の子は性ホルモンの分泌後、二年ほどして精子の生産が始まるが、筋肉が増強して男らしい体になるためには三年以上かかる」と。

　そしてその理由として、「女にとって出産は大事業なので、それまでに女の体になってパートナー選びや社会関係をうまく構築しておく必要がある」。「男の子は体がすぐおとなになると、男たちの争いに巻き込まれて傷つく危険があるので、自分の生殖能力が発揮できる機会があるまで、子どもの体でいるようになっている」と説明する。

発情という生理状態に拘束されないコミュニケーション

　山極の説明を受けて筆者は、娘がメイトアウトせずに出自集団に残るに当たって働いた淘汰圧が、人類特有の第二次性徴であったと捉える。女の子の

乳房やお尻が丸くなり、男の子の筋肉が付いてひげが生え始めるという第二次性徴は、ふさふさした体毛の陰で生じても目立ちはしない。まさに、裸のサルだからこそ有効な、魅力的な特徴である。

　母親の下で成熟し始めた女の子が、その魅力的な姿態を示すことで、性的能力を獲得した男の子を引き付ける。そして、時間をかけてコミュニケーションを深め、人間的信頼関係を成熟させる。やがて、男性は女性に働きかけて発情状態を作り出し、性の喜びを共にすることによって、お互いの絆を強めて、母系的集団の中に受け入れられ、自らの位置を確保する。

　ここに、山極の言う、人類の女性が「発情とはちがう方法で男をひきつけることを始めた」原点があり、「発情という生理状態に拘束されない媚態とコミュニケーション」が必要とされた要因があると捉えることができる。

短毛化の危機の克服過程での社会的進化と生物的進化の共進

　従って、筆者は、モリスの示す、人類が最終的に到達した素晴らしく文化的な三段階のシステムは、短毛化の克服過程で創出されたものであると捉える。即ち、母系的集団に男性がどう関わるか、という難題を解決する過程で、第二次性徴を発達させながら創出されたものであると。

　まさに、この、短毛化の危機の克服の過程こそ、ボールデイング[15]の言う、見事な、生物的進化と社会的進化の共進の過程であると捉えうる。そして、その結果として、基本的には生物的進化を社会的進化が凌駕する段階、即ち現生人類の誕生に至ったのである。即ち、自然に働きかけ手を加えることによって自らの生存条件を保障しつつ、人間社会が発展するという、新たな段階に。

▍4　ヨーロッパ文明と性暴力 ── 私有財産相続が要求する女性の占有

4-1　両性間の齟齬 ──「性的強制」から「性暴力」への進化

女性の魅力的な姿態を巡って生ずる男性の錯覚

　数十万年にわたる遊動生活の中で、母系的小集団を築く過程で、両性の出会いを保障するために発達した人類特有の第二次性徴。しかしそれは、1万年前頃から定住化が進み、人口が増加して、多数の人間が関わりあいながら生活する新たな社会形成過程で、新たな難問即ち、新たな両性間の齟齬を発生させた。

　乳房の成長に象徴される女性の第二次性徴は、発情とは別次元のものにも

かかわらず、女性の意思とは無関係に、男性を引きつけるだけの魅力をもつ。即ちその魅力は、男性に「女性は常に発情して男性を誘っている」と錯覚させるほどの効力を持つ。しかし、女性は常に発情状態にあるわけではないし、日常的にその姿態をもって意図的に男性を挑発している自覚はない。従って女性は、誘惑者であると決め付けられるのは不本意である。

　それ故、男性が女性の魅力的な姿態に性欲を刺激されながら、理性の力で自制するために、どれほど苦悩しているかを、一般的には女性は知らない。時に、自制できなくなった男性は、女性の誘惑によるものと勘違いしたまま、モリスの言う三段階のシステムを無視して、性的強制に及ぶ可能性を持つ。

　性的強制は、自制力を欠いた男性にとっては高々一時的な快楽にすぎないものかもしれないが、宮地の言う様に様々な形で女性を傷つける。時にはこのシステムそのものを破壊して、その後愛し合う両性がどんなに協力しても、この微妙なシステムそのものの回復を困難にさせかねないほどの深刻な後遺症を残す。しかしそのことを、一般的には男性は自覚できないことが多い。

　この様な両性間の離齬を発生させつつ、「性的強制」は「性暴力」へと進化し始め、女性の性は「快楽の性」と「苦痛の性」とに分断され始めたと言えよう。

父系性家父長制と父性特定

　宮地は、「古代から現代に至るまで、あらゆる戦争・紛争にレイプをはじめとする性暴力はつき物であった」。「また、神話や民族伝統といったレベルにおいても、自集団の女性が略奪され、その女性を奪還し、復讐をおこなうというストーリーは限りなく存在する」[16] として、「性暴力の問題を議論するには少なくとも植民地主義やヨーロッパ中心主義、そして男制中心主義から脱却する必要がある」[17] ことを指摘する。

　宮地の言う男制中心主義とは、男性の私有財産相続のために母系性を破壊しながら成立した、父系性家父長制に起源があると筆者は読み取る。財産相続の必要性から父系性が指向されるに当たって、最大の難問は、父性の特定、すなわち「子どもの父親が誰か」の特定の困難さである。

　そこで、慣習による両性間の結びつきが、制度としての婚姻へと発展する。そこでは、婚姻関係にある夫は、妻の産んだ子の父親として「特定」される。しかし「特定」と言っても、生物学的母親は誰の目にも明白であるが、生物学的父親は客観的には特定し得ない。結局父性は「推定」に過ぎないのである。

　ここで歴史的には、父性推定について二つの選択肢が働いた様である。ひ

とつは、男性が生物学的父親であることに徹底的にこだわることであり、その為に女性の性的自由を徹底的に抑制しつくすことである。もう一つは、男性が生物学的父親であると言うこだわりを捨てて、婚姻関係にある妻の産んだ子を、無条件に、すべて「我が子」と受容することである。

4-2 旧約聖書『創世記』に見られる「父性」の特定と女性

前者の選択肢の典型例は、『創世記』[18] に記述されていると、筆者は捉えている。

『創世記』の冒頭部分近くには、いわゆる禁断の木の実に関する神話が展開されている。そこでは、蛇の誘惑に負けたエバには、「わたしは君の苦痛と欲求を大いに増し加える。君は子を生むとき苦しまねばならない」、との神の罰が与えられる。そしてエバの誘惑に負けたアダムには、「君は一生の間労しつつ食を得ねばならない」、との神の罰が与えられる。

これらの物語からは二つの構図が読み取れる。一つは、「神の手によって土くれから作られた、生活における主体としての男性と、その最適の助け手として男性の肋骨から作られた女性」という構図。もう一つは、女性を男性に対する性的誘惑者と規定した上での、「性関係における支配者としての男性と、その夫を渇望する女性」、という構図。この様な、女性にとっては不本意な構図が描かれること自体が、「当時の女性はすでにその様なことを考える主体者の位置にはなかった」ことを反映するものと筆者は理解する。

羊飼いの錯覚と父系性願望

『創世記』の主人公は羊飼いである。男性が飼育・繁殖させたヒツジやヤギを、誰に相続するかという難問に迫られる過程で、彼らは家畜の群から交尾と出産の関係を学び、生物学的な「我が子」の存在を知ったはずである。しかし、母系的集団では、男性が築いた私有財産を「我が息子」に相続させることは困難である。ここに「確実な我が息子」に相続させるために、母系的集団の破壊と、明確に女性を性的占有するための婚姻が必要となる。

複雄複雌群を成す温和な羊の群れの、雄が発情した雌を追い回す光景を見慣れた羊飼いたちは、「人類の出産の異常さ（難産）」と、「女性の発情に関わる不可解さ」、にも気付いたはずである。ここに、父性特定のために性の制御を必要とした段階で、「女性は常に発情している」と錯覚した男性が、女性＝誘惑者、男性＝被誘惑者と規定したことが読み取れる。そして男性自

らの自制と責任を放棄し、全てを女性に転嫁する。難産の苦しみすら「神の罰」として、個々の女性を完全に支配下において、「我が子」を確保しようとする強烈な願望が見えてくる。

女性の人格の分断 ― 性的強制」から「性暴力」への進化

　神の名による、性の快楽の禁忌と子を生む母の強調は、モリスの三段階のシステムを封印しての、一方的な男性による「性的強制」の強調を意味する。性を婚姻内と外に分断し、女性を正妻と側妻、自民族の女と他民族の女、男性の嫡子を産む敬すべき女と男性の快楽の対象となるべき卑しい娼婦へと分断・差別する。女性の人格は、「男性の子を産む性」と、「男性の快楽の対象としての性」とに分断されていくのである。そして姦計を用いて異民族を征服し、財を成しながら、父系性の強力な家父長制家族を形成していく。そのような物語が、族長の家系図と共に、『創世記』全般に散りばめられている。

　ここに、かつて発情期の克服過程で惹起された「性的強制」が、私有財産の相続のために、神の名の下に極めて人為的な「性暴力」に「進化」したことを筆者は読み取っている。

男制中心的なヨーロッパ文明の世界的影響力の拡大

　そして私有財産相続のための、自己抑制なき男制中心主義は、ユダヤ教・キリスト教・イスラム教の根底を流れて、世界史的に大きな影響を持つに至った。とりわけ、旧約聖書を基底に持つ男制中心主義的なヨーロッパ文明が、進歩的な文明として、必然的に過酷な性暴力を伴いながら、植民地を侵略して行ったのは歴史的事実である。その過程では、現地での男制中心主義的な文明願望と関わり、現地の文明を破壊しつつ、その影響力を拡げていったことは、宮地の言う様に世界史的な事実であろう。

　その様な状況下でも、相互の信頼と愛情に結ばれた両性関係であれ、屈辱的なレイプであれ、結果として妊娠した女性は、我が身を削って10ヶ月もの間胎内で育む。そして生命をかけた難産の末、出生した未熟児を抱きとめて授乳し、育て上げながら、人間社会の歴史を繋いできたのである。

4-3 マサイ族の婚姻制度に見られる「父性」の特定と女性

　一方後者の選択肢の典型例として、マサイ族の婚姻制度を、サンカン著『我ら、マサイ族』[19]、リード著『マサイ族の少年と遊んだ日々』[20]から探って

みたい。

　マサイ族では、息子たちは一定の年齢に達すると「戦士組」を形成し、恋人を伴って親元を離れ、親たちの所有物である牛を預かって集団で遊牧する。一般的に言えば、やがて娘たちは妊娠し子どもが生まれるのが自然の成り行きであろう。父系的財産相続の必要のない社会では、そのまま子育てが始まって、新たな村が形成されて行ったのかもしれない。

　マサイ族の戦士組の形成は、そんな形態の名残と推察され、実質的には氏族内で認められた「集団婚的状況」と捉え得る。しかしここでは妊娠は許されない。おおらかな性的関係が認められつつ妊娠が排除されれば、結果として戦士組内のトラブルを減少させうる。そして、集団全体の行動を身軽にし、敵と戦う時の戦士たちの結束をより強固なものにすることが出来る。

避妊の全責任を持つ男性と割礼の持つ意味

　集団婚的状況下にありながら、確実に妊娠を排除する。それは、彼らが性的行為と妊娠とを人為的に切り離す「避妊」に気づいていることを意味する。しかし、この「避妊」の主導権は女性には無い。一方「避妊」の全責任を持つ男性には、性的行為における絶頂の瞬間に理性の力で膣内射精を回避するという、非常に過酷な課題を与えられている。結婚前の娘の妊娠を確実に回避するのは、共同体としての重要な課題であるからに他ならない。

　この過酷な課題を、すべての戦士たちに確実に強制するために採用されたのが、戦士組に入る直前の少年たちに対して行われる「割礼」であると筆者は捉えている。割礼に関わる様々な儀式と、石刃を入れられた亀頭の傷が癒えるまでの数週間に及ぶ激痛。それを通じて、男性の持つ性衝動を厳しくコントロールすることを、少年たちの頭と体に徹底的に覚えこませる。凄絶な性教育である。

　これを済ませて晴れて戦士になった彼らは、実質的な集団婚的状況へと入っていく。割礼と膣外射精の強制とをセットにすれば、集団婚的状況内での秩序を保ちながら、その中での妊娠の完全排除が可能になる。

　戦う集団の結束を強めるために、氏族共同体内公認の「集団婚的状況」を制度化させながら、そこから「妊娠」だけを強制的に排除する。そしてその後に、「私有財産相続のための婚姻制度」をきっちりと付け加える。それがマサイ族に見られる独特の、実に見事なシステムであるといえよう。

マサイ族における婚姻制度

　父親の財産は基本的には「長男」に相続されるが、実質的には次・三男や異母兄弟などは、要求すれば牛などが分け与えられる。娘には相続権はない。

　「戦士組」を卒業した青年は、「婚資」を支払うことによって氏族共同体から公認された結婚が許される。そして、「婚姻関係にある妻の産んだ子は夫の子である」、と明確に定めることによって、「父と息子」の関係が明確に特定される。息子がいない場合には相続人を決めるために様々な工夫[21]が凝らされる。それさえあれば、妻が誰と関係を持とうと、「父と息子」の間に血縁関係があろうとなかろうと、問題にはしない。実に明快である。

結婚前に施される娘の割礼

　一方、女性には婚姻相手の選択権はなく、親の取り決めか、有力な青年の選択権に委ねられる。娘に施される割礼は、「結婚」を前にして行われる。陰核を薄く剥ぎ取ることにより快楽としての性の部分を抑制させ、膣孔部分を少し切り開くことにより出産を楽にする為のもの、と言われている。

　現在の出産でも、会陰裂傷による大量出血防止のために、前もって医師により会陰部にメスを入れることがあり、その是非が論じられている。人類の出産は基本的に難産であるから、出産を楽にするために膣孔部分を切り開くという発想自体は、この現在の会陰切開に通ずるものと言えよう。彼らが難産に対応して、石刃を用いてその様な医療行為を行い、それによって多くの産婦の命を救うことが出来たとすれば、それ自体は人間の知恵と言うべきであろう。

　しかしすでにマサイ族では、膣孔切開が出産時ではなく結婚前の儀式になっている。その上に陰核を薄く剥ぎ取る性器切除が含まれている。とすれば、それはもう出産時の命を救うためのものとは言い切れない。大人が数人がかりで体中を押さえつけ、泣き叫ぶ娘の性器に石刃を入れる割礼。それは、結婚を前にして娘時代に別れを告げさせ、「夫の子を産むための妻」への自覚を促す儀式とも捉えられる。これもまた凄絶な性教育と言えよう。

付記：性器切除について

　デービスの『世界の女性と暴力』[22]によれば、アフリカやアラブの一部地域での女性に対する割礼（性器切除）は、所によっては陰核切除にとどまらなかった。膣孔の縫合により経血さえ出しにくい状態に及び、結婚に際して

改めて縫合個所を切り開くなど、夫以外の男性との性関係を遮断する有効な手段として、次第に過酷さを増している様に見える。

　性器切除は結婚の条件であり、娘の結婚を願う母親たちの手によって強制されるだけではない。結婚以外に生きる術を知らない状況下に置かれた女性が、自発的にそれを希望するなど、精神的にも割礼の拒否は非常に困難な状況にある。過酷な風習が現在も継続して数多くの女性が苦しんでいる。男性が「わが子」の生物学的父親であることにこだわり、その為に女性の性的自由を徹底的に抑制しつくすことの、ひとつの帰結であると筆者は理解する。

4-4　牛飼いと羊飼い ── 男性の「性制御」の捉え方の違い

牛飼い ── 性制御の責任は男性にあるという自覚

　マサイ族の基本的な生業は牛飼いである。雌牛から乳を搾るには子牛の出産が必要で、そのためには交尾が必要である。そのことに気づいた時、彼らは自分たちの性的行為と妊娠・出産の関係にも明確に気づいたと考えられる。

　性的二型が顕著な荒々しい野生の牛を群ごと飼い慣らす過程では、雌雄入り混じれば、雌牛を巡っての雄牛同士の角突き合わせての死闘が始まり、群の分裂が始まる。雌牛の集団を確保しながら種牛以外の雄牛を追い払うのは至難の業であり、荒々しい雄牛を隔離集団として扱おうとしても争いが絶えない。そんな中で試行錯誤を重ねた末に、行き着いた方法が「去勢」だと捉え得る。種牛以外の雄牛を去勢しておとなしくさせれば、まとめて飼育して、必要な時にその肉を食用として活用することができる。

　そのことから、男性に対する割礼とは、性をコントロールするという意味で、雄牛の去勢に学んだ儀式なのではないかと筆者は推察している。牛飼いから見れば、雌牛ではなく雄牛のコントロールが必要なのである。その意味で、「避妊の全責任は女性ではなく男性自身にある」と捉えた。荒々しいが実に明快である。

　集団的な割礼はマサイ族だけの風習ではない。とりわけ性差別の観点から女性の性器切除が問題視されているからか、男性の割礼は表面化しにくいが、例えば西アフリカのドゴン族などでも、少年の集団的な割礼の風習は続いている（筆者現地にて聴聞）。

羊飼い ── 誘惑者たる女性の性の規制が必要

　一方、羊はウシ科の動物ではあるが、臆病でおとなしく常に群棲していて、

角はないものもある。雌羊を巡っての雄羊同士の争いは顕著ではない。

創世記の主人公の羊飼いは、羊や山羊の繁殖に関しては鋭い観察眼を持っている。ヤコブが舅からの独立に際して、ぶちやまだらの羊と、ぶちやしまの山羊に目をつけて財を成したという話[23] は、遺伝に関するメンデルの法則をほうふつと連想させる。当然彼らもまた、その過程で自らの性的行為と妊娠・出産の関係を認識したと思われる。

羊の交尾の主導権は発情期の雌羊にあり、雄羊はそれを追い求める存在である。日常的にその姿になじんでいる羊飼いの目に、人間の女性の魅力的な姿態が男性を誘惑している様に映ったのは、自然の成り行きだったのかもしれない。「父と子」の特定が要求され、性の制御が必要とされるに及んでも、羊飼いから見れば「雄羊の性」を規制する必要はない。従って、男性自らの性を規制するという発想は浮かびようがなかったであろう。「明確な我が子」特定のためには、誘惑者たる女性の性を規制するしかない。これもまた実に明快である。

5 両性間の齟齬を埋めるために

5-1 両性の親愛関係形成の場の保障について

若者宿・寝屋の風習

支配層を中心として財産相続の必要性から父系性が指向され、親の規制と権威が必要とされ始めると、自発的な意思による両性関係が必ずしも保障されるとは限らない。しかし、財産相続には無縁な庶民の間では、嫡男確保のための女性に対する性的抑圧とも無縁である。それよりは、共に子育てしながら生業を営むためには、親愛関係に基づく両性関係が必要不可欠である。

そこで登場したのが「若者宿」に象徴される慣習であると言えよう。

マリノウスキーは、トロブリアンドにおける若者宿について、「そこは生活の場ではなく幾組かの男女が共通の家で過ごすものである」[24] と説明する。そこでは、「各組は排他的な情事を営んでおり、乱婚的な関係にあるのではない」、「宿の中には節度の掟があり当事者は性的権利を尊重しあっている」などと。

川島武宜は、「志摩漁村の寝屋婚・つまどい婚について」で、1944 年頃の調査の段階でも寝屋の慣習が残存していたことを、次の様に指摘する[25]。「このような個人的な男女の愛情関係は、ほとんど常に結婚—終生の共同生活—

を期待し希望してなされているのであり、当事者にとっては単なる遊戯的な問題ではない。かような関係が結婚をめざして成り立つのが通常である。」と。

娘のためのポンチセ（小屋）

瀬川清子は『アイヌの婚姻』[26] の中で、年頃の娘に小さな家を与えたことに触れている。農耕の発達を見ず、サケ・マス漁中心の生活が継続していた北海道のアイヌでは、成長した娘には、一般的に家族用の大家屋（ポロチセ）の近くに小屋（ポンチセ）が用意され、そこに男性が通ってくることが黙認されている。更に子どもが生まれるとポロチセに建てかえられて、新たな家族生活が営まれる。この様な慣習が、明治維新の直前まで継続していた。

6000 年前の遠野市の綾織新田遺跡では、大きな家の直近に生活痕のない小型の建物跡が発掘されている[27]。大家族が同一建物内で生活する大きなイエの出現に伴って、その小さな建物が出現した状況は、アイヌのポンチセに類似する。

親愛関係を熟成させて配偶関係に移行する場の保障

これらの娘のための小屋は、妻問い行動から、妻方居住婚による子育て家族へのスムースな移行を保障した、その名残であったと筆者は捉えている。とすれば、「若者宿」・「寝屋」は、家族から離れて、惹かれあう両性間の恋愛感情の成熟と、自由意志に基づく「結婚」への決意を保障する場と捉えうる。そして、家族集団にそれを認知させた上で、夫方居住婚へのスムースな移行が保障されたものと。

これらの慣習は、子育て家族を営むことを見通しながら、お互いの自発的意思で恋愛感情を育み、周囲の大人たちもそれを温かく見守ってきたことを物語る。即ち、現生人類は、生業と子育てを保障する両性関係を、何よりも大事にしてきたことの表れとも言える。言い換えれば、モリスの言う人類の文化的両性関係を、大人から子どもへ、若者から若者へと継承しながら、両性関係における文化資本の獲得を保障するための場であり、慣習であったとも言えよう。

5-2 父系性家父長制下での性暴力

所有物としての女性に対する当たり前の性暴力

しかし、わが子特定のために女性を所有物化する父系性家父長制家族にお

いては、婚前交渉を前提とする若者宿など論外である。女性には処女と貞操が要求され、婚姻内への性交渉の限定は、必然的にモリスの三段階の文化的性関係の封印に結びつく。結果として、本人同士が意図するか否かに関わらず、婚姻内での性関係の暴力化は防ぎようがない。

　宮地は、かつて「性暴力は被害女性を所有する『市民男性』の権利侵害（レイプは傷害ではなく盗みと理解されていた）」として議論されてきたことに触れる。そして「父や夫など所有者を持たない女性（娼婦や寡婦など）への性暴力や、所有者からの（奴隷や女中や妻などに対する）性暴力、共同体や国家の後ろ盾をもたない亡命者・難民・避難民などへの性暴力は、性暴力とみなされないまま、（だからこそ）当たり前のように起こっていた」ことを指摘している。

近代社会の閉鎖空間内での性暴力

　そして宮地は、公的には自由・平等が尊重される近代社会になっても、「法が私的領域には踏み込まないという考えは、プライバシー尊重には利するものの、家父長制下の性的な関係の中では、男性による女性の支配や所有化を抑制するどころか守ってしまうことになった」ことを指摘する[28]。

　現在においては、家父長制呪縛からは解放され、個人の自由が保障されてはいる。娘の小部屋や若者宿に代わって、ホテルや単身住居が、両性の性関係を育む場になっているとも考えられる。しかし、娘の小部屋や若者宿は、周囲の大人たちの配慮の元に保障された場であって、基本的には性暴力が入り込む余地は少なかった。一方、現在のホテルや単身住居は、完全にプライバシーが保障される反面、誰からも見守られずに、性暴力の温床になる可能性を内包している。即ち、氾濫するゆがんだ性情報だけを受け止めながら、両性間の齟齬など意識したこともない両性による行為は、互いの意図とは関わりなく、性暴力に発展する可能性をも内包している。

5-3 性暴力の進化

性暴力が被害者にもたらす影響

　宮地は、精神科医の立場から、性暴力が被害者にもたらす影響と、レイプ・トラウマ症候群の深刻さに触れている[29]。

　まず身体的な影響として「性器の損傷、性感染症、慢性下腹部痛・炎症、望まない妊娠や中絶、不妊化、性機能障害など」を挙げる。その上で、精神

的な症状として「被害者は事件時、生命の危険を覚え、著しい恐怖を体験する。そして被害後、睡眠障害、吐き気、驚愕反応、悪夢、解離、感覚や感情麻痺などの症状を呈するようになる」と記述する。

そして、「PTSDの発症率は、自然災害4.5％、事故7.6％、身体的暴力11.5％であるのに比べ、レイプでは55.5％（女性46％、男性65％）という高い数値が出ている」こと。「また17年後でもレイプ被害者の16.5％がPTSDにあてはまり、長期間症状に苦しむ人が多い」こと。更に、「PTSD症状のほか、うつや不安症状もでやすいこと、自殺や自殺企図の率が高いこと等も明らかになっている」ことにも言及する。

性暴力の進化

浸水状況下で発情期を克服して以来、子どもを抱えて単独生活できない女性は、男性による「性的強制」を拒絶しては子育てできない状況下に置かれて来た。しかしそれは裏返せば、性的強制を受け入れさえすれば両性関係が良好に保てることを意味する。この段階での女性の苦痛は、発情状態にない状況下での性交渉からくる一時的な身体的苦痛に過ぎず、両性間の信頼と共同生活によって十分に緩和される可能性を持っていたとも推測し得る。

しかし歴史時代に入って、とりわけ新たな父系性下で、男性による女性の占有を前提としての「性暴力」は過酷なものになった。身体的苦痛のみならず、性暴力の被害者であることそのものが、男性に捧げるべき処女を汚され、貞節を守りきれなかったこととして非難される。それは、娘として、妻としての立場そのものを脅かされ、女性として、人間としての存在そのものを否定される恐怖に結びついて、極度の精神的苦痛をもたらすものに「進化」したのである。

性の商品化と性暴力

資本制的な生産様式の発達は、家父長制家族から解放された、両性の合意に基づく平等で豊かな両性関係を促し、素晴しい文化や芸術を創り出している。

しかし一方では、人類が築き上げてきた文化的な両性関係を破壊しつつ、商品化という形で「性」を市場に引きずり出し、強大なマスコミの作り出す性情報が氾濫している。華やかなファッション製作技術は、魅力的な女性の姿態を過度に強調・露出させながら、男性の本能を刺激し続けている。

そんな状況下で、子育てとは無縁な形で、女性は自らの魅力的な姿態が持

つ意味を自覚できないままに、時に、更にそれを強調して無防備なままに、男性の目前にさらけ出す。男性は自制の必要を自覚できないままに、ホルモン支配に引きずられた刹那的な形で性的強制に及ぶ。時には女性を死に至らしめるほどの性暴力を惹起しつつある。

　宮地の示す被害状況の深刻さは、旧来の父系性下の性暴力の形態を引きずりながら、新たな性暴力の進行をも反映したものとして捉える必要がある。

低年齢層の被害

　宮地はまた、低年齢層の被害の大きさについて、「現在、世界では女性の五人に一人がレイプ被害を受けたことがあり、その40～60％は15歳以下の被害である」との統計数値を示す[30]。そして日本の状況についても、「女性の7.2％にレイプの被害経験があり、そのうち小学校入学前から中学にかけての低年齢被害が2割以上を占める」と言及している。

　とりわけ、レイプ被害における低年齢被害の多さは、人類が獲得した、第二次性徴の発現の仕方、即ち、初潮や排卵機能の成熟に先立って、魅力的な姿態の急速な成長期を迎えることを反映するものである。即ち、幼い女の子は自らを女性と意識する前に、男性の好奇な眼の餌食となり、無防備の状態で性暴力の被害者となる危険にさらされている。そのことを、改めて大人は注視する必要があると、筆者は強調したい。

5-4　改めて、女性の発情期の喪失を現時点でどう捉えるか

女性は常に受け入れ可能なのではない。

　筆者は、本章の初めの部分で、人類の女性の発情期の喪失（＝排卵期の自覚の喪失）によって、男性が性的強制能力を獲得し、性的主導権を握ったことに触れた。そしてそのことは同時に、人類の女性は、生命を産み出す性でありながら、「産む性としての主体性と能動性」を喪失したことを意味することに触れた。基本的には現在もそのこと自体は何も変わっていない。

　ここで、人類の女性の発情期の喪失と、チンパンジーやボノボの発情期の喧伝化・長期化の関係に触れておきたい。この問題は、一時、いわゆる「原始乱婚説」に結びついて、その根拠として強調された時期もあるからである。

　チンパンジーやボノボの雌の発情期間は排卵期を大幅に超えて長期化していて、明確に発情兆候を示す雌に対して、群内のすべての雄による交尾が観察されている。ただし、雌の発情状態に基づく交尾は高々数秒間の行為に過

ぎない。そしてそれは、結果として、すべての雌とすべての雄の間に交尾が
成立することが可能なことをも意味する。

　人類の女性にとっての発情期の喪失は、基本的には性行動の忌避・拒絶を
意味する。即ち、発情期の喧伝化と発情期の喪失とは、まったく逆方向への
進化である。原始乱婚状況自体は、霊長学の発展により既に明確に否定され
ている。

男性自身の「性的強制能力」についての自覚

　一方、女性の発情期の喪失は、男性によって「いつでも受け入れ可能」と錯
覚されながら、男性の性的強制能力については殆ど論じられないのは何故か。

　男性による「女性はいつでも受け入れ可能だ」との錯覚は、「男性はいつ
でも性的強制可能だ」ということへの、無自覚さの露呈ではないかと筆者は
捉えている。かつて創世記の羊飼いが、神の言葉を借りて、女性を性的誘惑
者と規定して、父性特定に関わる自らの責任を放棄したことに類似するので
はないかと。

　繰り返すが、男性が意図しているか否かに関わらず、発情状態にない女性
にとっては、被性的強制は恐怖と苦痛以外のなにものでもない。それでいな
がら、結果として妊娠に結びつく可能性を内包している。そして、その恐怖
によって、宮地の言う様に、PTSD として長期間にわたって苦しめられ続け
るのである。

　どんな状況下にあろうとも、発情状態にない女性に対する性的強制はして
はならない行為であり、現在では明確な犯罪として位置づけられている。何
故犯罪なのか、性的強制力を持つすべての男性の自覚が必要である。すべて
の男性が、自らが有する「性的強制能力」と、「その行使の結果」を自覚す
ることによって初めて、それを「厳重に自制することの必要性」をも理解し
得るはずである。

　もちろん、女性自身も自らの性的特性と男性の性的特性を自覚する必要が
ある。その上で、毅然とした意思表示と共に、そのような状況に陥る可能性
を常に意識し、極力回避する必要があることは言うまでもない。

女性の産む性としての自覚と主体性の回復の可能性

　近代科学の発達は、女性に産む性であることの自覚と、主体性を取り戻す
可能性を保障した。女性は基礎体温の測定などにより、自らの排卵期を知る

ことが可能になった。また、排卵期に連動した発情期は喪失したままである
が、両性の協力によって女性の発情状態（＝生理的性交渉可能状態）の創出
は可能になっている。従って、この二つを組み合わせることにより、進化の
過程で喪失した、産む性としての基本的能力を取り戻すことが可能になって
いる。

　現在、法的には両性の平等は保障されているから、子どもを産むか産ま
ないかの選択権も基本的には保障されているはずである。従って、その選択権
の行使は、まずは、性的強制力を有するパートナーに対する、女性自らの毅
然とした意思表示から開始すべきであろう。

　ただ、ここで最大のネックは、その大前提として、性的強制能力を持つ男
性との協力が必要不可欠であること、即ち、女性にとっては完璧な主体性で
はないということである。ボーボワールが、『第二の性』[31] という言葉を用
いて表現したかったのは、まさにこのことを指すのではないかと、筆者は理
解する。

両性の共通認識と権利・義務・責任の自覚

　とすれば、ここで必要になってくるのが、この問題を、両性の共通認識に
まで高めることではないかと、考えざるを得ない。即ち、女性の産む性とし
ての能動性と主体性を、両性の共同行動によって作り上げて行くことではな
いかと。

　子どもを望むなら、まずは両性の自覚と合意を形成することが必要不可欠
である。その上で、産まれた子どもは基本的には無条件に女性に属すること
を保障する。もちろん女性は子育ての権利と義務を有する。

　そして男性もまた、その子の父親であることを「認知」して、子育てに参
加する権利と義務を有することも、明確に自覚すべきである。両性の権利と
義務の行使によって、子育て家族が形成され、次世代への生命のリレーが可
能になる。

　一方、子どもを望まない時には婚姻関係の内外に関わらず、避妊の全責任
は、性的強制力を有する男性にあることを、すべての男性が厳しく自覚すべ
きである。

　マサイ族の男性は、我が子特定のために、婚姻関係外での妊娠を排除する
責任を、男性自身が自覚し、少年を含むすべての男性にその責任を自覚させ
た。マサイ族の叡智に学び、その自覚は、未熟な少年たち全員にも浸透させ、

文字通り全男性共通の自覚にまで高める必要があると、筆者は考える。

6 おわりに

生物的進化と社会的進化の共進と、社会的進化の致命的弱点

　人類進化の過程は、生物的進化と社会的進化の共進の過程である。数百万年前の浸水状況下で子どもの生命を守るために性交渉を自制する力も、数十万年前の短毛化による危機の克服過程でのモリスの言う三段階のシステムの完成も、社会進化の一発現形態と捉え得る。それは、いずれも両性が互いを思いやりながら獲得した文化である。そしてそれは、家族や共同体内での素朴な学習過程を通じて、確実に世代から世代へと受け継がれ、より豊かなものへと発展した。

　両性関係の社会的進化は、理性的な哲学的・宗教的思考を生み出し、情熱的な文化・芸術を生み出しながら発展してきたし、今後も発展し続けるであろう。

　しかし、生物的進化は受精を通じて確実に次世代に受け継がれて発現するが、社会的進化は学習過程を経なければ次世代に伝えられない。それ故学習過程の質的・量的差異によって発現の仕方が規定される。そこには、大飛躍をともなう発展もあれば、致命的な弱点をも持つこともありうる。

　とりわけ両性関係においては、生物的進化の過程で生じた矛盾を、社会的進化が補いながら共進してきたのである。従って学習過程に問題が生ずれば、生物的進化の過程で抱え込んだ矛盾が、そのまま発現・露呈してしまう可能性がある。そして、その矛盾を強調拡大しながら、新たな歪んだ社会的進化を促す危険性をも孕むのである。それが現在、性暴力として発現していると理解し得る。

両性間の齟齬と性暴力の根絶を目指して

　性暴力は、現実的には非常に深刻で重いものではあるが、この深刻さは、高々ここ数千年の人間社会の発展過程で生じたものである。従って、数百万年にわたる人類進化、数十万年にわたる現生人類の生活史の過程から考えれば、非常に根の浅いものでもある。日本社会ではつい最近まで、現生人類が獲得した両性関係を基本的には受け継いできた。現在も大半の両性は、喜びと苦悩を共にしながら家族を形成し、子育てし続けているのである。

現在、何よりも必要とされるのは、人類が進化の過程で築いてきた自制と愛情に基づく文化的な両性関係を、学習と教育を通じて、全ての両性の共通認識まで高めることであろう。そしてその上で、現在に即した、新たな両性関係を創出し、社会的進化を更に一歩進めることであろう。

　両性間の離齬と性暴力を、生物的進化と社会的進化の共進の中にしっかりと位置づけ、その根源を見極めることによって、両性間の離齬の克服と性暴力根絶への道は模索可能なはずである。現生人類である我々は、それだけの力を持っていると筆者は確信する。

【註釈】

1　宮地尚子著　2008　『性的支配と歴史』　大月書店　p.26
2　宮地尚子　前掲書　pp.49-54
3　ゾーンヒル、パーマー著　2000　『人は何故レイプするのか』　望月弘子訳　2006　青灯社　長谷川真理子解説　pp.418-419
4　ジャレイド・ダイアモンド著　1997　『セックスはなぜ楽しいか』　長谷川寿一訳　1999　草思社　p.15
5　山極寿一著　2012　『家族進化論』　東京大学出版会　p.135
6　山極寿一　前掲書　p.144
7　山極寿一　前掲書　p.137
8　ゾーンヒル、パーマー　前掲書　長谷川真理子解説　p.419
9　山極寿一　前掲書　pp.141-144
　　「実は奇妙なことに、人間の男は精液一ミリリットルに含まれる精子の密度はチンパンジーの十分の一（ゴリラの三分の一）で、オランウータン並みに少ない」。「ところが、一回の射精で放出される精子の数はチンパンジーの四分の一から半分に達する」。「これは精液の量がチンパンジーの二倍から五倍もあるからである。」
10　山極寿一　前掲書　pp.154-155
　　「子殺しは、オスが自分の子どもではない乳児や幼児を殺してその母親の発情を再開させ、交尾関係を結んで自分の子どもを残そうとする繁殖戦略とみなされている。ゴリラのメスが出産後に乳児や幼児を連れて別の群れに移籍すると子どもを殺される危険性が高いし、オスの保護能力が弱いと他の群れと出合った際にやはり子どもが殺される。」
11　デズモンド・モリス著　1967　『裸のサル』　日高敏隆訳　1969　河出書房新社　pp.50-53
12　デズモンド・モリス　前掲書　p.45
13　山極寿一　前掲書　pp.22-32
　　筆者註：山極は、バーソロミュー他の「ほかの動物に比べて人類の子どもは成長が遅く、手間がかかる。そのため、狩猟は男が、育児は女がというような性的な分業が必要となった。直立二足歩行は、男には武器を扱う、女にはひ弱な赤ん坊を運ぶ、自由で器用な腕を提供した。そして、狩猟の効率化は複数の人々の協力

関係を生み出し、高い知性が発達するもととなった」旨の「狩猟仮説」が、狩猟採集民の研究の進展により否定される過程を紹介した上で、「日本の霊長類研究は人間の社会性を狩猟から戦争へとつながる攻撃性の所産としてとらえるのではなく、サルの社会の秩序を構造的に捉える考え方から出発した。家族の起源という問いも当初からその中にふくまれていたのである。」として、日本の霊長類研究が狩猟仮説否定の過程で果たした役割を強調している。

13 山極寿一　前掲書　p.202

15 ケネス・E・ボールデイング著　1981　『社会進化の経済学』　猪木武則、望月和彦、上山隆大訳　1987

16 宮地尚子　前掲書　pp.17-18

17 宮地尚子　前掲書　p.23

18 『旧約聖書　創世記』　関根正雄訳　1999　岩波書店

19 S・S・オレ・サンカン著　1979　『我ら、マサイ族』　佐藤俊訳　1989　どうぶつ社

20 デーヴィッド・リード著　1979　『マサイ族の少年と遊んだ日々』　寺田鴻訳　1988　どうぶつ社

21 既に結婚した娘の生んだ息子の一人、あるいは娘を結婚させずに産ませた私生児の男の子を、父親の養子とするなど娘を介在することが多い。息子が結婚前に亡くなってしまった場合には、「故人」のために妻を娶る「幽霊婚」も行われる。割礼を受け正式に「故人の妻」となった女性は、誰か別の男性との性的行為により子どもを産み、その子が女性の正式な夫である「故人の息子」として公認され、「故人である父親」の財産を相続する。

22 ミランダ・デービス著　1994　『世界の女性と暴力』　鈴木研一訳　1998　明石書店

23 『創世記』　前掲書　第三十章

24 マリノフスキー著　1918　『未開人の性生活』　泉靖一、蒲生正男、島澄訳　1999　新泉社　pp.63-64

25 川島武宣著　1959　『イデオロギーとしての家族制度』　岩波書店　p.275
「今日都市においては、一般に男女の生理的婚姻適格性と、経済的社会的な婚姻適格性とが一致することは多くの場合に困難であり、したがって結婚の可能性や期待のない恋愛関係乃至類似の関係が発生することは多かれ少なかれ不可避であるのが現状である。これに反し、この村では、男女の個人的な愛情関係はかような一時的なものではなくて、終生の共同関係への移行をめざしているのみならず、……実際においても結婚への移行がほとんどすべての場合に可能なのである。男女の個人的な愛情関係に対してとる村人の態度は、このような事情と関連して理解されるべきであろう。」

26 瀬川清子著　1972　『アイヌの婚姻』　未来社　p.120

27 『綾織新出遺跡』　2003　遠野市立博物館発行　p.15
長方形で幅4〜6.2ｍ、長さ8〜14ｍの大きさ（縄文時代の一般的なイエの3〜5倍の大きさ）のイエの直近に、火をたいた跡がなく、その中で実際に使っていたと考えられる道具が見つかっていない小型の建物跡（一辺の長さが1.5〜2ｍの四角形の痕跡）がいくつか発掘されている。

28 宮地尚子　前掲書　p.22

29 宮地尚子　前掲書　pp.49-50
30 宮地尚子　前掲書　p.26
31 ボーボワール著　1949　『第二の性』「『第二の性』を原文で読み直す会」訳
　　1997　新潮社

第8章

ジェンダーバイアスへの
人類史的視座

1 はじめに

1-1 本章の課題と論点

　筆者は、前章までの記述で、男女格差をめぐる様々な通説を、命を産み育てる主体者としての女性の立場から検証してきた。

　本章では、ブルデューの文化資本の概念や、シービンガーの指摘、ハラリの著述の論拠とされる通説をも視野に入れながら、男女格差の本質を総体として明らかにし、ジェンダーバイアスがどのように形成されて来たかを考える。

　2では、類人猿の一員に過ぎなかった人類の祖先が、進化の傷跡を抱え込みながら、どの様にして、現生人類に到達したのかを、文化資本の継承と言う視点から整理を試みる。即ち、筆者が既章で展開してきた、直立二足歩行・石器製作・未熟児出産・短毛化の危機の克服などの過程で、どの様な文化資本が形成され、それがどの様に継承され、発展してきたかを考える。

　3では、ハラリの言う「認知革命」を、言語の獲得過程から検証し、「言語能力獲得と言う突然変異」を前提にした「認知革命論」は誤りであることを指摘する。次いでそれを、石器製作技術の変遷・伝播過程から検証し、ヨーロッパのみを視野に入れた錯覚の上に成り立った論理に過ぎないことを明らかにする。

　4では、まず、人類の両性関係の特殊性は、生物学的進化と文化的社会的進化の共進過程で生じてきたものと捉える。従って、男女格差の根源は「生物的なものか、社会的なものか」という二者択一の捉え方では見えてこないことを明らかにする。その上で、人間社会における男女格差が、その土台の上にどのように形成されているかを見極める。

　5では、ハラリの言う「言語が創り出した虚構としての神話」を手掛かりに、男女格差の成立過程を考える。即ち、男女格差は父系性の財産相続の必要性から家父長制形成と共に要求されたものであって、その正当性主張のために「神話」が必要とされ、それがキリスト教を通じて全世界に波及していった可能性を明らかにする。

　6では、まず17〜19世紀にかけて、何故「性差」が重要視されるに至ったかを考える。ついで、近代科学が生物学の中で生み出した「ママリア（＝乳房類＝女性）」と「サピエンス（＝知恵ある人＝男性）」は、近代的な男女格差を象徴する用語であったと判断する。そして、「性の補完性」というイ

デオロギーの持つ歴史的意味を考える。

　7では、本章のまとめとして、ジェンダーバイアスの歴史的進化を考える

1-2 ハラリの言う歴史の道筋を決めた三つの革命

　ユヴァル・ノア・ハラリは、一連の著作『サピエンス全史　上・下』『ホモ・デウス　上・下』『21 Lessons』の中で、人類の過去・未来・そして現在を、豊富な歴史的知識と実例を駆使して描き、「私たちは何者なのか、そしてどこへ行くのか」を論じている。そして、21世紀に進行しつつある「情報テクノロジーとバイオテクノロジーにおける双子の革命が、私たちの種がこれまで出会ったうちで最大の難題を突きつけて」いることに危惧を表明し、警鐘を鳴らしている。彼の著作は、世界中の多くの読者を引き付け、現在の課題にどう立ち向かっていくのかを考える素材を広く提供していることは、高く評価する。

　ハラリは、『サピエンス全史』の冒頭で、7万年前にホモ・サピエンスという生き物が形成し始めた文化の発展を「歴史」と捉え、歴史の道筋を決めた三つの重要な革命として、「認知革命」、「農業革命」、「科学革命」を挙げている[1]。

　筆者は、ハラリの言う「農業革命」、「科学革命」については、若干の異論はあるが、歴史的な位置づけとして納得しうる。しかし、ハラリの「7万年前に歴史を始動させた認知革命」という捉え方については、そもそも「認知革命」そのものが存在しないのではないかとの疑義を持つ。

1-3 「性差観の科学革命」とジェンダーバイアス

　ロンダ・シービンガーは、『女性を弄ぶ博物学』の中の「性差観の科学革命」との小見出しを付けた項[2]で、「19世紀まで引きつがれた性差に対する強烈な関心は、何ゆえ17世紀末から18世紀にかけて出現したのだろうか」と問題提起する。

　そして、「身体に性差を基づかせることは、自然が社会の法則を規定するという啓蒙時代の感性にうってつけだった。両性のそれぞれの役割は自然の中に刻印されていると考えられた。性差の新しい解剖学は、性の補完性と共和制の母性という二つの教義を支持した。（この二つこそ、アメリカ革命やフランス革命を活気づけ、解放を導く自由主義の見えざる梁となったイデオロギーであった）。」と指摘する。

男女平等が謳われながら男尊女卑の見え隠れする戦後教育の中で、自由・平等・博愛を掲げるフランス革命やアメリカ革命は、筆者にはあこがれの的であった。ドラクロアの描く三色旗を掲げた肌もあらわな女神の姿と共に、♪立て祖国の子らよ♪　と歌って下さった若き世界史の先生の姿は、60年後の今でも筆者の思い出の中に生きている。

　しかし、現在の筆者は、何故この時期に「性差」が強調されたのか、というシービンガーの指摘の持つ意味を、近代社会のジェンダーバイアスの生成に関わる重要な指摘として、受け止めざるを得ない。即ち、自由・平等・博愛の三色旗の陰で、女性はどのような状態に置かれようとしていたかを、考える機会を得たのである。

1-4 ママリア（乳房類）の一員としてのサピエンス（知恵ある人）

　シービンガーは、生物学の父と称されるリンネが 1758 年に導入したママリア（直訳乳房類、日本語では哺乳類と訳されている）とサピエンス（知恵ある人）という用語について次の様に指摘する。「リンネの命名法においては、女性の特質（乳房）が人間と獣とを結びつけていたのに対し、古くから男性の特質（理性）とされるものは人間と獣を乖離させる指標となっていたのである[3]」と。

　シービンガーのこの視点を借用して、ハラリの一連の著作を改めて読み解くと、彼がこだわる、認知革命を起点とする「サピエンスの歴史」とは、「知恵ある人＝男性」の歴史であることが見えてくる。そして、リンネの命名以来「ママリア」として動物に結び付けられてきた「女性」は、そこからは疎外されたものとして論じられていることも。即ち彼が捉える「サピエンスの歴史」とは、男性と女性を含めた、総体としての「ママリアの一員としてのサピエンスの歴史」ではないと言わざるを得ない。

　言い換えれば、ハラリは、認知革命以前の人類の進化史すべてを、狩猟採集生活段階と捉えて論じている。しかし、その視点からは、哺乳類としての類人猿の一員であった人類が、どのようにしてホモサピエンス（＝現生人類）に到達したのかは見えてこない。

　筆者は、これまでの章で、厳しい環境変動の中で子を産み育てながら生き抜き、生命のリレーを続けるために、人類の女性は、「進化の傷跡」を抱え込みながら、現生人類に到達したことを明らかにしてきた。そして、人間の歴史の過程で、その「進化の傷跡」の上に、男女格差が成立してきたことを

も明らかにしてきた。

　ハラリは、「少なくとも農業革命以降は殆どどこでも、男性がよい目を見てきた[4]」と捉えて男女格差の問題を論じている。

　シービンガーは、「性差観の科学革命」という言葉を用いて、近代におけるジェンダーバイアスの形成を論じている。

　ハラリの主張する「認知革命」を捨象すれば、筆者が明らかにしてきた土台の上に、農業革命と男女格差、科学革命と男女格差の問題をスムースに乗せることができ、男女格差の問題を総体的に明らかにできるのではないかと、筆者は考える。

付記：「通説」の持つ危険性について

　何故、ハラリは「認知革命」にこだわるのか。その疑義については後述するが、ここでは、彼が用いる次の様な表現に異を唱えておきたい。

　例えば、「ほとんどの研究者は、これらの偉業は、サピエンスの認知能力に起こった革命の産物だと考えている。」とか、「最も広く信じられている説によれば、……」とかの表現である。

　とりわけ、ジェンダーバイアスの問題は、男性目線の「通説」に規制され続けてきた問題であり、通説の真偽の判断なしには語れない問題である。

　広く流布されている通説には、誰が言い出したのかはわからないままに、あるいは原著者の意図から離れて変質した形で、独り歩きしてしまう可能性がある。従って、通説に対する厳密な検証なしに通説が流布され続けることは、結果として、正確な文化資本の継承を妨げ、誤った文化資本を人々の脳裏へ刷り込み続ける危険性を、内包することになる。

　世界中の何百万の読者をひきつけるハラリだからこそ、不確定な通説が更に広範囲に拡散する可能性を内包する、この様な表現は、非常に残念である。

2　人類進化の過程と文化資本の継承

2-1　人類進化の原点 ─ 浸水状況下での直立二足歩行

　700万年前頃、人類は類人猿と進化の袂を分かって直立二足歩行を開始した。筆者はそのステージとして、乾燥地帯にありながら遠方の山地からの流入水により出現する広大な相対的低地の浸水林地帯を想定する。そして、浸水状況下で呼吸を確保するために直立二足歩行を余儀なくされたとの仮説を

立てた[5]。

　人類の直立二足歩行は、生来獲得されている生物学的歩行形態ではない。従って新生児は、直立二足歩行に先立ち、親たちが直立二足歩行している姿を脳裏に焼き付け、親もまた、新生児が直立二足歩行する姿を脳裏に想定して、それを手助けする必要がある。

　そして新生児は、見様見真似で直立姿勢に挑みながら、軟弱な腰椎を支えて直立姿勢を保持するための筋力を獲得する。それを前提にして、二本足で立ちあがり、一歩一歩よちよち歩きを繰り返す。まさに直立二足歩行を繰り返しながら、直立二足歩行を継続するに必要な筋肉をすべて発達させることによってのみ、日常的な歩行能力の獲得が可能になる。

　その意味では、身振り手振りの、即ち身体言語を用いての親の指導と、乳児の見様見真似の練習によって獲得する、文化的な歩行形態である。すなわち、人類独特の継承文化資本は、まさに人類への第一歩である、直立二足歩行の開始時に萌芽を見せた、と捉え得る。

　浸水状況下で子どもの生存を保障するためには、抱き抱え、背負い、肩車するなど、子どもに直接関わる「父親」が必要とされ、核家族的行動が必要とされた。その保護のもとに、子どもは、見様見真似で移動・行動・食餌探し・寝床作りを学びながら成長する。そして、異性との出会いを得て、新たに家族を形成し、子どもを産み育て、身に着けた文化資本を次世代へと継承する。

2-2 乾燥したサヴァンナでの脳容量の増大と未熟児出産

　330万年前頃に北極氷河の形成が開始されて、地球全般の寒冷化は新たな段階に入り、初期人類の生息を保障していた浸水林帯自体が衰退し始め、サヴァンナ化が進行する。ここで生き延びるために必要とされたのが、生物学的には早産した未熟児を抱きとめて、その生存を保障するという文化的行動であった。

　胎内に比べて比較にならないほどの刺激を受けて、未熟な脳機能を発達させながら成長する未熟児を育て上げるためには、今までにない子育て技術を必要としたであろう。

　堅果や四肢骨を叩き割るために、自然の石を叩き割って、鋭い角を持った石器を作り出す。即ち、自然に手を加えて道具を作り出す技術を人類は獲得した。

　石器を制作するには、まずは「こういうものを作ろう」と、その出来上が

りの形態を脳裏に描く。その上で、叩き台となる大き目の平たい石の上に、石器の素材となる手頃な大きさの石を置いて左手で支え、右手に頑丈な叩き石を持って振り下ろす必要がある。左右の手の使い分けであり、左脳と右脳の使い分けである。

　アフリカに始まった石器製作技術は、叩き割っただけのチョッパーから、打ちかく回数を増やしたチョッピングツール、更にアシューリアンへと、何十万年をかけて発展していく。やがてそれは、180万年前のエレクトスの出アフリカによって、アジアやヨーロッパに拡散され、その後数百万年にわたって使い続けられた痕跡を残す。

サヴァンナで必要とされた父系性家族集団

　石器製作技術も、未熟児を育て上げる技術も、見様見真似での試行錯誤を重ねながら、直接人から人へ、親から子へ、世代から世代へと受け継がれ、発展していったものである。それを保障したのは、基本的には核家族的行動である。しかし、浸水林帯とは違って開けたサヴァンナでは、家族間の協力による集団的行動が要求されたことが想定される。

　未熟児出産とは言え自立出産が保障されているこの段階では、類人猿時代からの女性のメイトアウトの習性を変えてまで、母系性集団を志向する必然性はない。従って、エレクトスが形成したのは、父親と息子たちを核とした、父系性の小家族集団であった。ここでは、女性に対する排他的な占有欲を制御し、互いの配偶関係を認め合う形での、男性同士の文化的な関係が必要とされる。

2-3 短毛化の危機を乗り越えて現生人類へ

超未熟児出産・難産と母系性家族集団

　70万年前頃からの全地球規模での、10万年周期での氷期と間氷期の繰り返しは、アフリカ大陸では厳しい乾燥期と湿潤期との繰り返しとして現出した。

　乾燥期のアフリカ大地溝帯で、高濃度のアルカリ性の塩水湖や湧水池にしがみつくしか生存し得ない状況下に置かれた人類の直近の祖先は、ふさふさした体毛を喪失せざるを得なかった[6]。その短毛化の危機を乗り越えるために、数十万年にわたる試行錯誤を経て、人類の女性は、生死をかけた長時間にわたる難産によって、呼吸と吸乳の力以外はまったく無力の超未熟児を出産し、その生存を受け止めたのである。

その受容は父系性家族集団では不可能で、娘は出自集団内に残り、母親と娘姉妹を核とする母系性家族集団を形成して生き延びたと、筆者は想定する。そして、そこに男性を引き付けて子どもを産み育て、ナイフ形石器を創出して自然に手を加えて衣食住を確保すると言う道を切り開いて、短毛化の危機を乗り越えて現生人類へと到達したのであると。

遊動生活の中での文化資本の継承

　最終氷期末期の最寒冷期、二万年前頃の日本の砂川遺跡・死海地溝帯のオハロー遺跡などで、2～3軒の家跡が確認され、狩漁採集しながら半遊動・半定住生活を送る単位集団として、2～3家族10数人の集団が推定されている。

　その小集団内では、誰もが自分の使う石器を作りつつ、個々の母子関係にこだわらず、乳幼児は誰かが面倒を見、他の女性は男性と共に狩漁採集活動に参加し、衣食住に必要なものすべてを創出したと想定しうる。従ってそこには、男が狩猟・女が採集というような明確な性別分業は存在しなかったはずである。

　この遊動単位小集団の中で、石器の製作・食料の採集・出産・育児・介護等すべての生活が営まれ、それらの技術は、見様見真似の形で、あるいは習得しつつある音声言語を通じて、親から子へと伝えられる。

　一方、群馬県下触牛伏遺跡などでは、その遊動単位小集団が10個ほど集まった環状ブロック群の痕跡が発掘されている。現生人類の曙期の文化は、この様に小さな単位家族集団の所有する文化資本が、遊動生活しながら生ずる他集団との交流を通じて、新たな異性が出会い、家族を形成し、融合文化資本を産みだしながら、発展しつつ拡散していったと捉え得る。

　即ち、人と人との、縦と横との直接の関係が連綿と繋がり、数十万年をかけて点から線へと発展し、文化資本が継承されつつ拡散し続けたと捉えうる。

定住化に伴う新たな獲得文化資本

　そしてそれは、狩漁採集時代を経て定住化に至ると、小家族集団を基本単位としつつ村社会を形成し、新たな人間関係を築きながら、言語を通じて慣習法・伝説などの形に発展する。更に、階級社会の出現と共に、支配階級には支配者として、被支配者には被支配者として、それぞれが獲得すべき文化資本が必要となり、一定の理念（思想）のもとに明文化・文字化されて、強

制力を持つ「教材」へと進化する。即ち、ハラリの言う言語が作り出した虚構としての「神話」・「宗教」・「法律」へと発展したと筆者は理解する。

3 ハラリの言う「認知革命」について

3-1「言語」と「虚構＝架空の事物」についての捉え方

　ハラリは、「東アフリカのサピエンスは、およそ七万年前にアラビア半島に広がり、短期間でそこからユーラシア大陸全土を席巻した[7]」とおさえ、「七万年前から三万年前に見られた、新しい思考と意思疎通の方法の登場のことを『認知革命』という」、と定義する。そして、その原因を「もっとも広く信じられている説によれば、たまたま遺伝子の突然変異が起こり、サピエンスの脳内の配線が変わり、それまでにない形で考えたりまったく新しい種類の言語を使って意思疎通をしたりすることが可能になったのだという[8]」、と説明する。

　竹岡俊樹は『旧石器時代人の歴史』で、「250万年間、人類は物理的現象を用いて石器を作るという難問に取り組んできた。その過程で、物理的因果関係を非言語的な論理として脳に刻み込んだ。石器を作る工程は次第に長く複雑化してゆき、その工程を頭の中でシュミレーションしながら実行することによって、因果関係の連鎖が脳に刻み込まれた[9]」、と言う。そして「自らの行っている作業を言語（内語）によってたどり、また説明ができるようになった時、私たちが『論理』と呼ぶ思考の原型が生まれた」、「ホモ・サピエンスの登場によって、人類の生物学的な進化（特殊化）は終わる」と続け、「このときから、私たちは虚構の世界をも技術によって作り出していくことになる」と締める。

　ハラリは、「虚構、即ち架空の事物について語るこの能力こそが、サピエンスの言語の特徴として異彩を放っている[10]」、と説明する。そして、「いったん登場した文化は、決して変化と発展をやめなかった。こうした止めようのない変化のことを、私たちは『歴史』と呼ぶ」と定義し、「したがって、認知革命は歴史が生物学から独立を宣言した時点だ[11]」と明言する。

ハラリと竹岡の捉え方の違い

　言語が虚構を語る力を持つことは、両者一致している。決定的に異なるのは、「言語」を「突然変異により偶然生じた」能力と捉えるか、「250万の

石器製作過程とともに進化してきた人間の能力である」と捉えるかの違いである。筆者は、社会的進化の速度が加速して言語を獲得し、生物学的進化を凌駕した時点は、ハラリの言う「認知革命」ではなく、竹岡の言う、「現生人類の誕生過程」そのものにあったと理解している。

3-2 ボイドらによる問題提起 ─「人間革命」という捉え方を巡って

　ボイドらは、『ヒトはどのように進化してきたか』[12] の中で、「もし人間革命（＝ハラリの言う「認知革命」：筆者註）があったとしたら」との仮定の下に、次の三つの説を紹介し、その問題点を指摘している。

　第一は、クラインらの「人間革命は完全に現在の言語が話せる突然変異が原因になったのだろう」との説と、「問題点は、とても急速な遺伝的変化が必要である」[13] との指摘。

　第二は、「人間革命は遺伝的変化ではなく、文化的変化の結果かもしれない」との説と、「問題点は、そのような要因の明らかな候補がない」[14] との指摘。

　第三は、「現代人的行動は遺伝的変化と文化的変化の組み合わせにより、アフリカにおいて徐々に進化してきたようだ」との説と、問題点として「現生人類がアフリカを出るのに何故 6 万年もかかったのか」[15] との指摘。

　筆者は、人類の進化は、生物学的進化と社会学的進化との共進であると捉え、この第三の「特殊な大きい突然変異を必要としない漸進論」が正しいと考える。そして、「気候が温暖で湿潤なときに何故移動しなかったか」の指摘に対しては、「湿潤期のナイルのベルトでは、塩分保障が不可能であった」ことを挙げる。また、寒冷で乾燥期に移動したのは、海水準低下によりバブエルデマン海峡が狭まっていて、移動が可能であったことを指摘したい。

　従ってハラリの言う、そしてクラインら多くの研究者が展開する、「言語能力獲得という突然変異」を前提にした「認知革命論」は誤りであると判断する。

3-3 人類祖先の石器の変遷と伝播から検討する「認知革命」

　ハラリは「サピエンスは 15 万年前にはすでに東アフリカで暮らしていたものの、地球上のそれ以外の場所に進出して他の人類種を絶滅に追い込み始めたのは、7 万年ほど前になってからのことだった。それまでの 8 万年間、太古のサピエンスは外見が私たちにそっくりで、脳も同じぐらい大きかったとはいえ、他の人類種に対して、これといった強みを持たず、特に精巧な道

具も作らず、格別な偉業は何一つ達成しなかった[16]」と言う。

　ボイドらは、石器製作技術の出現の痕跡は、いずれもサハラ以南のアフリカに残され、それがかなりの時間差（数万年から百万年以上）を経てヨーロッパやアジアに伝播したことを明らかにしている。

【図表】8-1　石器製作技術のヨーロッパ伝播

様式1技術（通称オルドワン）	250万年前 ⇒ ヨーロッパ180万年前
様式2技術（通称アシューリアン）	165万年前 ⇒ 50万年前
様式3技術（通称ナイフ形）	50～30万年前 ⇒ 5万年前
様式4技術（通称槍先形尖頭器）	10万年前　⇒ 3万年前
様式5技術（通称細石刃）	4万年前　　⇒ 2万年前

(注：ボイドらを基に、筆者作成)

ヨーロッパのみを視野に入れた「認知革命」

　ここで注目すべきは、アフリカ内部では既に10万年前には、殺傷力に優れた10～20cmに及ぶ槍先型尖頭器制作技術（様式4技術）が登場していたことである。にもかかわらず、7万年前頃と見られるアフリカ出立時のサピエンス（後期旧石器時代人）が手にしていたのは、殺傷力に優れたとは言えない、高々3～4cmの親指大のナイフ形石器（様式3技術）であった。

　これらの経過を抜きにして、ヨーロッパのみを視野に入れれば、7万年前に「特に精巧でもない道具」、即ちナイフ形石器を手にアフリカを出立したサピエンスが、5万年前にはヨーロッパに到達して、3万年前には殺傷力に優れた鋭いブレードを作り出したことになる。とすれば、あたかもハラリの言う様に、「7万年前から3万年前にかけて新しい思考と意思疎通の方法が登場して、歴史を始動する認知革命が急激に進行した」と錯覚しそうである。

　筆者は、ハラリの言う「認知革命」は、この様な、ヨーロッパのみを視野に入れた錯覚の上に成り立った論理に過ぎないのではないかと理解する。

繊細なナイフ形石器の評価をめぐって

　太古のサピエンスは、本当に「特に精巧な道具」を創らなかったのだろうか。現生人類がその誕生時に手にしていたのは、ナイフ形石器である。「石器＝狩猟の道具」と捉えれば、高々数cmの指につまめるナイフ形石器は、とても殺傷力に優れているとは思えないから、他人類種に対してもこれといった強みは持てなかったには違いない。

しかし、そのナイフ形石器は指先に持つことを前提にして、鋭い刃部をもちながら指先を傷つけない様に基部加工を施した、繊細な石器である。筆者はそれを、短毛化して裸の皮膚を露出した人類が、体毛の持っていた保温力を補うために、植物繊維を利用する過程で創出した石器であり、当時としては画期的な「精巧な道具」であったと捉える。そしてまたその技術は、先端をとがらせた刺突形石器の作成にも用いられ、小動物の狩り（＝人類としては初めての積極的な狩り）の道具としても使われ始めたと捉えている。

　7万年前に本格的に出アフリカした現生人類は、そのナイフ形石器を頼りに、各地にその生息域を拡げていったのである。数万年の時をかけて日本列島に到達した現生人類の手にあったのも、そのナイフ形石器である。そのことは、基本的には現生人類はナイフ形石器さえあれば、未知の土地で、未知の自然に手を加えて、子を産み育て、生存に必要な衣食住のすべてを創出して、生き延びるだけの知恵を持っていたことを示唆する。

3-4　現生人類は他人類種を滅亡させ、大型動物を絶滅させたのか

　ハラリは、「サピエンスに責めを負わせるべきかどうかはともかく、彼らが新しい土地に到着するたびに、先住のヒトビトはたちまち滅び去った[17]」、「サピエンスの移住の第一波は生態学的惨事をもたらし、それは動物界を見舞った悲劇のうちでも、とりわけ規模が大きく、短時間でおこった」[18] と言う。

日本列島での他人類種との共存・ナフマン象の絶滅について

　竹岡俊樹は、38000年前頃に現生人類が日本列島に渡来した時、既に列島内にはアシューリアン文化の伝統を受け継ぐ人々（ホモ・エレクトスかホモ・ハイデルベルゲンシス）が存在していたこと。そして彼らは、現生人類の持つナイフ形石器製作技術を取り入れながら、16000年前頃まで、現生人類と共存していたことを示唆している。その上で竹岡は、「遺跡の数とこの地形の特殊性において、日本列島は私たちとは異なる存在であった人類の研究のための世界的にも有数な実験場である[19]」と言う。

　野尻湖立ちが鼻遺跡では、前期旧石器時代人（初期人類）によるナフマン象など大型動物の死体解体の痕跡が残されている。一方現生人類の渡来した38000年前以降の地層からはその様な痕跡は発掘されていない。ちなみに、日本列島のナフマン象の絶滅は15000年前頃であり、野尻湖に到来した現生人類がこの地でナフマン象を絶滅に追いやったと捉えることはできない。

これらのことから、筆者は、「初期人類はナフマン象などの大型動物の死体に群がって解体しながら食したけれども、現生人類はそのような形での死肉アサリを必要としていなかった」というだけのことと理解している。

集団追い込み猟が動物の絶滅を惹起する可能性

アシューリアン石器の制作現場で、薄片石器を剥がしながら大型動物の解体が行われた初期人類による痕跡は、アフリカやアメリカにも残されている。しかし、現生人類のナイフ形石器を用いた大型動物の狩りの痕跡は定かではない。

一方、集団追い込み漁の痕跡は50万年前のヨーロッパにも残されている。勇壮に槍を掲げた狩りは想像の産物に過ぎなくても、動物を群れごと追い詰める集団追い込み猟が、対象動物の絶滅を惹起する可能性十分に現実的である。

大型動物の絶滅、他人類種の絶滅の問題は、サピエンスが基本的に有する特性ではなく、地域の狩猟技術の特殊性など、様々な観点から慎重な分析が必要である。

▍4 進化の傷跡と両性間の微妙な齟齬

4-1 セクシュアリティかジェンダーかという捉え方について

ハラリは、男女格差について、「既知の人間社会のすべてでこの上ない重要性を持ってきたヒエラルキーが一つある。性別のヒエラルキーだ[20]。」と捉える。次いで、「男性と女性の厳密な定義は文化によって変わるものの、何か普遍的な生物学的理由があって、そのせいでほぼすべての文化で男らしさの方が女らしさよりも重んじられた可能性のほうがはるかに高い」と言う。そして、「その理由が何なのかは、私たちにはわからない。説は山ほどあるが、なるほどと思わせるものは何もない[21]」と付け加える。

ハラリのみならず、「男女格差は生物学的なものなのか、社会学的（文化的）なものなのか」、即ち「セクシュアリティか？　ジェンダーか？」は、多くの人々が語り、数多くの論争を生み出しながら、現在も引きずられているテーマである。

筆者は、論争に決着がつかないのは、「生物学的か社会学的か」という二者択一の捉え方そのものに問題があると考える。即ち筆者は、人類進化の過程は、生物学的進化と社会的進化の共進過程と捉えるべきであり、その進化

の頂点に立つ我々現生人類の両性関係は、どこまでを「生物的」どこまでを「社会的」と分けて考えることは不可能な関係にあると判断している。

4-2 女性の排卵期の自覚喪失と男性の性的強制能力獲得

　人類は有性生殖により生命の生産を行う哺乳類の一員である以上、男性と女性が生物的に異なる器官と機能を有するのは自然である。しかし、一般的な哺乳類において、この当たり前の「生物学的性差」が「両性間の格差」に繋がっているわけではない。なのに、人類だけに何故「男女格差」が生ずるのか。

　ここに、「人類独特の性差」について明らかにされねばならない「何か」があると考えざるを得ない。筆者はこの「何か」として、「人類の女性は、哺乳類としての排卵周期機能は持ちながら、進化の過程で、排卵期に連動する発情期を喪失し、自らの排卵期を自覚する生来の能力を喪失した」ことを挙げる。

「男性の性的強制能力の獲得」と「女性の性関係における能動性の喪失」

　類人猿一般は、雌の排卵期に連動する発情の兆候を感知した雄が発情し、交尾・受精が成立して、妊娠・出産に至るシステムを持っている。人類は、女性が排卵を隠蔽したことにより、このシステムそのものを喪失した。にもかかわらず、人類の女性は子どもを産み育てながら、人類の進化を保障してきた。

　とすればここで、人類の男性は、発情期を示さない女性に対する男性主導の性的強制能力を獲得したことを、想定せざるを得ない。そしてその結果として、人類の女性は、産む性でありながら、性関係における能動性を喪失した。

　これらの結果として、人類の両性間には、微妙な齟齬が生じているのである。即ち、「もっぱら楽しむために性交するのである」と捉える男性と、「常にレイプ被害の可能性」を意識せざるを得ない女性との間に生ずる微妙な齟齬が。

何故排卵期の自覚を喪失したか ─ 浸水状況下で子育てを優先

　何故人類の女性は自らの性関係における能動性を喪失してまでも、排卵期の自覚を喪失したのか。筆者は、浸水状況下で、離乳後の子どもを突き放すことが出来ずに、女性は、子育てを優先して、発情期における性交渉を自制したのではないかと捉えた[22]。

即ち、女性が産む性でありながら性関係における生物的能動性を喪失し、男性が性的主導権を握るという人類独特の両性関係は、厳しい自然環境の中で子どもを産み育てながら生き延びて命を繋ぐ過程で創出されてきたものである。それがなければ現生人類には到達できなかったという意味において、エレイン・モーガンの言葉を借りれば、非常に深刻な「進化の傷跡」と捉える必要がある。

4-3 進化の傷跡を癒す —— 親愛関係に基く新たな両性関係の模索

　しかし人類は、その「進化の傷跡」を、何の手立ても施さずに放置してきたわけではない。

　デズモンド・モリスは、『裸のサル』の中で、われわれの種の性行動の特徴として、三つの特徴ある段階[23]を経過することを示している。即ち、長期にわたる求愛、時間をかけての交尾前の活動、爆発的なオルガスムに到達する交尾。

　筆者は、このモリスの言う三段階からなる両性関係は、人類の女性がホルモン支配に基づく発情期を喪失したことを前提に、人類が最終的に到達した素晴らしく文化的なシステムと捉える。即ち、愛と信頼に結ばれた男性と女性が、両性間の微妙な齟齬を解きほぐしながら、時間をかけて、ていねいに女性の発情状態（＝生理的性交渉可能状態）を創り出し、微妙な両性の差を調整しながら、性交渉により互いに最高の段階に達するというシステムであると。

母系制家族集団と新たな両性関係の模索

　700万年前の直立二足歩行の開始以来、類人猿時代から継承された、男性の誘い掛けにより娘がメイトアウトする形の、自然なペア関係が保障されてきた。しかし、短毛化による生存の危機を乗り越える過程で母系的集団が必要とされ、娘が母親の元にとどまる選択をした。とすれば、母娘を核とする母系的小集団に男性がどう関係するかは、きわめて難題だったはずである。ここで何よりも必要とされたのが、新たな形の両性関係を作り出すきっかけ作りであった。

　母系制家族内にとどまる女の子に発現する魅力的な姿態に、性的には成熟しつつある男の子がひきつけられる。そして、互いの親愛関係を深めつつ家族内に男の子が受け入れられ、恋愛感情を高めながら、互いの完全な成熟を

待って、性関係を結び、出産し子育てしていく。そのために発達したのが人類独特の生物学的第二次性徴であり、それを前提にしたモリスの言う三段階の文化的性関係であったと、筆者は理解している。

　ここにも、生物的進化と社会的進化との共進により、新たな両性関係が形成され、短毛化の危機を乗り越えて、現生人類に到達したことが捉えられる。

親愛関係とレイプを両極にもつ人類の両性関係

　それらの結果として、人類は、発情期という生物学的生理状態に拘束されない二つの文化的両性関係を創出してきた。すなわち「モリスの言う、三段階に象徴される親愛関係に基づく両性関係」と、「女性の人格を無視した男性による性的強制（レイプ）」という両性関係を。そして、現実的にはその二つを両極にしながら、その間に様々な文化的両性関係を現出しつつ、子どもを生み育てながら進化してきた。

　このことから、両性間には、性関係を巡っての微妙な離齬が生じざるを得ず、そこに、その後の社会的発展過程における様々な形での男女格差を生じさせる根源が潜んでいると、筆者は考える。従って、生物的か社会的かと二者択一を迫っても、男女格差の本質は見えてこないと。

　つまり、男女格差を論じるにあたっては、人類独特の生物的な性差自体が、生物的進化と社会的進化の共進により形成されてきたことを踏まえ、男女格差が、その土台の上にどのように形成されているかを見極める必要がある。

5　農業革命と家父長制 ― 神話と女性

5-1　言語が作り出した虚構（宗教・神・国家……）と男女格差

　ハラリは、「少なくとも農業革命以降は殆どどこでも、男性がよい目を見てきた[24]」と捉えて男女格差の問題を論じている。

　しかし、全世界的に 12000 年前に歴史の流れが加速されたことは確かだが、それは、最終氷期終結に伴う全地球規模の温暖化に対応した加速であって、必ずしも汎世界的に農業革命の形を取ったわけではない。例えば日本では、12000 年前とは、縄文時代の開始時期にあたり、農業革命ではなく、狩漁採集生活に基づく交換経済を発展させながら定住化が進行した。従って、日本の縄文時代にハラリの言うような男女格差は生じていなかった。

ただ、ハラリのこの視点は、男女格差についての重要な指摘を含んでいると思われるので、以下、ハラリの著述に沿う形で、考えてみたい。

家父長制と神話 — ユダヤ教の聖書の成立過程

ハラリは、『ホモ・デウス』の中の、「家父長制の遺伝子」と小見出しをつけた項で、「家父長制はほとんどすべての農耕社会と工業社会で標準的だった」、「家父長制はこれほど普遍的なので、偶然の出来事が発端となった悪循環の産物のはずがない」[25] とおさえている。

そして、「今日明確に実証されているように、家父長制が生物学的事実ではなく根拠のない神話に基づいているのなら、この制度の普遍性と永続性を、いったいどうやって説明したらいいのだろうか？[26]」と疑問を投げて締めくくる。

また、ハラリは、「神を偽造する」と小見出しをつけた項で、ユダヤ教の聖書の成立過程について触れる。「中東の隣人たちのカルトに似た鉄器時代の典型的なカルトだったユダヤ教には聖書などなかったが、後に勃興してきた「ペルシャとギリシャの影響もあって、文書を書いたり解釈したりするユダヤ教の学者たち」により「彼らが編纂した文書が『聖書』と名づけられた」と[27]。

キリスト教の旧約聖書における二つの「創造記」

このハラリの言うユダヤ教の聖書が、キリスト教では旧約聖書として受け継がれた。旧約聖書は、創世記[28] に始まる。興味深いことに、その冒頭の「一　創造」は、「イ　祭司資料の創造記」と、「ロ　ヤハヴェ資料の創造記」という、まったく異なる二つの部分から成り立っている。

「イ　祭司資料の創造記」では、神は第一日目に昼と夜を、第二日目に天を、第三日目に地と海を、第四日目に太陽と月と星を、第五日目に海の生き物と地の鳥を、第六日目に家畜と這うものと地の獣と人を創り、第七日目に創作の業を完了して休まれた、とされている。

この、当時のエリート知識人としての祭司階級が、整然と語る天地創造の過程は、現在の自然科学の探究心につながるものであるとも読み取れる。

「われわれは人をわれわれの像の通り、われわれに似るように造ろう」とは、「人が自分たちの姿の通りに神を想像した」ことに他ならない。「われわれ」と言う表現からは、神は複数であることが読み取れる。そして、「そこで神は人を御自分の像の通りに創造し、男と女に彼らを創造された」との記

述は、男神と女神を想定していることを連想させる。従って、ここでは男と女の存在はいとも自然で対等であるものとも読み取れる。

　しかし、その直後に続く、「ロ　ヤハヴェ資料の創造記」では、状況が一変する。ヤハヴェ神は土くれから人を造ってエデンの園に置いてこれを耕させ、人に適わしい助け手を造ろうとして、人の肋骨から女を造り上げる。ヤハヴェ神は唯一神、「人」とは「男」であり、ここでの神の言葉や行為は、男性が脳裏に描いたことの反映であると捉え得る。ハラリの言葉を借りれば、エリート聖職者の手によりまとめられた、「言語が創出した虚構」であると。

アダムとエバの物語 ― 神が与えた罰

　旧約聖書は、「一創造記」から「二堕罪」、即ちアダムとエバの物語へと続く。女が蛇にそそのかされて神に禁じられていた智慧の樹の実を食べ、人も女に与えられて食べたことが神の怒りに触れる。

　神が女に与えた言葉は、「私は君の苦痛と欲求を増し加える。君は子を生むとき苦しまねばならない。そして君は夫を渇望し、しかも彼は君の支配者だ[29]」である。

　人への言葉は、「君のために土地は呪われる。そこから君は一生の間労しつつ食を獲ねばならない。……。君は顔に汗してパンを食い、ついに土に帰るであろう。……。」である。「人」は食を得るための労苦からも死からも逃れることは出来ない。それが女の誘惑に負けた「人」への罰である。

　ここでは性的行為が出産につながることが認識されている。現在では当たり前のこの認識は狩漁採集時代からの自明の認識ではなく、家畜の飼育過程で獲得された認識と筆者は捉えたい。

　女性の欲求が問題視されるのは、性の制御が求められていることの反映であろう。その意味で、禁断の樹の実に関わる誘惑とは性的誘惑を象徴し、性的誘惑に対する罰として産みの苦しみが与えられた、と言う文脈と捉えうる。

　ここに、前述した「人類独特の性差に関わる進化の傷跡」、即ち、人類の女性が発情期を喪失したことに関わる両性間の離齬と、人類の出産が難産であることが、「神＝人＝男」の目で確実に捉えられていることを読み取れる。

　そして、女性の魅力的な第二次性徴が、男性に対する「誘惑の根源」として捉えられている。そしてそこでは、モリスの言う三段階の文化的性行動など論外に付されている。

神が与えた両性に関わる二つの構図

　男性の視点で描かれた「生活における主体者の男性と、その最適の助け手の女性」、「性関係における支配者の男性と、その夫を渇望する女性」という構図。それは、女性には素直には受け止め難い構図であり、当時の女性はすでにその様なことを考える主体としての位置にはなかった、ことをも反映するのであろう。

　このアダムとエバの神話は、ユダヤ教のみならずキリスト教やイスラム教にも底流として受け継がれ、世界的に数多くの男性と女性に影響を及ぼしてきた。

　今では、この物語をまともに信じている人は少ないかもしれないが、この構図自体は今でも意外と生きていて、多くの女性は苦しんでいる。そして、男性も苦しんでいるのである。だからこそ、この様な構図を描いて、その苦しみを女性の誘惑のせいに転嫁したかったし、今も転嫁したい人々が存在するのかもしれない。

　男性と女性の間に受け止め方の齟齬を抱え込みながらも、数千年にわたってこの構図が受け継がれてきたという歴史的事実。それは、裏返せば、この構図が人類の男性と女性が抱えている齟齬の本質を、かなり的確に反映しているものであることを示すとも言えよう。

神話の形を借りた男女格差の正当化

　筆者は、まさに旧約聖書の創世記からは、人類独特の両性関係と人類特有の難産を、羊飼いの目で見事に把握していることを読み取る。そして、それを実に巧妙に利用しながら、男女格差に基づく家父長制を求め、確立していく様を描き出していることを。

　言い換えれば、「神話」、即ち「言語が作り出した虚構」の形を借りて、男女格差の正当性を主張しているものと読み取りたい。

　即ち、家父長制が根拠のない神話に基づいているのではなく、男女格差の上に成り立つ家父長制が、「虚構」としての「神話」を要求し、創り出したのである。従って、家父長制を必要とする限り、あるいは男女格差を必要とする限り、この神話が現在も様々な形で生かされているのである。

　裏返せば、この制度の「普遍性」と「永続性」もまた、家父長制、あるいは男女格差が必要とされる限りにおいてのものである、と判断できる。

5-2 何故家父長制はこのような「神話」を必要としたのか

　ハラリは、「少なくとも農業革命以降、ほとんどの人間社会は女性より男性を高く評価する家父長制社会だった」と言う[30]。しかし、前述したように、それは、全地球規模での最終氷期終結に伴う、暖かく湿潤な環境に適応しての、各地での人類の新たな生活史の始動と捉えるべきである。従って、「ほとんどの人間社会」で男女格差を前提にした家父長制社会が成立したわけではない。このことを、明確におさえた上で、筆者は以下の展開を試みる。

相続の発生と家父長制への指向

　12000 年前、ハラリの言う「農業革命」を始動させた温暖な気候は、豊かな恵みをもたらし、人々は日々の採集生活にとどまらず、その豊かな恵みを貯蔵することにより、より安定した食生活を保証された。

　食物の貯蔵開始は、それを「誰に分かち、誰を拒絶するか」という新たな問題を惹起し、所有意識を芽生えさせ、所有物を誰に相続させるかと言う難題を生じさせる。

　藤井純夫は『ムギとヒツジの考古学』の中で、集団追い込み猟から牧畜へと発展していく過程で、家族関係が変化して行く様を、住居の遺構から明らかにしている[31]。それはエンゲルスが展開する[32]プナルア婚家族→対偶婚家族→家父長制に基づく単婚家族への変遷に見事に対応しているとも読み取れる内容であった。

　即ち、集団追い込み猟が強力な男性集団を必要とし、それがやがて牧畜へと発展していく過程で、まずは両性間の分業が必要・固定化され始めた。やがて家畜化の完了と共に、家畜が集団的所有から男性の私有財産へと転化し、それを相続し飼育する役割を担う男子の特定が必要とされ始めた。

羊飼いの目に映った願望

　母子関係は誰の目にも明白であるが、父子関係は自明ではない。父子関係が認知されえない段階では、相続は母系を頼らざるを得ない。しかし、羊飼いは生業としてのヒツジの群れの飼育過程で、子羊の出産に関わる雄の役割を知り、それを通して、人間の子の出産に関わる男性としての役割を知ったはずである。

　自分が苦労して成した財産は「我が子に相続したい」という素朴な願望が

芽生えた時、母系性の相続慣習が続く限りその願望はかなえられないことに、男性は気づいたはずである。

　羊飼いの目に映る雌ヒツジは明確に発情期の兆候を示し、雄ヒツジはそれを追いかける存在である。しかし、人間の女性は発情の兆候を示さない。そのことに気がついたとき、性的主導権を握る男性の目から見れば、女性の存在そのものが、常に発情して男性を誘っていると錯覚しても不思議ではない。

父系性家父長制家族社会の形成と男女格差

　そんな状況下で、「正真正銘の我が子を確保したい」という願望を確実に実現するには、母系制家族社会を打ち壊すことが必要不可欠である。そして、誘惑者たる女性の性的自由を奪いながら男性の家の枠内に閉じ込めて、他の男性との接触を断つことがもっとも有効な方法である。この願望が、男性には寛容で女性には厳しい一夫一婦婚制度に基づく、父系性の家父長制家族社会を生み出したと筆者は捉えている。

　少なくとも農業革命以降に一部地域で成立し、それが全世界的に波及したという意味では、家父長制に基づく男女格差は、完全に社会的文化的なものなのだが。その成立過程において、人類が抱え込んだ「進化の傷跡」である、「男性の性的強制を伴う人類独特の生物的・文化的両性関係」が、羊飼いの眼を通じて巧妙に利用されたことは歴史的事実であると言わざるを得ない。

5-3 キリスト教の全世界への波及と世界制覇

　創世記で語られる、世にも不思議な禁断の木の実に関わる物語は、当初はこの「わが子に相続させたい」、という願望に始まった素朴な物語であり、その願望を神の言葉に託して、語り継がれたに過ぎないものだったのかもしれない。

　しかしその素朴な物語は、家父長制社会の強化を追って次第に形を整え、新興してきたエリート祭祀階級の手によって、ユダヤ教の聖書として編纂され、キリスト教に引き継がれた。

　キリスト教の創始者とも言える使徒の聖パウロは、有名な『ガラテヤ信徒への手紙』の中で、「そこにはもはや、ユダヤ人もギリシャ人もなく、奴隷も自由人もなく、男も女もありません。あなたがたは皆、キリスト・イエズスにあって一つだからです」と言う[33]。しかし、パウロが意図していたか否かは別として、その言葉と裏腹に、奴隷と自由人の存在を前提とし、男女の

格差を前提とするユダヤ教の聖書が、そのままキリスト教に引き継がれたのである。

コンスタンテイヌスは何故イエスを選んだのか

　ハラリは、「四世紀初頭にローマ帝国が様々な宗教的選択があったにもかかわらず」、「コンスタンテイヌスはなぜイエスを選んだのか？　キリスト教神学のどこかに個人的に惹かれたのか、あるいはことによると、この信仰には自分の目的に利用しやすいと思える一面があったのか？」[34]との疑問を呈する。

　コンスタンテイヌスの主観的意図はともかく、客観的には、その後の世界史に果たしたキリスト教と旧約聖書の役割を考えれば、その疑問は解けてくる。

　即ち、「アダムとエバの犯した罪に対して、神が、男性には額に汗してパンを、女性には産みの苦しみを罰として与えた」という神話は、男女格差と奴隷的隷属を前提とした家父長制社会の中で、人々に生命維持のための労苦に耐える力とあきらめを与える。

　ユダヤ教の枠をはずし、「その原罪を背負って生き続けるすべての人々は神に祈ることによって救われる」、というキリスト教の教えは、ローマ帝国の圧政下で生き延びるすべての人々に天国への夢を与える。そして、世界中の全ての人々の「隣人愛」にまで高めながらの伝播は、その後のヨーロッパ列強の世界制覇実現のために非常に有効に働いた。

　これらのことから、コンスタンテイヌス帝の先見の明が浮き彫りになる。

イスラエルの歴史学者ハラリが捉える、ユダヤ教とキリスト教

　そしてハラリは、イスラエルの歴史学者として、「確かにユダヤ教はキリスト教を生んだし、イスラム教の誕生にも影響を与えた。これら二つは歴史上有数の宗教だ。とはいえ、キリスト教とイスラム教が全世界で成し遂げた数々の偉業は、両者が犯した多くの罪とともにユダヤ教徒ではなくキリスト教徒とイスラム教徒自身に帰せられる。」と明言する。

　次いで、「十字軍による大虐殺をユダヤ教のせいにしたら不当なのとちょうど同じで、（100パーセントキリスト教の責任だ）、全ての人間は神の前に平等であるという重要なキリスト教の考え方はユダヤ教の発案だとする根拠はまったくない」と主張する。その上で「私としては、残忍な世界征服者ではなく、めったに他の民族に余計な口出しをしなかった、取るに足りない民

族の子孫でよかったと思う[35]」と、その心情を吐露している。

　ヨーロッパでのユダヤ人の歴史的位置、キリスト教とユダヤ教の歴史的関係を思うとき、ハラリのこの指摘は貴重である。

▎6　科学革命と女性 ── 資本主義が要求する近代的男女格差

6-1　ママリア（哺乳類）の一員としてのサピエンス（知恵ある人）

　シービンガーは、生物学の父と称されるリンネが1758年に導入した、ママリア（直訳乳房類、日本語では哺乳類と訳されている）とサピエンス（知恵ある人）という用語について、次の様に指摘する。「リンネの命名法においては、女性の特質（乳房）が人間と獣とを結びつけていたのに対し、古くから男性の特質（理性）とされるものは人間と獣を乖離させる指標となっていたのである[36]」と。

　次いでシービンガーは、「しかし、リンネの科学的関心を乳房に向けさせるもっと直接的な政治的利害関係もあった」として、「直接的には、リンネは、古代からの習慣である乳母制度を廃止しようと盛り上がりを見せる運動に加わった[37]」ことを指摘している。

　そしてシービンガーは、「すべての「人間」は生まれながらにして平等という啓蒙思想の心情にもかかわらず、中流階級の女性がなれるのは、国家レベルで完全な公民権をもつ市民や（知的）職業人ではなく、家庭内で新たに権限が与えられた母親であった」と続ける。

資本制システムが要求する近代家族と男女格差

　1758年と言えば、ヨーロッパでは産業革命が開始されて、大量の賃金労働者が必要とされ始めた時期に当たる。そして、社会的にその賃金労働者の生産と再生産を保障するために、「男が稼ぎ、女が家事を受け持つ」と言う新たな形での男女格差を前提とする資本主義的近代家族が必要とされ始め、それまでの家父長性家族にとって代わろうとする時期に当たる。リンネが関わったとされる乳母制度の廃止運動とは、現時点で考えれば、家父長性家族制度における家族集団内の子育てから、資本主義的近代家族における、母親一人が担う子育てへの変換を要求する運動であったと判断できる。

　とすればシービンガーが言う様に、この時期にリンネが用いた「ママリア」と「サピエンス」とは、まぎれもなく、「女性＝乳房類」「男性＝知恵ある人」

という、近代的な男女格差を象徴する用語であったと捉えざるを得ない。

6-2「性の補完性」というイデオロギーの持つ歴史的意味

　シービンガーは、まず、「セクシュアリティの古代の教義は、宇宙や社会秩序における女性の地位を明かそうとしていた」として、「宇宙の万物は（性的、その他の）気質を持っており、熱くて乾燥しているもの─例えば太陽─は男らしく、冷たく湿ったもの─月や西欧地域の様なところ─は女らしいと考えられた。両性間の差は、男性と女性の身体同様、宇宙を貫く二元論を反映していた。アリストテレスによれば、男性（オス）と女性（メス）は宇宙の原理であり、生殖器官は単にその道具に過ぎなかった」、と指摘する。

　次いで、「これに対し、新しい性の科学は唯物論的だった」として、「解剖学者や生理学者は、性差を測定する新しい方法を開発した。解剖学者や医者は、身体を性差の証拠となる骨、器官、頭髪、神経の総体として調べた」ことに言及する。「近代的唯物論と両立しうるような性差理解の強調は、男女の身体構造の本質的な相違を示すために、1730年代から1790年代にかけてヨーロッパ中ににわかに出現したいかにも女らしい骸骨の例に集約されている」と。

　そして、「身体に性差を基づかせることは、自然が社会の法則を規定するという啓蒙時代の感性にうってつけだった。両性のそれぞれの役割は自然の中に刻印されていると考えられた。性差の新しい解剖学は、性の補完性と共和制の母性という二つの教義を支持した」と続ける。

啓蒙期の中流階級の女性と新しい家庭婦人像

　それまでの前近代的家父長制家族の中で、上流・中流階級の女性は、嫡子出産のために隷属状態に置かれていた。ただし彼女らは、嫡子さえ出産すれば、その子育ては乳母や女使用人の手に任せて、優雅なサロンでの文化的な生活を保障されていたのである。

　一方、資本性的生産様式の発達は、家族をバラバラに解体しつつ、その一人一人を、賃労働者として工場生産の場に引きずり込みながら進行した。中流階級の女性は、直接賃労働者化する立場にはなかったが、彼女の優雅な生活を支え、子育てを保障する存在であった最下層の女性たちは、彼女の下を離れて、工場生産の場に引き出され始めたのである。結果として、中流階級の女性自身が、直接的に自らの子育てを担うことが、社会的に要求され始めた。

ここに浮上してきたのが、「性差」の強調による、「性の補完性」というイデオロギーであった。

　シービンガーは、「補完性の原理によって、女性の権利という新たな問題に対しイデオロギー上の一つの重要な解決が与えられた。男女は身体的道徳的に同等でなく、補完的で正反対であると教える性の補完性という教義は、誕生間もない自由主義に対する重要な補足として機能し、不平等を自然なものと思わせ、性的分業を持続しようとするヨーロッパ社会の必要を満たしたのである。このイデオロギーは新しい家庭婦人像を肯定的に表したため、特に中流階級の女性にアピールし、家庭的で配慮の行き届いた女性は、社会的で合理的な男性の引き立て役として浮上してきた」と指摘している。

　即ち、ここに、「自然な性差」が、「格差としての性差」に進化したのである。

▌7　おわりに ― ジェンダーバイアスの進化

前近代家族が要求したジェンダーバイアス

　西欧の前近代的家族においては、一般的に男性は生業継続と財産相続のための嫡子を必要としていた。そして、確実な「我が子」確保のためには、直接的身体拘束を伴う女性に対する性的支配が必要とされた。その正当化のために、一方にハラリの言う、言語が作り出す虚構としての「神」が求められ、一方に、それらをオブラートにくるむ形で、「女らしさ」というジェンダーバイアスが強調されたのである。

　「啓蒙期」の中流階級の女性は、その延長上にあったが、子育てを自らが担わなければならない立場が社会的に要求されるに至って、「性差の強調」に基づく「性の補完性」という、新たなジェンダーバイアスの下に置かれることになったと捉え得る。

初期の資本制システムが要求する性別分業と性別役割分担意識

　しかし、資本主義生産と共に出現した、相続すべき財産など持たない賃労働者の男性は、嫡子など必要としない。誤解を恐れずに極言すれば、性的欲求さえ満たされれば、家族をも必要としない。女性は、男性が要求しない以上、子どもを産む苦痛からは解放されて、自らの生命維持のために賃労働者となりうる。これは、現在の未婚化現象に通ずる問題でもある。

　これに対して、資本制システムは、賃労働者を必要とする。初期の資本性

的生産段階では、その賃労働者の生産と再生産を、資本主義的生産過程そのものに組み込むことは困難で、その為に「専業主婦」の存在を前提とする、近代的核家族の形成が要求されるに至った。

　ここで、女性を専業主婦の座に閉じ込めるには、「啓蒙期」に中流階級の女性に対して要求された「性の補完性」の強調は、実に有効である。
結果として、時代の要求から、ほぼ強制的に「核家族の長としての立場に置かれた男性賃労働者」は、扶養家族を養うために働かざるを得ない。それは、どんな労働条件下に置かれても、家族の生活を守るために働かざるを得ないという形で、労働条件の過酷さに耐えさせるという作用をももたらす。

　こうして、資本主義的生産様式が要求する安定した賃労働者層の確保のために、「男が賃労働し、女が家事労働する」、という近代的性別分業が一般的に確立した。そして、それを直接的に補完する形での、生物的性差を強調する「性別役割分担意識」が定着した。即ち、この段階では、「近代的性別分業」と言う土台の上に要求された、「性別役割分担意識」と言う形でのジェンダーバイアスは、見事にマッチして、資本主義の発展を確実に支えたのである。

高度に発達した資本が要求するアンコンシャス・バイアス

　それでは、高度に資本主義が発達した現在はどうであろうか。資本は、もはや完全な「近代的性別分業」を必要とはしない。資本制システムにとっては、男性だけでなく女性も重要な労働力の一員として必要なのである。

　しかし、未来の賃労働者確保のためには、出産育児期に限定された性別分業は必要である。資本制システムにとって好都合なのは、その一時的な性別分業に付随する性別役割分担意識を、出産育児期を超えて一般的に浮遊させることにより、一般的な低賃金を保障し、しかも雇用における安全弁としての役割を果たす非正規雇用者の確保のために、非常に有効に働くことである。

　従って、現在のジェンダーバイアスは、限定され縮小された「性別分業」という土台から大きくはみ出す形で、「性別役割分担意識」だけが、実態を覆い隠された捉えどころのないアンコンシャス・バイアスに進化して、浮遊し続けているのである。

【註釈】

1　ハラリ著　2011　『サピエンス全史（上）』　柴田裕之訳　2016　河出書房新社
　　p.14

2　R・シービンガー著　1993　『女性を弄ぶ博物学』　小川真理子・財部香枝訳　1996　工作舎　pp.48-50

3　シービンガー　前掲書　p.68

4　ハラリ　前掲書　p.184

5　本書第2章参照

6　本書第2章参照

7　ハラリ　前掲書　p.27

8　ハラリ　前掲書　p.36

9　竹岡俊樹著　2011　『旧石器時代人の歴史』　講談社　pp.24-25

10　ハラリ　前掲書　p.39

11　ハラリ　前掲書　p.55

12　ロバート・ボイド、ジョーン・B・シルク著　2009　『ヒトはどのように進化してきたか』　松本晶子・小田亮監訳　2011　ミネルヴァ書房　（アメリカでの人類学の教科書：筆者註）

13　ボイドら　前掲書　p.592
「この説明の一つの問題点は、とても急速な遺伝的変化が必要であるということだ。音声言語は音声の特殊な生成と処理のような、多数の極めて複雑な特徴にもとづいている。……。複雑な適応は通常たくさんの小さな変化の蓄積を必要とする。たった数千年でこのような適応がどのように起こりえたのかを知ることは容易ではない。」

14　ボイドら　前掲書　pp.594-595

15　ボイドら　前掲書　p.595

16　ハラリ　前掲書　p.34

17　ハラリ　前掲書　p.33

18　ハラリ　前掲書　p.99

19　竹岡俊樹　前掲書　p.34
「石器を作り始めてから二五〇万年に及ぶ人類の歴史の中では、日本列島の旧石器時代はその最後の一部分である。しかし、今日まで発見された数千ヶ所におよぶ遺跡の分析を総合すれば、後期旧石器時代初頭（三万年前……）から縄文時代が始まるまで（一万三千年前）のおよそ二万年間に旧石器時代人が作った文化とその歴史を詳細に跡付けることができるだろう。約一万八千年前に一時期、大陸にぶらさがるツララのような地形であったことを除けば、日本列島は孤島であった。遺跡の数とこの地形の特殊性において、日本列島は私たちとは異なる存在であった人類の研究のための世界的にも有数な実験場である」

20　ハラリ　前掲書　pp.183-184

21　ハラリ　前掲書　pp.192-193

22　本書第7章参照

23　デズモンド・モリス著　1967　『裸のサル』　日高敏隆訳　1969　河出書房新社　pp.50-53

24　ハラリ　前掲書　p.184

25　ハラリ著　2015　『ホモ・デウス』上　柴田裕之訳　2018　河出書房新社　pp.192-193

26　ハラリ　同上書　p.200

27 ハラリ　『ホモ・デウス』　同上書　p.238

28 『旧約聖書　創世記』　関根正雄訳　2000　岩波書店　pp.9-12

29 創世記 同上書　pp.16-17

30 ハラリ　『ホモ・デウス』　同上書　p.192

31 藤井澄夫著　2001　『ムギとヒツジの考古学』　同成社

32 エンゲルス著　1884　『家族私有財産国家の起源』　土屋保男訳　1999　新日本出版社

33 『新約聖書』　フランシスコ会聖書研究所訳　1984　中央出版社　p.682

34 ハラリ著　2011　『サピエンス全史（上・下）』　柴田裕之訳　2016　河出書房新社　下巻　p.44

35 ハラリ著　2018　『21Lessons』　柴田裕之訳　2019　河出書房新社　p.256

36 シービンガー　前掲書　pp.66-68
リンネは、自然のどこに人間は位置するのかという問いに答えて、ママリアという用語を考案した。……。しかし、リンネがママリアという用語を導入したその同じ本の中で、ホモ・サピエンス：人類という名称も導入したことも見逃してはならない。……。古くから中世を通じて理性的な動物と称された「人間：マン」は、理性によって動物から区別されてきた。……。リンネの命名法においては、女性の特質（乳房）が人間と獣とを結びつけていたのに対し、古くから男性の特質（理性）とされるものは人間と獣を乖離させる指標となっていたのである。

37 シービンガー　前掲書　pp.79-80

終 章

両性の平等な協働が育む 家族の未来

1 資本主義がもたらした光と影

　資本制生産関係における、労働の対価が労働者個人に支払われる形態は、「個人」を確立して人権思想をもたらした。そして、相続させるべき財産を持たない賃労働者は嫡子を必要としない故に、女性を父系性家父長制度から解放する可能性をも生み出した。

　近代科学の発達は、妊娠の仕組みを明らかにし、避妊の技術を確立することで、多産化により産み続けざるを得ない「悲惨な定め」から女性を解放した。女性は、かつて、浸水状況下で発情期を喪失したことにより失った、「女性の産む性としての能動性」を取り戻し、産む性としての主体性を取り戻しつつある。

　しかし、現生人類が抱え込んだ自立不能な難産と超未熟児出産は、医学の進歩によって生命の危険性は緩和されたものの、基本的には今も変わらず、産前産後の母胎の厳しい負担を女性は抱え込んでいる。

　そして、家族共同体の解体は、現生人類誕生を保障し、その後数十万年にわたって継続されてきた子育てを保障する共同体を解体して、女性に負担を押し付けながら、子どもの健全な発達環境の保障を困難にした。

　教育期間の長期化は、20歳前後の生物学的な妊娠適齢期と高等教育期が重複するという、新たな矛盾を提起した。教育内容の増加が避けられないとすれば、子どもの発達にとって必要な人類の知識を厳選して学ぶ学校教育と、社会的な分業の一端を担う大人としての専門的知識を学ぶ社会人教育とを、社会的なシステムとして明確に分離すべきである。その中に、妊娠・出産・子育て期間をどう位置づけ、どう保障するのかの社会的模索が必要であろう。

2 子育て文化資本の継承と獲得に向けて

　今井寿美枝は、『「はう運動遊び」で育つ子どもたち』の中で、子どもの発達の道筋には順序性があり、順番の飛び越しが発達の歪みにつながることを指摘している[1]。

　呼吸と吸乳力以外は無能で出生する新生児は、全身の力を振り絞って泣くことにより筋力を鍛えながら、3か月かけてやっと首が座って自らの体位を保持しはじめる。そして、寝返り・這い這いという四足歩行に必要な関節・

筋力の獲得を経て、つかまり立ちし、よちよち歩きを始め、直立二足歩行能力を獲得する。手指の発達の仕方もまた、石器製作技術の変遷における、手指の発達段階に類似する。即ち新生児は、今井の言う、細やかな発達の順を追って、一年以上かけて、辛うじて自立移動が可能な、類人猿の新生児並みの段階まで成長する。母親とその家族は、そのすべてを「乳児期」として受け止めるのである。

　かつては、「泣く子は育つ」とか、「這えば立て、立てば歩め、の親心」として、家族みんなの関わりの中で、乳児期の成長が自然に保障されてきた。しかし最近では、泣き声は騒音と捉えられておしゃぶりを与えられる、狭い部屋の中で這いまわることが出来ない、歩行器の中に閉じ込めて歩行訓練だけが強要されるなど、新生児の当たり前の発達自体が保障されがたい状況にある。

　この様な状況を憂えて、様々な保育論が展開され、様々な本が出版されている。そして、保育園・子育て教室などで、様々な形の実践が始まってはいる。しかし、本に書かれた文化資本は貴重だけれども、残念ながら本を読む人と、直接その影響を受けた人にしか継承されない。その意味では、情報テクノロジーが発達し、瞬時に世界中に情報が拡散される時代にありながら、子育てに関わる文化資本は、一対一の、見様見真似の直接的な継承を必要とする、素朴な文化資本なのである。

　こどもの全面発達のためには、まず、一対一の文化資本の継承を保障する場としての家族集団の再構築が、何よりも必要である。その上で、多対一の文化資本の獲得を保障する場としての学校教育、そして高度に発達した情報テクノロジー社会を活用し駆使すれば、子育てに必要な文化資本を、すべての人が獲得することは可能なはずである。

3 コロナ禍が露呈する核家族の諸問題

　2021年6月発行の「男女共同参画白書[2]」は、コロナ渦が図らずも露呈し、可視化した男女格差に関わる諸問題を、次の様に指摘する。

　「我が国では，令和2（2020）年4月7日に1回目の緊急事態宣言が発出されたが，ステイホーム，在宅ワーク，学校休校等の影響は，サービス業，とりわけ飲食・宿泊業等を直撃し，非正規雇用労働者を中心に雇用情勢が急速に悪化した。同時にこれまで見過ごされてきたことや，潜在的にあったものの表面化してこなかった諸問題，例えば，経済的・精神的DV（配偶者暴

力），ひとり親世帯，女性・女児の窮状，女性の貧困等がコロナ下で可視化され，改めて男女共同参画の進展状況について疑問の声が上がるようになった。こうした我が国の構造的な問題への関心の高まりや，ジェンダー不平等に対する問題意識の高まりは，男女共同参画を強力に推進するとともに，誰一人取り残さない多様性と包摂性のある社会を実現する機会と捉えるべきである」と。

　コロナ渦は、家族共同体が破壊され、核家族では担いきれない子育てや介護を補完する形で形成されてきた、公的保育所や高齢者介護施設の持つ脆弱性を露呈した。補完施設がその機能を喪失した時、子育ては否応なしに核家族内の母親の手に戻され、高齢者施設では隔離によって家族との接触を絶たざるを得ないなどの、非情な事態が進行せざるを得なかった。その上、諸矛盾を抱え込まざるを得ない閉鎖的な核家族内では、DV が多発するなど、近代的な男女格差社会の矛盾が、コロナ渦の過程で思わぬ形で露呈されたのである。

▎4 資本主義がもたらす新たな可能性 ― 家族共同体の現代的再現 [3]

　翻って現在、核家族の外に目を移せば、ホテルは寝室を主体とした部屋とともに、食堂・浴場・遊技場などの施設を備え、様々なサービスを提供する。ホテル並みの機能に加えて、医師・看護師の常駐や24時間介護を謳う介護施設も現れた。介護施設と保育園との併設の試みもある。

　大きな病院では、コインランドリーや売店や理容室があり、屋外には林の中に散策コースが整備されている。病院内は完全なバリアフリーで、手術時や病室の移動時などには患者が寝たままのベッドごとの移動も可能である。末期癌患者の終末期の医療を保障するホスピスの中には、病院内にミニホールを設置して時々ミニコンサートを開催し、車椅子はもちろんベッドに寝たままでも、生の音楽を鑑賞できる所もある。地中深く掘削する技術により、温泉地でない大都会の中にも温泉施設が出現している。

　ちなみにこれらを合体させれば、日常生活の基本的な機能をすべて保障できるような複合施設が出来上がる。際限のない宅地開発による自然破壊が限界に来ている現在、少々高層化を我慢すれば、複合施設というよりは、ひとつの建物の中に「小さな集落」形成の条件が既に整ってきている。

小さな集落機能を備えたマンション

　高層階には、単身者・夫婦・子どもに応じた広さと機能を持つ各種プライベートルームを配置する。「私有」にこだわると難しいが、その枠を外せば、家族構成や年齢の変化に応じて部屋を移動しながら、住み続けることが可能である。

　低層階には保育・介護・医療・入浴・運動等の施設や、図書室・理容・美容室・ランドリー・マーケットなどを配置して、日常生活のすべてを保障する。

　入浴施設に温泉水が引ければ、足腰の痛みを抱えた高齢者もゆったりと湯治気分が味わえる。もちろん寝たきりの入浴可能な設備は欠かせない。

　みんなのふれあいルームで、音響に配慮できれば、外出困難な高齢者でも、ミニコンサートや映画会を楽しめる。

　明るい落ち着いた食堂には、介護食・離乳食専門コーナーも欲しい。食堂に隣接した調理場には、専門的な栄養士や調理師の配置と共に、誰でも調理に参加でき、子どもも手伝えるような仕組みが作れるとうれしい。

　最高階にしゃれたレストランがあると、高齢者にも夜景と食事が楽しめる。

　屋上にはミニ庭園や菜園、遊び場が欲しい。太陽光利用の発電・温水装置を設置すれば、環境対策にも一役買うことができる。

　地下には駐車場や施設全体の機能を守るための諸設備。雨水を蓄える地下の貯水池を作れば、震災など災害時に備えての水の確保や、防火用水としても使えるし、集中豪雨などの流水を受け入れて浸水災害防止にも役立つ。中水道として全館に配管できると水資源の節約にもなる。

　建物の周辺には、高層建築の持つ違和感を少しでも癒すためにも、散歩道や遊び場の周りに沢山の樹木を茂らせて、春夏秋冬の風情を楽しむ。家庭菜園やお花畑用の土地も欲しい。可能ならば田んぼ・畑・果樹園が周囲にあって、農業従事者が集落の一員であれば、農業をぐんと身近に感ずることができる。子どもたちも草取りや収穫を手伝いながら、それを調理場に持ち込んで、夕食の一品にも出来る。陶器や籠などを作る小さな工房があれば、職人さんの手さばきを見ながら、子どもたちも手作りに挑戦して自分の使うものを作れる。

新たな家族生活

　こんな風に描いてみると、ちょうど母系性小集団の中で、乳児を抱えた女性や高齢者が、家の周りで採集生活を行っていた様な、そんな場面に似てい

る。小さな子どもや高齢者を抱えていても、この小さな集落の中で働くことが保障されれば、社会的な労働に参加しながら子育てや介護を両立させやすくなる。「外の職場」からは引退した人も、この小さな集落の中でなら社会的にそれまでの経験を生かして働く場所を探せるかもしれない。

　高齢者も「介護する側」と「介護される側」に完全に分かれるのではなく、専門家を核としながら、昼間の共同生活の様な雰囲気の中で、一人ひとりの状況に応じてのきめ細かな介護や看護が実質的に可能になる。

　子どもたちもまた、この集落の中に生きる一員として、遊び、手伝いを通じて、大人の真似しながら労働を学び、成長する場が保障されるだろう。

　とすれば狩漁採集に出かける場面は、さしずめ出勤や通学ということになる。家族みんなで朝ごはんを食堂で済ませて、乳幼児や高齢者を低層階のそれぞれの居場所に送り届けて、安心して出勤や通学することが可能となる。夕方は、みんなが帰りそろってゆっくり夕食を楽しむ。

　広めの廊下と大型のエレベーターがあれば、車イスでの移動はもちろん、例え寝たきりの病人や高齢者でも、ベッドごとの移動によって、昼は介護施設で過ごし、夜は家族と団欒の時を過ごすことが可能になる。

　どれひとつとっても特別なことは何もなく、現在では、それぞれの分野では当たり前に行われていることを、ただ寄せ集めてみただけである。実現不

【図表】終-1　小さな集落機能を備えた地域・マンション

（注：筆者作成）

292

可能なことは何もない。専門家に知恵を出してもらえば、もっと快適な構想が立てられる。ただ、この「小さな集落」を作るのには土地とお金と仕組みが必要である。「絵に描いた餅」に終わらせないために、どんな仕組みを作り、どうやってその土地とお金を工面するのか、という問題が残っている。

5 両性関係の平等と協働が紡ぎ出す未来への視座
― 進化の傷跡を癒し男女格差をなくす力のダイナミズム

　現在の最大の課題は、進化の傷跡を抱え微妙な齟齬を生じている両性関係を、現在に即してどのように癒し、どのように発展させて行くのか、それに必要な新たな文化資本をどう探り出し、創出して行くのかである。

　男女格差は、人類が進化の過程で抱え込んだ社会的・生物的両性関係という土台の上に、一部地域の農業革命以降の歴史的社会関係の発展の中で形成され、資本主義社会でも受け継いできたと言う意味では、非常に根が深く深刻な問題である。

　しかし人類の女性は、短毛化の進行による生存の危機を、子育て集団としての母系制家族社会を自らの手で形成し、そこに男性をひきつけて子を産み育てる形で乗り越えてきた。そして、ナイフ形石器を創出し、自然に積極的に手を加えて「衣・食・住」を確保しながら、命を繋いで、現生人類に到達することができた。人類の男性もまた、「進化の傷跡」を癒し、両性間の齟齬を埋めながら、母系制家族の一員となり、家族全員の生活を力強く支えてきた。

　このことは、現生人類（＝ママリアの一員としてのホモサピエンス）である我々は、どんな状況でも、そこに新たな活路を切り開いていく基本的な能力を、進化の過程で身に着けてきたことを教えてくれる。とすれば、男女格差の問題は、深刻だけれども、でも、科学的にその根源を知ることができれば、必ず格差を消滅させる道を切り開いていけるはずである。

　まさに進化の傷跡を癒す力と、男女格差をなくす力は、生物的進化と社会的進化との共進により育まれてきた現生人類の力の中にある。

　今何よりも必要なのは、「哺乳類の一員である現生人類」としての男性と女性の真に平等な協働である。その協働こそが、ハラリの言う「情報テクノロジーとバイオテクノロジーにおける双子の革命」を、「アップグレードされた少数のエリート人間と多数の無用者階級への分断」ではなく、人類の豊

かな明日を築く力として活かし得ると筆者は確信している。

【註釈】

1　今井寿美枝編著　2014　『「這う運動あそび」で育つ子どもたち』　大月書店　pp.103-108

2　内閣府　男女共同参画局　『男女共同参画白書　令和 3 年』　2021

3　横田幸子著　2012　「マンションの様な空間に原始共同体の様な小さな集落の機能を」　国際文化政策（3）　国際文化政策教育学会　文化政策セミナー報告集編集委員会編　pp.73-81

◆ 京都市民大学院で出会えた方々から学んだもの

　夫の死・自らの長期入院闘病を間に挟んで、遅ればせながら筆者なりの「卒論」として仕上げ、自費出版を目指して素稿を完成させたのは 2012 年のことである。友人であり師であった今は亡き柳瀬孝三氏に相談を仰いだところ、「池上先生に相談してみたら」と紹介して下さったのが、通称「京都市民大学院」との出会いである。

　筆者の様な場違いな者にも研究・発表の場を与えて頂ける市民大学院で、学び研究する仲間に出会え、共に学べる喜びを分かち合えたことは、それまで孤立していた筆者には、貴重な経験である。

　そこで、諸先生方から、『旧約聖書』や『古事記』をまともに読む必要性を示唆され、『家族私有財産国家の起源』に真正面からぶつかる勇気を頂いた。

　2017・2018 年度には、「人類進化と家族」という研究会を主宰させて頂きつつ 10 年近くの歳月をかけて、とにかく数本の論文にまとめ挙げることができた。池上惇先生は何も言わずにそれを受け止めて下さり、折に触れて貴重なコメントや励ましの言葉を頂けた事には、感謝の気持ちで一杯である。

　それらの過程で、男女格差の問題を、女性だけの問題ではなく、男性も含めた、人類としての共通課題であることを把握し、確信をもって明らかにできたのである。

◆ 働学研で十名先生に頂いた、本書作成の具体的な道筋と励まし

　そして今、持病を抱えて、コロナ過で外出もままならない私には、十名直喜先生の主催される「働学研（博論・本つくり）研究会」（略称：働学研）で、オンラインを通じての新たな出会いはとても貴重なものである。

　筆者の書き溜めた数本の論文は、十名先生をあきれさせるほど整っていなかった。それでも先生は受け止めて下さり、「エンドレスにならないで、とにかくまとめ上げましょう」とのお言葉と共に、本書作成の具体的な道筋とノウハウを示して下さった。そのおかげで、この様に、本書の形にまとめ上げることができたのである。

2月20日の働学研では、出版企画書の発表の機会を与えて頂けた。厳しいご指摘と、温かい励ましのお言葉を下さった参加者の皆様に、お礼申し上げたい。

　その上で十名先生は、社会評論社をご紹介下さり、推薦状を書いて下さった。先生の厳しい叱咤と暖かな励まし、そして細やかなご配慮には心底より深謝する。

◆ 私事ながら

　10年前の自費出版の企図に際し、学童保育の同僚として20年間を共にした久山昭江さんが描いて下さった挿絵の数々。ご労作を無にして申し訳ないと思いつつ、未刊行で眠らせていたその挿絵を、本書では編集し直して、一部の図表に使わせて頂いたことを、ここに感謝方々ご報告させて頂きたい。

　今は亡き夫は、テーマを持て余す筆者に対して、「本気でやるなら、社会的に自立したプロとして、旧姓に戻って取り組むべき。そのためになら離婚してやってもいい」とまで迫ったことがある。

　筆者のテーマの出発点は、少女時代からの疑問にあり、温めに温めぬいたものである。しかし、彼との出会いがなければ、このような内容で、ここまで辿り着くことはできなかっただろうと思う。従って、彼の意向にはそぐえないままに、旧姓白田幸子ではなく、結婚後の姓横田幸子として書き続けてきたことに悔いはない。万感の想いを込めて、彼にこの本を捧げたい。

　併せて、とりわけ夫亡き後の筆者を気遣い、時には遺跡巡りやアフリカ旅行にまで付き合ってくれた息子と娘たちにも、一言「ありがとう」と言っておきたい。

◆ 最後に

　少女時代の筆者が、もしこの本に出会えていたとしたら、筆者の人生はもう少し変わっていたかもしれない。しかし今、筆者は、この本を書き上げることができたことを、素直に誇りに思う。

そんな筆者の思いを受け止めて、出版を快く引き受けて下さった社会評論社の松田健二社長、本書編集の労を執っていただいた板垣誠一郎氏とデザイナーの中野多恵子氏に、心よりお礼申し上げる。

　2022 年 7 月

横田幸子

【参考文献一覧】

「AFRICA NORTH AND WEST」「AFRICA NORTH EAST」「AFRICA CENTRAL AND SOUTH」MOTORING & TOURIST MAP MICHELIN Travel Publications

K・アームストロング　1986『キリスト教とセックス戦争』（THE GOSPEL　ACCORDING TO WOMAN）高尾利数訳　1996　柏書房

安蒜政雄　2013『旧石器時代人の知恵』新日本出版社

安蒜政雄　2010『旧石器時代の日本列島史』学生社

安蒜政雄「砂川遺跡における遺跡の形成過程と石器製作の作業体系」駿台史学　巻 86 pp.101-128

池上惇　2020『学習社会の創造』京都大学出版会

石川松太郎編『女大学集』2008　平凡社

今井寿美枝　2014『「はう運動遊び」で育つ子どもたち』大槻書店

一億総活躍国民会議「一億総活躍社会の実現に向けて緊急に実施すべき対策」2015.11.26

AFPBB News「人類の米大陸到着は、『13 万年前』。定説大幅にさかのぼる」2017.4.27

AFPBB News「そもそも女性の居場所は家庭ではなかった？　狩猟者の 3 ～ 5 割は女性　研究」2020.11.6

F・エンゲルス　1884『家族・私有財産・国家の起源』土屋保男訳　1999　新日本出版社

K・ウオン　2014「人類最初のハンター」翻訳協力：古川奈々子　別冊日経サイエンス No.194（2017）

宇佐美智和子「アイヌの伝統民家『チセ』」SOLAR CAT　1999　Winter　No.37

M・エーレンバーグ『先史時代の女性』（Women in Prehistory）河合信和訳　1997 河出書房新社

岡村道雄　2008『縄文の生活史』講談社

尾崎哲夫『ミニミニ六法』2012　自由国民社

置賜文化フォーラム　2019.02.14「押出遺跡と縄文クッキー」

貝原益軒　1710『養生訓　和俗童子訓』石川謙校訂　2001　岩波文庫

M. O. Cuthbert etc.「Modelling the role of groundwater hydro-refugia in East Afurican hominin evolution and dispersal」2017　Nature Communications 8, Article number:15696 (2017)

川島武宜　1959『イデオロギーとしての家族制度』岩波書店

『旧約聖書　創世記』関根正雄訳　2000　岩波書店

京都大学霊長類研究所編『霊長類学のすすめ』2003　丸善

国立天文台編『理科年表』1999、2005　丸善

T・ゴールドシュミット　1994『ダーウィンの箱庭ヴィクトリア湖』（Darwin's Dreampond:

Dream in Lake Victoria）丸武志訳　1999　草思社

A・コルトラント　1972『人類の出現』（NEW PERSPECTIVES ON APE AND HUMAN EVOLUTIONS）杉山幸丸訳　1974　思索社

S・S・O・サンカン　1979『我ら、マサイ族』（Kenya Literature Bereaw）佐藤俊訳　1989　どうぶつ社

R・シービンガー　1993『女性を弄ぶ博物学』（NATURE'S BODY-Gender in the making of Modern Science）小川真理子・財部香枝訳　1996　工作舎

D・C・ジョハンソン、L・C・ジョハンソン、B・エドガー著　1994『人類の祖先を求めて』馬場悠男訳　1996　日経サイエンス社

『新約聖書』1984　フランシスコ会聖書研究所訳注　中央出版社

諏訪元　2009.11.14　ギャラリートーク　国立科学博物館（ホットニュース）2009.10.15

瀬川清子　1972『アイヌの婚姻』　未来社

関口裕子　1993『日本古代婚姻史の研究』ハニワ書房

関根正雄訳　2000『創世記』岩波文庫

R・ソーンヒル、C・パーマー　2000『人はなぜレイプするのか』（A Natural History of RAPE）望月弘子訳　2006　青灯社

J・ダイアモンド　1997『セックスはなぜ楽しいか』（Why is sex fun）長谷川寿一訳　1999　草思社

竹岡俊樹　2011『旧石器時代人の歴史』講談社

谷口康浩　1963「極東における土器出現の年代と初期の用途」N11-Electronic library Service

次田真幸全訳註　2012『古事記』講談社学術文庫

藤堂明保、武田晃、影山輝國全訳註　2010『倭国伝』講談社学術文庫

遠野市立博物館　2003『綾織新田遺跡』遠野市立博物館

十名直喜　2020『人生のロマンと挑戦「働・学・研」協同の理念と生き方』社会評論社

内閣府『平成 24 年版　男女共同参画白書』2012

内閣府　男女共同参画局『男女共同参画白書　令和 3 年』2021

ナショナルジオグラフィック日本版サイト「人類 3 種が数万年も共存、デニソワ人研究で判明」2015.11.19

奈良貴史　2003『ネアンデルタール人の謎』岩波ジュニア新書

日本大百科全書（ニッポニカ）小学館

野口淳　2009『武蔵野に残る旧石器人の足跡・砂川遺跡』新泉社

野尻湖調査団　2011『野尻湖人を求めて』野尻湖ナウマン象博物館

野尻湖ナウマン象博物館　2003『ナウマン象の狩人をもとめて』野尻湖ナウマン象博物館

U・N・ハラリ　2011『サピエンス全史（上・下）』（SAPIENS: A Brief History of Humankind）柴田裕之訳　2016 河出書房新社

U・N・ハラリ　2015『ホモデウス（上・下）』（HOMO DEUS: A Brief Stories of

Tomorrow）柴田裕之訳　2018　河出書房新社

U・N・ハラリ　2018『21 Lessons』（21 LESSONS FOR 21 CENTURY）柴田裕之訳　2019　河出書房新社

A・G・フィラー（2007）『類人猿を直立させた小さな骨』（THE UPRIGHT APE）日向やよい訳　2008　東洋経済

深谷昌志　1998『良妻賢母主義の教育』黎明書房

福井一郎編　2002『世界地理　9　アフリカ1』朝倉書店

藤井純夫　2001『ムギとヒツジの考古学』同成社

H・ブリングル　2013「創造する人類」翻訳協力：古川奈々子　別冊日経サイエンス No.194（2013）

P・ブルデユー　1979『デイスタンクシオン』（LA DISTINCTION）石井洋二郎訳　1990　藤原書店

編者代表野村正七　2001『世界地図帳』昭文社

S・ボーボワール　1949『第二の性』（LE DEUXÌEME SEXE）「第二の性を原文で読み直す会」訳　2001　新潮社

K・E・ボールデイング　1981『社会進化の経済学』（Evolutionary Economics）猪木武徳、望月和彦、上山隆太訳　1987　HBJ出版局

R・ボイド／J・B シルク　2009『ヒトはどのように進化してきたか』（How Humans Evolved）松本晶子・小田亮監訳　2011　ミネルヴァ書房

A・ポルトマン　1951『人間はどこまで動物か』（Biologische zu einer Lehre von Menschen）高木正孝訳　1961　岩波書店

B・マリノウスキー　1918『未開人の性生活』（The Sexual life of Savages）泉靖一、蒲生正男、島澄訳　1999　新泉社

三島市役所「旧石器時代の落し穴　初音ケ原遺跡」平成23年　広報ミシマ6月1日号

宮地尚子　2008『性的支配と歴史』大月書店

J・S・ミル　1868『女性の解放』大内兵衛・大内節子訳 1957　岩波書店

E・モーガン　1990『進化の傷跡』（The scars of Evolution What our bodies tell us about human origins）望月弘子訳　1999　どうぶつ社

E・モーガン　1990『人は海辺で進化した』（the aquatic Ape A Theory of Human Evolution）望月弘子訳　1999　どうぶつ社

D・モリス　1967『裸のサル』（THE NAKED APE）日高敏隆訳　1969　河出書房新社

L・H・モルガン　1877『古代社会』青山道夫訳　2003　岩波文庫

M・デービス　1994『世界の女性と暴力』（WOMEN AND VIOLENCE）鈴木研一訳　1998　明石書店

山極寿一　1997『父という余分なもの』新書館

山極寿一　2008『人類進化論』裳華社

山極寿一　2012『家族進化論』東京大学出版会

横田幸子　2012「マンションの様な空間に、原始共同体の様な小さな集落の機能を」

国際文化政策（3）文化セミナー報告集編集委員会編　国際文化政策教育学会

横田幸子　2016「女性と男性の成長を支える社会的システムの進化」国際文化政策（7）

力武常次他　2002『高等学校地学ⅠB』数研出版

D・リード　1979『マサイ族の少年と遊んだ日々』（Barefoot over the Sarengeti）寺田鴻訳　1988　どうぶつ社

渡辺仁　1963「アイヌの生態と本邦先史学の問題」人類史 zz.LXX11-1　昭和 39- Ⅵ

308

著者紹介●横田幸子（よこた　ゆきこ）

1944 年 1 月	旧満州国新京特別市生まれ
1970 年	京都大学理学部化学科中退
1980 年 4 月	松山市学童体育指導員（2001 年 3 月退職）
2012 年～現在	通称「京都市民大学院」研究員
2019 年～現在	通称「働学研」会員

人類進化の傷跡とジェンダーバイアス
― 家族の歴史的変容と未来への視座 ―

2022 年 7 月 31 日　初版第 1 刷発行

著　者　横田幸子
発行人　松田健二
発行所　株式会社 社会評論社
　　　　東京都文京区本郷 2-3-10　〒 113-0033
　　　　tel. 03-3814-3861/fax. 03-3818-2808
　　　　http://www.shahyo.com/

装幀・組版デザイン　中野多恵子
印刷・製本　　　　　倉敷印刷株式会社

サステナビリティの経営哲学
渋沢栄一に学ぶ

十名直喜 著

サステナビリティと経営哲学を問い直し、体現者としての渋沢栄一に光をあてる。彼が創造した日本資本主義のシステム、その理念と原点に立ち返り、日本社会を立て直す智慧と処方箋を汲み出す。A.スミス、K.マルクス、渋沢栄一の３者比較と対話をふまえ、21世紀の課題とあり方を問い直し、持続可能で公正な社会を構想する。　　　　　　　　　　　A5判並製272頁本体2500円＋税

人生のロマンと挑戦
「働・学・研」協同の理念と生き方

十名直喜 著

鉄鋼マンとして製鉄所21 年、大学教員として大学28年にわたり、「働きつつ学び研究する」という「働・学・研」協同の生き方を貫いてきた。本書には、その歩みと理論・思想・ノウハウが示されている。（北尾吉孝氏推薦）
　　　　　　　　　　　　　　　　本体2300円＋税　　A5判上製256頁

リカード貿易論解読法
『資本論』に拠る論証

福留久大 著

優れた研究者四名（宇沢弘文・小宮隆太郎・中村廣治・根岸隆）の誤解に基づく弱点が明示される。通説を根底から覆す“福留比較生産費説”。国際経済論や学史テキストに変更を迫る著者渾身の論考。ディヴィッド・リカードはどのように誤解されてきたか。　　　　　　　　　　本体2600円＋税　　A5判並製292頁

ウクライナ 3.0
米国・NATOの代理戦争の裏側

塩原俊彦　著

ウクライナ戦争はなぜ引き起こされたのか。問題の本質に迫る論考第2弾！「米国の「好戦論者」の一方的なやり方に異論を唱え、冷静に議論できなければ、民主国家の優位自体が失われることになる。マスメディアは主権国家の代理人たる一部の政治家と結託し、公正中立といった理念からかけ離れた報道に終始している。この現状を是正するには、本書のような解説書が何よりも必要であると自負している。」（本書より）　本体 1800 円＋税　A5 判並製 160 頁

プーチン 3.0　殺戮と破壊への衝動
ウクライナ戦争はなぜ勃発したか

塩原俊彦　著

揺らぐ世界秩序。侵攻へと駆り立てたものの本質に迫る。問題は、そのプーチンを追い詰め、戦争にまで駆り立てた世界全体の構造にある。それは、近代化が生み出した制度への根本的問いかけを含むものだ。つまり、本書で語りたいのは、制度が軋み、爆発したという世界秩序のほうであり、プーチンはそのなかに登場する「悪人」の一人にすぎない。　2600 円＋税　A5 判並製 304 頁

ミャンマー「春の革命」
問われる [平和国家] 日本

永井浩　著

＜エンゲージド・ブッディズム＞がめざす平和・民主主義・豊かさとは何か？　アウンサンスーチーに伴走してきたジャーナリストが日本政府と軍政の共犯関係を追究する。好評を得た『アジアと共に「もうひとつの日本」へ』に続き、わたしたち日本人に”平和”と”豊かさ”の再考をうながした好著。　本体 1800 円＋税　四六判並製 240 頁